CONCOURS ET EXAMENS 2020

ACTUALITÉ 2019-2020

Tous les événements incontournables !
France • Europe • International

Gérard Blandin
Diplômé de Sciences Po Paris,
journaliste financier,
dirigeant d'entreprise de presse

Marie-Laure Boursat
Diplômée de l'ESCP Europe,
responsable administrative de Prépa ECOpole

Jérôme Calauzènes
Agrégé d'histoire,
professeur d'histoire en classes préparatoires,
enseignant à l'IEP de Saint-Germain-en-Laye

Céline Charles
Diplômée de droit public international,
professeure de sciences économiques
et sociales

Louise Cormier
Urbaniste diplômée de Sciences Po,
de Columbia University
et de la London School of Economics

Élodie Grémaud
Diplômée d'histoire contemporaine,
professeure des écoles

Thibaut Klinger
Normalien agrégé d'histoire,
professeur d'histoire-géographie

Marion Le Calvez
Diplômée de Sciences Po,
agrégée d'histoire,
professeure d'histoire-géographie

Sophie Mattern
Agrégée de sciences économiques et sociales,
formatrice au ministère de l'Économie
et des Finances

Ludovic Sot
Agrégé d'histoire et géographie,
coordonnateur de prépa Sciences Po

Avec la contribution d'**Adèle Cormier**

Vuibert

Conception de la couverture et de l'intérieur : Séverine Tanguy et Caroline Joubert/Atelier du livre

Réalisation : Nord Compo

Illustrations : Valérie Goncalves, Marie-Christine Liennard et Christel Parolini

Crédits photographiques de couverture : Morris Mac Matzen/Reuters ; John YE/Shutterstock ; Marcos Correa/Brazilian Presidency/AFP ; lucaar/Adobe Stock ; lev radin/Shutterstock ; Loic Salan/Shutterstock.

ISBN : 978-2-311-20883-2

SOMMAIRE

ÉCONOMIE ET POLITIQUE

PARTIE 1

- Un Brexit introuvable ? 8
- Les Gilets jaunes : retour sur une contestation inédite 13
- Les élections européennes de 2019 : entre appréhension et surprise 19
- Hong Kong : des revendications démocratiques et populaires 24
- La réforme des retraites 28
- Le CETA : une menace pour les producteurs et les consommateurs français ? 32
- Banque centrale européenne : des taux à zéro pour longtemps ? 36
- Jacques Chirac : un ancien Président populaire mais controversé 40
- Mercosur et Union européenne : un traité de libre-échange très contesté 44
- Le retour en grâce de l'or 48
- **Personnalité :** Christine Lagarde, première femme présidente de la Banque centrale européenne 52

AUTRES FAITS MARQUANTS 2019 54

QCM 56

GÉOPOLITIQUE

PARTIE 2

- Trump, an III : « *great again* » ou « *impeachment* » ? 62
- Brésil, puissance populiste 66
- Venezuela, une impasse internationalisée 70
- Nouvelle offensive turque en Syrie 74
- Algérie, la présidentielle de trop 78
- Iran, double impasse ? 82
- Révoltes populaires autour du globe 86
- Soudan : une vraie transition démocratique ? 90
- Chine, de la puissance au modèle ? 94
- **Personnalité :** Jacinda Ardern, l'icône de mars 2019 98

AUTRES FAITS MARQUANTS 2019 100

QCM 102

DROIT ET SOCIÉTÉ

PARTIE 3

- La révision des lois de bioéthique 108
- Le « grand débat national » en France : avancée démocratique ou mascarade ? 112
- Féminicides : un décompte morbide 116
- Scandale dans l'Église catholique : les prêtres pédophiles et la culture du silence sur le banc des accusés 120
- Le logement insalubre en France et le cas de la ville de Marseille 124
- Du cas Vincent Lambert à l'affaire Vincent Lambert 128
- Fin du remboursement de l'homéopathie ! 132
- Encadrement des loyers : un dispositif efficace ? 136
- Tinder et les apps 140
- **Personnalité :** Agnès Buzyn, une ministre sur tous les fronts ? 144

AUTRES FAITS MARQUANTS 2019 146

QCM 148

ENTREPRISES ET MONDE DU TRAVAIL

PARTIE 4

- Carlos Ghosn : un grand patron déchu 154
- La grève des urgentistes 158
- Boeing : un avionneur en difficulté 162
- Faire payer les géants du numérique : la taxe GAFA 166
- Aéroports de Paris (ADP) : une privatisation contrariée 170
- Amazon : au malheur des salariés ? 174
- Comment déployer la 5G en France ? 178
- Faut-il craindre le libra, le crypto-actif de Facebook ? 182
- **Personnalité :** Jeff Bezos, un entrepreneur « extraordinaire » ? 186

AUTRES FAITS MARQUANTS 2019 189

QCM 190

CULTURE ET ENVIRONNEMENT

- Greta Thunberg, cheffe de file de la grève des lycéens et des collégiens pour le climat 196
- Lubrizol ou la méfiance de l'État 200
- Notre-D(r)ame en flammes 204
- Trente ans après la chute du mur, où en est la réunification allemande ? ... 208
- Les orages dans la Drôme : les impacts du réchauffement climatique sur les productions agricoles 212
- Le « petit pas pour l'homme » fête ses 50 ans 216
- Le football au féminin : quand l'égalité gagne du terrain 220
- La pyramide du Louvre fête ses 30 ans 224
- Comment endiguer l'expansion du 7e continent ? 228
- **Personnalité :** Pierre Soulages 232
- Ils nous ont quittés en 2019 234

AUTRES FAITS MARQUANTS 2019 236

QCM 238

PARTIE 5

CLASSEMENTS INCONTOURNABLES EN 2019

- Les 20 pays les plus peuplés 244
- Les 20 pays au plus fort produit intérieur brut 245
- Les 20 plus grandes villes du monde 246
- Les 20 plus grandes entreprises d'après leur chiffre d'affaires 247
- Les 20 personnalités les plus riches du monde 248
- Les 15 sites et applications « e-commerce » les plus visités en France 249
- Les 20 jeux et applications les plus téléchargés dans le monde 250
- Les 100 personnalités les plus influentes dans le monde 251
- Les 20 films ayant généré les plus grosses recettes dans le monde 253
- Les 20 pays au plus fort indice de protection environnementale 254

PARTIE 6

PARTIE 1

ÉCONOMIE ET POLITIQUE

- Un Brexit introuvable ? 8
- Les Gilets jaunes : retour sur une contestation inédite 13
- Les élections européennes de 2019 : entre appréhension et surprise 19
- Hong Kong : des revendications démocratiques et populaires 24
- La réforme des retraites 28
- Le CETA : une menace pour les producteurs et les consommateurs français ? 32
- Banque centrale européenne : des taux à zéro pour longtemps ? 36
- Jacques Chirac : un ancien Président populaire mais controversé 40
- Mercosur et Union européenne : un traité de libre-échange très contesté 44
- Le retour en grâce de l'or 48
- Personnalité : Christine Lagarde, première femme présidente de la Banque centrale européenne 52

AUTRES FAITS MARQUANTS 2019 54

QCM 56

Un Brexit introuvable ?

par Ludovic Sot

En 2016, les Britanniques votaient pour que le Royaume-Uni sorte de l'Union européenne (le « Brexit », c'est-à-dire le *British exit from the European Union*). Qu'en est-il trois ans et demi plus tard ?

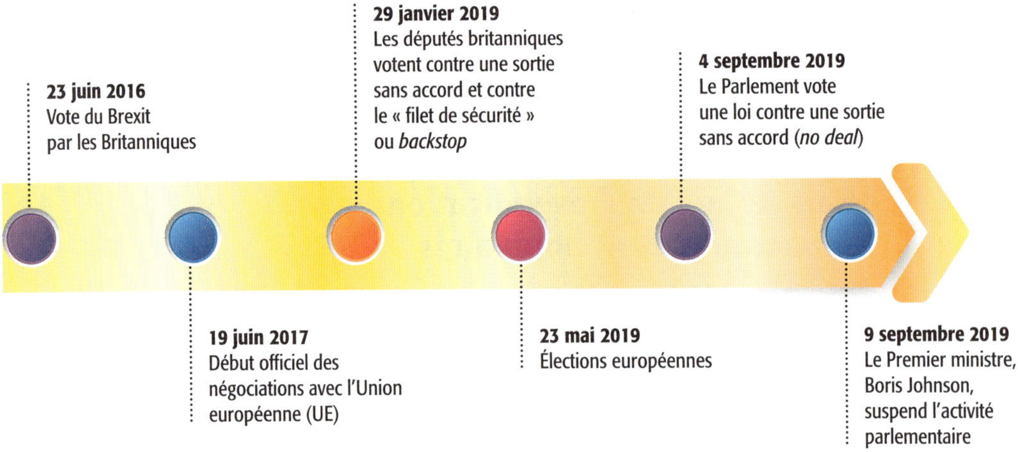

Aux origines du Brexit

David Cameron commence son mandat à la tête du Parti conservateur en 2006 avec comme objectif de partir en croisade contre l'Europe. Au sein de ce parti, se développe l'idée selon laquelle les alliés les plus naturels du pays sont ceux de « l'anglosphère » incluant à la fois les membres du Commonwealth et les États-Unis. Ce concept est porté depuis 2010 par l'Ukip, parti populiste d'extrême droite, dirigé par Nigel Farage et profondément anti-européen. L'anglosphère apparaît comme l'alternative à l'Union européenne (UE) pour répondre à ceux qui considèrent que quitter l'UE reviendrait à isoler le Royaume-Uni.

Aux élections européennes de 2014, le parti europhobe, Ukip, arrive en tête en portant des thématiques hostiles à la libre circulation des personnes, en particulier des ressortissants de l'Europe de l'Est. Lors des élections générales de 2015, le Parti conservateur obtient la majorité absolue. David Cameron engage alors des négociations avec Bruxelles sur la libre circulation des personnes. Après avoir obtenu des concessions de l'UE, il s'engage à faire campagne pour le maintien dans l'UE du Royaume-Uni. La campagne pour le référendum donne lieu à l'utilisation d'affiches racistes, nativistes, anti-immigrées principalement de la part de l'Ukip ainsi qu'à de fausses informations sur le fait que le Royaume-Uni donnerait 350 millions de livres par semaine à l'UE, par exemple. Boris Johnson, membre de la frange pro-Brexit du Parti conservateur, compare alors les tentatives de l'UE pour unifier l'Europe à celles d'Hitler.

Le 23 juin 2016, par référendum, les Britanniques votent en faveur du Brexit à 51,9 %. La participation est de plus de 72 %, ce qui est un record pour le pays. David Cameron démissionne.

Ce référendum est révélateur des fractures sociales et géographiques du pays. Les personnes les plus éduquées et ayant les plus hauts revenus ont voté pour demeurer dans l'UE, de même que les jeunes, mais ces derniers votent moins. En revanche, les personnes âgées, fortement mobilisées, ainsi que les populations les plus démunies ont voté pour quitter l'Union. Géographiquement, Londres (59,9 %) et les villes universitaires ainsi que l'Irlande du Nord (55,8 %), l'Écosse (62 %) et Gibraltar (96 %) ont voté pour le maintien dans l'Union européenne alors que les petites villes et les campagnes, ainsi que l'Angleterre et le pays de Galles ont voté pour le Brexit.

Résultats du référendum du 23 juin 2016

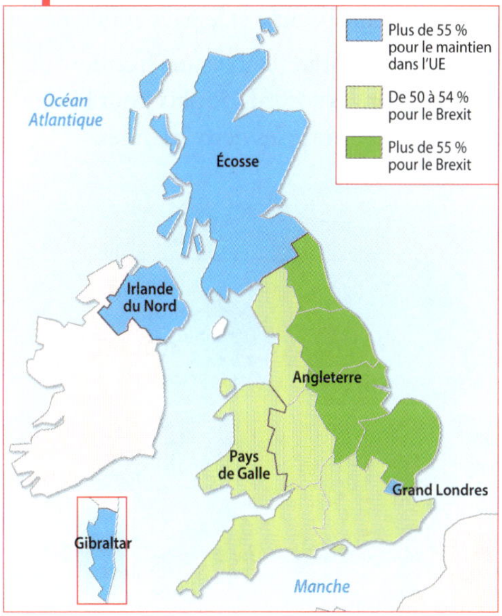

Cette répartition des votes peut ouvrir une perspective négative pour l'unité du Royaume-Uni, renouvelant la volonté du référendum des partitions notamment en Écosse, ce qui pourrait conduire à un Royaume limité à l'Angleterre et au pays de Galles. Le départ de l'Écosse ferait peser un risque supplémentaire sur la santé financière et économique du Royaume du fait de la présence de puits de pétrole en Écosse et des réseaux financiers d'Édimbourg.

À la suite du référendum, Theresa May, devenue Premier ministre, entame des négociations avec l'Union européenne et principalement avec Michel Barnier, négociateur en chef pour l'UE sur le Brexit. Toutefois, il n'y a pas de consensus ni au Parti travailliste (*Labour Party*), le parti majoritaire, ni dans la classe politique britannique, sur les modalités de sortie. Ainsi, la cheffe de gouvernement britannique négocie sans savoir vraiment vers quel objectif elle se dirige.

Les deux principaux partis, conservateur et travailliste, sont eux-mêmes divisés sur la question du Brexit. Les libéraux-démocrates, les nationalistes écossais et quelques travaillistes sont partisans d'un second référendum. Jeremy Corbyn, chef du Parti travailliste, a été ambigu dès le départ. Il est traditionnellement anti-européen, mais, en 2016, il se déclare finalement favorable au maintien dans l'Union. Néanmoins, il n'a pas fait campagne. Non favorable à une deuxième consultation des citoyens, il souhaite cependant rester dans l'union douanière.

Fin octobre 2019, il n'y a aucune majorité ni sur les points de l'accord, ni sur une sortie sans accord.

Quels enjeux ?

Suivant l'article 50 du traité de Lisbonne, signé en 2007, un pays peut sortir de l'Union européenne. Sont prévues pour cela des négociations pendant deux ans pour établir les modalités de sortie ainsi que les relations futures entre l'Union européenne et le pays concerné.

Si le Royaume-Uni quitte l'Union européenne, alors il faudrait rétablir une frontière physique entre l'Irlande du Nord et la République d'Irlande. Or, les accords de paix pour l'Irlande du Nord de 1998 excluent le retour d'une frontière physique entre les deux Irlandes.

La frontière irlandaise

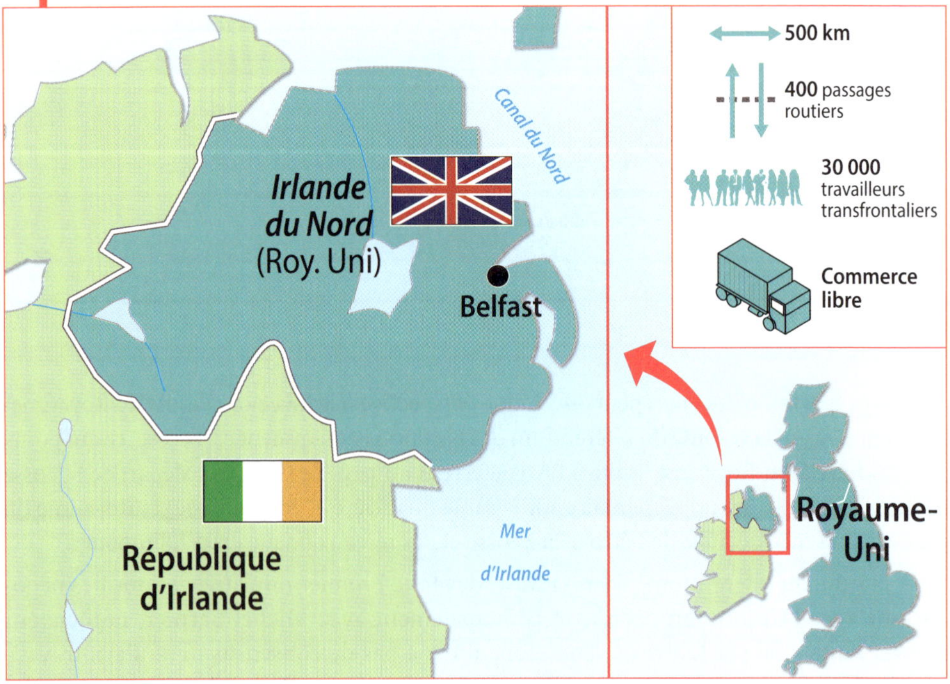

Source : NISRA.

Un premier accord a été trouvé en décembre 2017 portant sur la contribution britannique pour régler à l'Union européenne ce que le Royaume-Uni lui devait, ainsi que sur les droits des citoyens européens résidant outre-Manche et sur ceux des citoyens britanniques résidant dans l'UE et sur la frontière irlandaise. Le problème principal pour les Britanniques demeure celui de la période transitoire de deux ans. Cette question est avant tout une problématique de politique intérieure et d'idéologie.

Le projet d'accord de 2018

Le projet d'accord de retrait est entériné le 13 novembre 2018 par les deux parties. Long de 585 pages, il prévoit une période de transition de deux années pour fixer les clauses du divorce.

Pendant ce temps, le Royaume-Uni resterait dans l'union douanière et ne pourrait pas signer d'accord de libre-échange avec d'autres pays. Il devrait aussi continuer à respecter les règles de l'Union européenne, y compris celle de la libre circulation des personnes. Cette période longue s'explique, car ce sont près de 700 accords que le Royaume-Uni doit quitter.

Cet accord aborde aussi la question épineuse du *backstop*, le « filet de sécurité » qui a pour objectif d'empêcher la réintroduction de frontières physiques entre le nord et le sud de l'Irlande. Ce *backstop* conduirait le Royaume-Uni et l'Union européenne à former un territoire douanier unique, ce qui permettrait la libre circulation des produits. Mais cela a pour conséquence l'acceptation par le Royaume-Uni de l'ensemble des règles et des normes de l'Union européenne, par exemple dans le domaine environnemental ou pour la protection sociale, alors même qu'il ne siégera plus dans les instances de l'Union et qu'il n'aura donc plus aucun pouvoir de décision. Cette solution, provisoire jusqu'à l'obtention d'un accord, ne satisfait aucun Britannique : elle les place dans une situation pire qu'avant le Brexit. Les partisans d'un Brexit dur y sont totalement opposés. De même que le Parti unioniste d'Irlande du Nord qui craint que cette situation ne conduise progressivement à détacher l'Irlande du Nord du reste du Royaume-Uni. En effet, certains considèrent que la frontière avec l'UE doit être placée dans les ports anglais, gallois et écossais et donc qu'elle concernerait l'intégralité de l'île d'Irlande. Paradoxalement, avec le Brexit, la question d'une réunification de l'Irlande est de moins en moins taboue en Irlande du Nord même.

Pour les citoyens britanniques installés dans l'Union européenne ou pour les Européens installés outre-Manche avant l'accord, ils conserveraient les mêmes droits qu'aujourd'hui sauf s'ils quittent le territoire pendant plus de cinq ans. En revanche, les nouveaux entrants perdraient leur droit de libre circulation.

Vers un Brexit dur ?

La vie politique étant totalement bloquée, le 24 juillet 2019, Boris Johnson succède à Theresa May à la tête du gouvernement britannique et promet de sortir de l'UE avec ou sans accord le 31 octobre 2019. La situation de profonde division au Royaume-Uni et l'inflexibilité du gouvernement britannique ne permettent pas d'envisager de trouver un accord. Le Royaume-Uni se dirige vers un Brexit dur c'est-à-dire une sortie sans accord qui aurait des conséquences très importantes pour l'économie britannique. Tous les liens juridiques, économiques, financiers et commerciaux unissant l'UE au Royaume-Uni seront rompus. La livre a déjà perdu près de 20 % de sa valeur depuis le référendum. Londres ne bénéficierait plus de centaines d'accords commerciaux de l'Europe avec des pays tiers et elle devrait les renégocier un à un ce qui prendra plusieurs années. Les conséquences du Brexit pour la City sont importantes : elle n'aura plus le « droit de passeport européen ». Cela signifie que les banques devront ouvrir des succursales dans l'Union européenne pour continuer à commercer. Le Brexit va entraîner des pertes d'emploi. Depuis le référendum, la croissance a ralenti. La Banque d'Angleterre redoute un choc avec, par exemple, déjà une baisse de 70 % des investissements dans l'industrie automobile au cours des six premiers mois de l'année 2019.

Dans l'impasse, le 9 septembre 2019, le Premier ministre, Boris Johnson suspend l'activité parlementaire pour cinq semaines alors que le Parlement est hostile à un Brexit sans accord. La Cour suprême britannique, le 24 septembre 2019, déclare illégale cette suspension et permet ainsi à la Chambre des communes de se réunir à nouveau.

Un nouvel accord est trouvé avec le Conseil européen le 17 octobre. Il doit être voté par le Parlement britannique et le Parlement européen. Auparavant, Boris Johnson a obtenu la tenue d'élections anticipées le 12 décembre 2019. Les Européens donnent au Royaume-Uni jusqu'au 31 janvier 2020 pour accepter les termes du Brexit.

Après la sortie du Royaume-Uni, l'UE perdrait 12,91 % de sa population et 15,16 % de son PIB. Le Brexit apparaît aujourd'hui comme un contre-modèle. De nombreux opposants à l'Union européenne, notamment à l'extrême droite française avec ceux qui défendaient un « Frexit », reviennent en arrière devant l'extrême difficulté dans laquelle se trouve le Royaume-Uni aujourd'hui et devant les conséquences économiques et sociales que le retrait de l'Union européenne va probablement entraîner.

Les Gilets jaunes : retour sur une contestation inédite

par Marion Le Calvez

À l'automne 2018, dans un contexte économique et social tendu, la France est gagnée par un vent de contestation. Née spontanément sur Internet, cette contestation prend bientôt le nom de « mouvement de Gilets jaunes » et se traduit par l'organisation de manifestations et de blocages routiers. Face à ce mouvement d'ampleur qui mobilise des centaines de milliers d'hommes et de femmes, le gouvernement est contraint de réagir, naviguant entre tentatives de dialogue et répression policière. Inédit par sa forme, par ses revendications, par sa durée, par le profil sociologique de ses participants, le mouvement des Gilets jaunes rebat les cartes du paysage politique traditionnel.

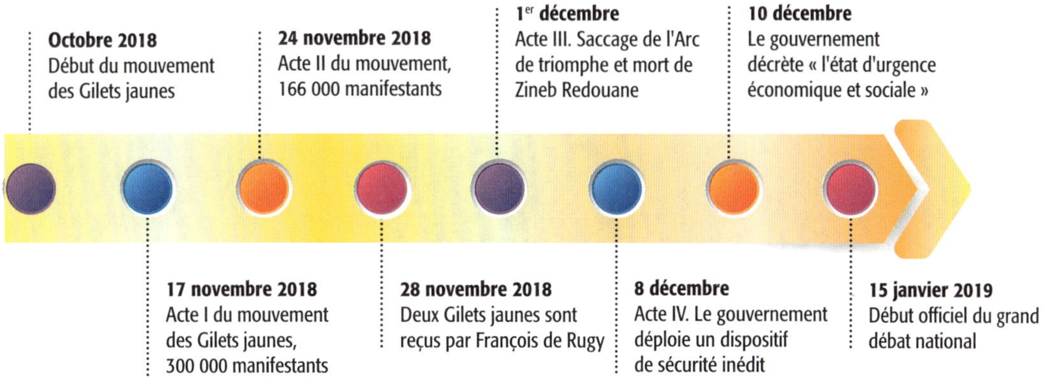

▶ Chronologie des événements : près d'un an de mobilisation

Le mouvement des Gilets jaunes naît spontanément en octobre 2018 sur Internet, d'un « ras-le-bol » contre la politique fiscale du gouvernement et plus précisément contre la hausse du prix du carburant.

En octobre, une pétition contre la hausse du carburant, publiée en ligne par Priscillia Ludosky, une automobiliste de Seine-et-Marne, atteint le million de signatures. Parallèlement, le 10 octobre 2018, deux chauffeurs routiers de Seine-et-Marne,

Éric Drouet et Bruno Lefevre, lancent sur Facebook un appel au « blocage national » pour le 17 novembre, là encore afin de contester la hausse du prix du carburant. Quelques jours plus tard, le 18 octobre 2018, une quinquagénaire originaire du Morbihan, Jacline Mouraud, publie sur son compte Facebook une vidéo dans laquelle elle interpelle directement Emmanuel Macron pour dénoncer la « traque aux conducteurs » menée, selon elle, par le gouvernement. La vidéo devient virale, au point d'afficher en quelques jours plus de 6 millions de vues. Le 24 octobre 2018, enfin, Ghislain Coutard, un technicien narbonnais, publie une vidéo sur Facebook dans laquelle il invite les spectateurs à mettre en évidence, sur le tableau de bord de leur voiture, le gilet jaune dont tout automobiliste doit être légalement muni. Le gilet jaune devient ainsi le symbole du soutien apporté à ce mouvement de protestation naissant.

Le mouvement des Gilets jaunes débute concrètement le 17 novembre. Ce samedi-là, près de 300 000 personnes se mobilisent partout en France, dans près de 3 000 lieux, pour protester contre la politique fiscale du gouvernement. Le mouvement se traduit par le blocage de ronds-points, de routes et de dépôts pétroliers et par l'organisation de manifestations. C'est le premier acte du mouvement des Gilets jaunes, inaugurant chaque samedi à venir des mobilisations similaires. Le samedi 24 novembre, pour l'acte II, les Gilets jaunes défilent de nouveau dans toute la France. À Paris, les manifestants (166 000 selon le ministère de l'Intérieur) se dirigent sans autorisation vers les Champs-Élysées. Le samedi 1er décembre, l'acte III rassemble, toujours selon le ministère, 136 000 personnes dans toute la France.

Manifestation des gilets jaunes à Paris le 1er décembre 2018 (acte III)

Crédit : Birdog Vasile-Radu/Shutterstock.

Si les fêtes de fin d'année s'accompagnent d'une baisse de la mobilisation, le mouvement des Gilets jaunes connaît un regain le 5 janvier : le ministère dénombre ainsi 50 000 manifestants dans toute la France pour l'acte VIII. Le samedi 12 janvier, l'acte IX du mouvement confirme le rebond observé une semaine plus tôt (84 000 manifestants dans toute la France selon le ministère). En février, le nombre de manifestants se maintient autour de 50 000 avant de fléchir au mois de mars, autour de 40 000. Malgré un nombre de manifestants en nette baisse depuis le printemps, la mobilisation se poursuit à l'automne 2019.

Les spécificités d'un mouvement inédit

La chronologie témoigne d'une des caractéristiques qui rendent ce mouvement inédit : sa durée. Certes, le nombre de manifestants s'est nettement rétracté depuis ses débuts, mais le mouvement continue de mobiliser plusieurs milliers de personnes, chaque samedi. Autre spécificité, ce mouvement concerne l'ensemble du territoire national, y compris les zones rurales et les Régions d'outre-mer.

Le mouvement des Gilets jaunes est également inédit en ce qu'il est né et s'est amplifié sur Internet. Ce sont en effet les réseaux sociaux, et notamment Facebook, qui permettent aux Gilets jaunes de s'exprimer, de débattre et d'organiser des milliers d'événements simultanément en France. Les réseaux sociaux permettent également aux Gilets jaunes, extrêmement méfiants vis-à-vis des médias traditionnels, de s'informer et de communiquer directement notamment grâce aux Facebook Live. L'usage des réseaux sociaux permet en outre au mouvement d'échapper au clivage droite-gauche qui organise traditionnellement la vie politique française. En effet, et c'est sûrement là l'une de ses caractéristiques principales, le mouvement des Gilets jaunes se proclame apolitique et rejette toute tentative de récupération partisane ou syndicale. Caractérisé par son horizontalité, il étonne également par l'absence de leader. En conséquence, les quelques Gilets jaunes qui ont tenté de s'affirmer à la tête du mouvement, voire de créer des partis issus du mouvement, ont été vivement critiqués par le reste des Gilets jaunes.

Le mouvement des Gilets jaunes se distingue également par le profil sociologique de ses participants. Les mouvements sociaux traditionnels sont en effet marqués par une surreprésentation des étudiants, intermittents, professions intellectuelles, soit des individus membres des classes moyennes supérieures, mais menacés de déclassement. Or, le mouvement des Gilets jaunes mobilise des individus issus des classes populaires ou des classes moyennes basses. Un collectif de chercheurs, liés au Centre Émile-Durkheim de Bordeaux, estime ainsi que chez les Gilets jaunes, le revenu médian du foyer est 30 % inférieur au revenu médian des ménages français dans leur ensemble.

Le mouvement des Gilets jaunes naît autour de revendications fiscales (critique de la hausse de l'écotaxe sur le gasoil). Rapidement cependant, les revendications s'élargissent, passant de la dénonciation de la « fiscalité » à la dénonciation de « l'injustice fiscale » (critique de la hausse de la CSG, critique de la suppression de l'ISF). Progressivement aussi, des revendications sociales (hausse du pouvoir d'achat des classes populaires, maintien des services publics) et politiques (critique visant directement Emmanuel Macron, défense d'un référendum d'initiative citoyenne et du tirage au sort) se sont greffées aux revendications fiscales. En conséquence, des thèmes pourtant régulièrement abordés par les dirigeants et les médias traditionnels, comme l'islam ou l'immigration, ne sont pas en tête des préoccupations des Gilets jaunes, contredisant les observateurs qui voyaient dans le mouvement un sas de l'extrême droite. Autant d'éléments qui permettent au mouvement de recevoir le soutien d'une majorité de Français : même ceux qui condamnent les violences commises reconnaissent la légitimité des revendications.

Les réactions de l'exécutif : entre stratégie d'apaisement et répression

Face au mouvement des Gilets jaunes, le gouvernement navigue entre deux stratégies : d'un côté une stratégie d'apaisement, concrétisée par une tentative de dialogue et une série d'annonces concrètes, de l'autre une stratégie de fermeté qui se traduit par une répression sans précédent dans l'histoire récente des mouvements sociaux français.

Cette stratégie d'apaisement se manifeste dès le 14 novembre 2018, à l'approche de la manifestation du 17 novembre. Dans une interview accordée à la télévision, Emmanuel Macron reconnaît avoir échoué à réconcilier le peuple français avec ses dirigeants et affirme qu'il entend la colère. Le 28 novembre, l'exécutif poursuit cette stratégie de dialogue en conviant deux Gilets jaunes, Éric Drouet et Priscillia Ludosky, au ministère de l'Environnement, pour échanger avec le ministre de la Transition écologique, François de Rugy. Le 15 janvier 2019, alors que la mobilisation ne faiblit pas, Emmanuel Macron lance officiellement un « grand débat national » : cette consultation doit durer deux mois et permettre aux dirigeants d'échanger avec les Français.

Outre ces tentatives de dialogues, le gouvernement tente également d'apaiser la contestation en annonçant rapidement des mesures concrètes. Ainsi, dès le 5 décembre, après trois semaines de contestation, Emmanuel Macron annonce la suppression pour 2019 de plusieurs mesures fiscales, dont la hausse du prix du carburant. Le 10 décembre, dans un contexte de crise sociale et politique de plus en plus sévère, le Président décrète « l'état d'urgence économique et sociale » et fait plusieurs annonces.

Les principales annonces d'Emmanuel Macron

ANNONCES	
SMIC	Hausse de 100 euros par mois
CSG	Exemption de la hausse de la CSG pour les retraités touchant moins de 2 000 euros par mois
Prime de fin d'année	Défiscalisée et sans charges sociales
Heures supplémentaires	Sans impôts ni charges
ISF	Maintien de la suppression

Parallèlement à cette stratégie d'apaisement, l'exécutif joue la carte de la fermeté. À ce titre, le mouvement des Gilets jaunes est caractérisé, surtout à partir du mois de décembre, par un niveau de violence inédit, des deux côtés.

Du côté des manifestants, les violences et dégradations culminent début décembre avec le saccage de l'Arc de triomphe ainsi que de nombreuses boutiques sur les Champs-Élysées. Le 5 janvier, la journée est marquée par les dégâts causés par des individus munis d'un engin de chantier contre le portail de l'hôtel particulier de Rothelin-Charolais, une annexe du ministère de l'Économie et des Finances, où travaille le porte-parole du gouvernement, Benjamin Griveaux. Ce même jour, l'affrontement à Paris entre un manifestant, Christophe Dettinger, ancien boxeur, et les forces de l'ordre devient viral. L'homme est placé en détention provisoire dans les jours qui suivent avant d'être condamné. L'acte XVIII du mouvement, le samedi 16 mars, s'accompagne lui aussi d'importantes violences, largement relayées par les médias et dénoncées par l'exécutif, notamment par Christophe Castaner, ministre de l'Intérieur : des commerces sont dégradés, dont la brasserie Le Fouquet's incendiée. Cette violence est en partie alimentée par le cortège de tête, un mouvement offensif, autonome, constitué depuis la loi El Khomri (2016), qui n'hésite pas à participer aux manifestations et à user de violence contre le mobilier urbain, les boutiques et les forces de l'ordre.

De son côté, l'État déploie lui aussi un niveau de violence accru. Cette dernière s'explique en partie par la forme inédite du mouvement. Dans les manifestations traditionnelles, organisées par les partis politiques et les syndicats, le maintien de l'ordre est facilité par la déclaration anticipée des manifestations, l'organisation d'un service d'ordre et l'identification claire des responsables. Or, le mouvement des Gilets jaunes échappe à ces pratiques traditionnelles. En conséquence, alors que le mouvement s'enlise, le gouvernement répond par une stratégie anti-émeutière. Pour l'acte IV du mouvement, par exemple, le samedi 8 décembre, le gouvernement déploie un dispositif de sécurité d'ampleur incomparable : 89 000 agents des forces de l'ordre, armés de lanceurs de balles de défense (LBD) de type Flash-Ball et de grenades de désencerclement, ainsi que des véhicules blindés, une première dans une manifestation en métropole. En outre, le mouvement des Gilets jaunes s'accompagne d'un nombre record d'interpellations de manifestants. Les violences policières qui ponctuent chaque acte des Gilets jaunes sont dénoncées par la Ligue des droits de l'homme, Amnesty International, mais également l'ONU et le Conseil de l'Europe, qui pointent un usage disproportionné de la force et interpellent la France quant à son usage des LBD et des grenades. Intervenant le 7 mars dans le cadre du grand débat national, Emmanuel Macron a récusé l'usage même du terme « violences policières », le jugeant inacceptable dans un État de droit. Pourtant, près de 300 enquêtes seraient ouvertes auprès de l'IGPN (inspection générale de la Police nationale) pour présomption de violences policières. À l'instar de Jérôme Rodrigues, figure clé du mouvement grièvement blessé à l'œil le samedi 26 janvier, une vingtaine de manifestants auraient été éborgnés. De même, la violence déployée par les forces de l'ordre serait responsable de l'amputation de cinq manifestants, en aurait défiguré près de 300 autres et aurait causé la mort de Zineb Redouane, une octogénaire marseillaise fauchée par une grenade alors qu'elle fermait ses fenêtres, le 2 décembre 2018. Depuis 1968, il s'agit du nombre le plus élevé de blessés occasionnés par des opérations de maintien de l'ordre.

Les élections européennes de 2019 : entre appréhension et surprise

par Marion Le Calvez

À la fin du mois de mai 2019, les citoyens de l'Union européenne étaient appelés aux urnes pour élire les 751 députés du Parlement européen. Dans un contexte difficile, marqué par l'essor de l'euroscepticisme et de l'extrême droite, l'échec des négociations avec le Royaume-Uni autour du Brexit et la crainte d'une abstention massive, ces élections européennes avaient des allures d'épreuve du feu pour l'Union européenne.

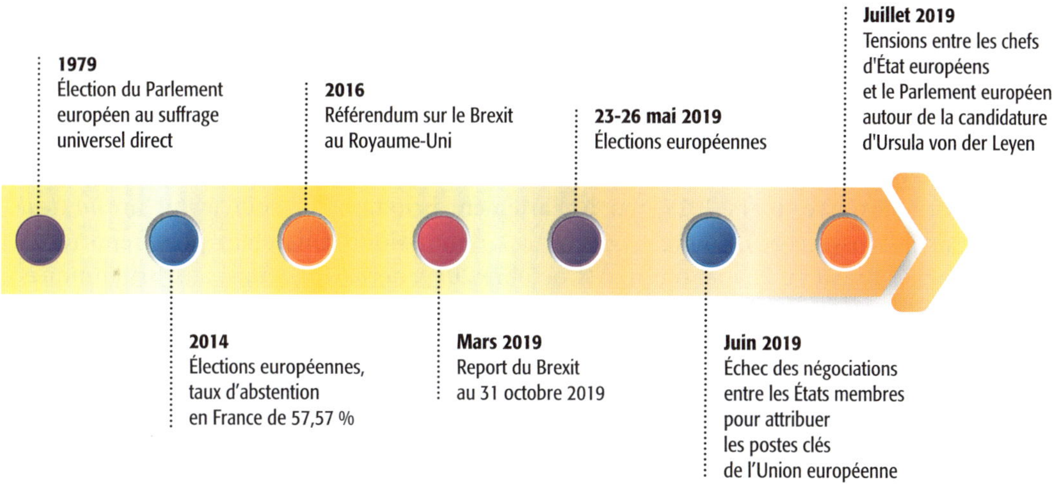

▶ Élire les eurodéputés : comment et pourquoi ?

Le Parlement européen, dont le siège est à Strasbourg, est l'organe législatif de l'Union européenne : il partage, avec le Conseil de l'Union européenne, le pouvoir de modifier et d'adopter les propositions de loi (appelées « règlements » ou « directives ») que lui soumet la Commission européenne. Il vote également le budget de l'Union européenne et a un pouvoir de contrôle sur la Commission européenne. Enfin, sur proposition du Conseil européen (institution réunissant les chefs d'État ou de gouvernement des États membres de l'Union) et en vertu des résultats aux élections européennes, le Parlement élit pour cinq ans le président de la Commission européenne.

En 2019, le Parlement européen accueille 751 députés, élus à la proportionnelle dans les 28 pays membres de l'Union. Après le départ du Royaume-Uni, le nombre de députés devrait passer à 705. Depuis 1979, les eurodéputés sont élus au suffrage universel direct par plus de 400 millions d'électeurs. Le nombre de députés élus par chaque pays membre dépend de la population du pays (79 députés pour la France).

Chaque État membre fixe les règles du scrutin à son échelle, à condition toutefois de respecter la proportionnelle. En France, un seuil de 5 % est nécessaire pour obtenir un siège au Parlement, ce qui n'est pas le cas en Allemagne, par exemple. De même, si la France impose la parité aux listes candidates, cette règle n'est pas imposée par l'ensemble des pays membres. En 2019, le mode de scrutin français connaît une évolution par rapport à 2014 : l'élection se fait désormais à l'échelle nationale sur des listes uniques et non plus à l'échelle régionale, par circonscriptions.

Appréhensions et difficultés à l'approche des élections européennes de 2019

La principale difficulté rencontrée par l'Union européenne à l'approche du scrutin de mai 2019 est liée au Brexit. La campagne électorale se déroule en effet dans une grande incertitude quant au divorce avec le Royaume-Uni, initialement prévu pour mars 2019. Rappelons en effet que depuis 2016, date à laquelle les Britanniques ont décidé de quitter l'Union européenne, le gouvernement britannique et les dirigeants de l'Union peinent à s'entendre sur un accord de retrait. En novembre 2018, les négociations aboutissent à un préaccord, mais ce dernier est rejeté, par trois fois, entre janvier et mars 2019, par le Parlement britannique. Pour éviter un *no deal* (sortie sans accord), Theresa May et la Commission s'entendent pour reporter la date du Brexit au 22 mai puis au 31 octobre 2019, permettant ainsi aux Britanniques de participer aux élections européennes. En conséquence, les dirigeants européens prévoient que, dès l'entrée en vigueur du Brexit, les eurodéputés britanniques élus en mai 2019 quitteront leurs fonctions tandis que les sièges vacants seront répartis entre les pays membres.

Ces élections suscitent également l'inquiétude du fait de l'émergence, ces dernières années, dans plusieurs pays de l'Union, de partis d'extrême droite dits populistes. Ces partis, apparus notamment en Hongrie (2014), en Pologne (2015), en Autriche (2017) et en Italie (2018), sont caractérisés par leur euroscepticisme.

De plus, dans la plupart des pays européens, on craint que ces élections ne soient marquées par une abstention record favorisant le succès des partis eurosceptiques. Et pour cause, l'élection des eurodéputés au suffrage universel s'est toujours accompagnée d'une forte abstention. En 1979, cette dernière atteignait 39,3 %. Depuis, elle n'a fait que grimper jusqu'à atteindre 59,37 % en 2009. En 2014, l'abstention s'élevait encore à 57,57 %. Intitulée « *Cette fois je vote* », la campagne officielle impulsée par le Parlement européen, en avril 2019, témoigne de cette inquiétude. À la veille du scrutin de mai 2019, les sondages sont peu optimistes, tablant sur une participation aussi faible qu'en 2014.

À l'heure des résultats

Du 23 au 26 mai 2019, les élections ont eu lieu dans l'ensemble des États membres de l'Union européenne. Les résultats ont été dévoilés le dimanche 26 au soir.

Les eurodéputés ne siègent pas par délégation nationale, mais se regroupent par affinités politiques. À l'issue de ces élections, on dénombre sept groupes politiques couvrant tout l'échiquier politique, de l'extrême gauche à l'extrême droite, ainsi qu'un groupe de « non-inscrits » où siègent les députés qui ne font partie d'aucun groupe.

Résultats des élections européennes de 2019

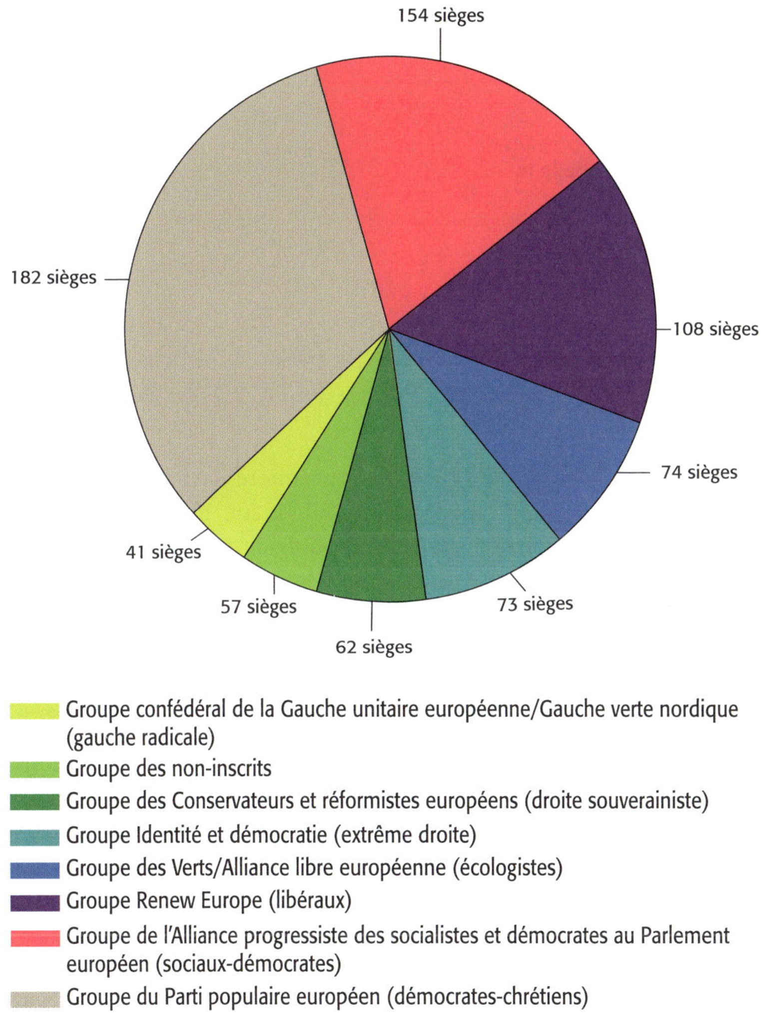

En France, parmi les 34 listes déposées pour ces élections, seules six ont dépassé le seuil des 5 % requis.

Listes	Têtes de liste	Suffrages exprimés (en %)	Nombre de sièges
Prenez le pouvoir (liste soutenue par Marine Le Pen)	Jordan Bardella	23,33 %	23
Renaissance (soutenue par La République en marche et le Modem)	Nathalie Loiseau	22,42 %	23
Europe Écologie	Yannick Jadot	13,48 %	13
Union de la droite et du centre (soutenue par Les Républicains)	François-Xavier Bellamy	8,48 %	8
La France insoumise	Manon Aubry	6,31 %	6
Envie d'Europe écologique et sociale (soutenue par le PS, Place Publique et Nouvelle Donne)	Raphaël Glucksmann	6,19 %	6

En France comme dans le reste de l'Europe, la première surprise est celle d'une participation en hausse : elle s'établit au-dessus de 50 %, son plus haut taux depuis 1994. Selon le sondage Eurobaromètre postélectoral publié le 24 septembre 2019, cette hausse est d'abord portée par la jeunesse : les électeurs de moins de 25 ans (+ 14 points) et ceux de 25-39 ans (+ 12 points) ont été beaucoup plus nombreux à voter qu'en 2014.

Ensuite, ces élections constituent un revers pour les partis traditionnels de gouvernement : s'ils sont toujours en tête, les sociaux-démocrates du S&D et les conservateurs du PPE perdent en effet la majorité absolue qu'ils détenaient depuis plus de vingt ans. Ce constat est également valable pour la France où le Parti socialiste et Les Républicains sont largement dépassés par les listes soutenues par le Rassemblement national et La République en marche. Ces élections européennes confirment la bipolarisation nouvelle qui caractérise la vie politique française depuis l'élection présidentielle de 2017.

En outre, ces élections sont marquées par l'essor des députés souverainistes, eurosceptiques, voire europhobes, qui, même s'ils sont divisés, représentent au total presque 24 % de l'hémicycle. Ce constat se confirme à l'échelle nationale où la liste soutenue par Marine Le Pen arrive en tête devant celle de LREM.

De plus, ce scrutin est également caractérisé par le succès inattendu des écologistes. Au sein du Parlement, le groupe des Verts/Alliance libre européenne dispose de 74 sièges, contre 52 sièges en 2014. Il en est de même en France où la liste Europe-

Écologie a atteint 13,5 % des suffrages exprimés. Selon le sondage eurobaromètre postélectoral publié le 24 septembre 2019, les Verts ont d'abord convaincu la jeunesse particulièrement préoccupée par l'urgence environnementale.

Enfin, en France comme à l'échelle de l'Union, le score de la gauche radicale n'est pas à la hauteur des pronostics. Au sein du Parlement européen, le groupe de la Gauche unitaire européenne/Gauche verte nordique n'obtient que 41 sièges, contre 52 sièges à la fin de la législature précédente. Cet échec est confirmé à l'échelle nationale par le score de La France insoumise qui obtient seulement six sièges.

Et après ? Le bras de fer pour les nominations aux postes clés de l'Union européenne

Au lendemain du scrutin, les chefs d'État et de gouvernement doivent parvenir à se mettre d'accord pour nommer les candidats aux postes stratégiques de l'Union (notamment la présidence de la Commission, du Conseil, du Parlement et de la Banque centrale, ainsi que le poste de chef de la diplomatie). Cependant, en l'absence de nette majorité au sein du Parlement européen, les dirigeants peinent à se mettre d'accord. Finalement, après des négociations houleuses et à l'issue d'un sommet exceptionnel organisé pour tenter de sortir de l'impasse, les chefs d'État et de gouvernement des pays membres de l'Union européenne parviennent à se mettre d'accord le 3 juillet 2019. Ils valident la candidature de l'Allemande Ursula von der Leyen pour succéder à Jean-Claude Juncker à la tête de la Commission européenne.

Cette candidature, largement encouragée par le président de la République française, suscite aussitôt de vives tensions au sein du Parlement européen, qui doit accepter à la majorité absolue la proposition du Conseil européen pour qu'Ursula von der Leyen entre en fonction. Or, une partie des députés européens estime que cette candidature contredit l'objectif de démocratisation de l'Union européenne. En choisissant Ursula von der Leyen, les chefs d'État et de gouvernement semblent en effet avoir ignoré le principe du « *Spitzenkandidat* », règle tacite, selon laquelle le poste de président de la Commission européenne doit revenir au chef de file du grand parti européen arrivé en tête aux élections européennes. Or, Ursula von der Leyen n'avait même n'a pas fait campagne pour ces élections européennes.

Le 16 juillet 2019, les députés du Parlement européen valident finalement, à une courte majorité, la candidature d'Ursula von der Leyen. Cette ancienne ministre de la Défense allemande, proche d'Angela Merkel, devient ainsi la première femme présidente de la Commission européenne, élue pour un mandat de cinq ans. À l'issue de ces élections et négociations, voici les quatre personnalités choisies pour occuper les postes clés de l'Union européenne :

- l'Allemande Ursula von der Leyen, présidente de la Commission européenne ;
- le Belge Charles Michel, président du Conseil européen ;
- la Française Christine Lagarde, présidente de la BCE ;
- l'Espagnol Josep Borrell, chef de la diplomatie européenne.

Hong Kong : des revendications démocratiques et populaire

par Ludovic Sot

Depuis le 31 mars 2019, de violentes manifestations pour la liberté et la démocratie se déroulent dans les rues de Hong Kong. Quelle en est l'origine ? Quels en sont les enjeux ? Comment résoudre cette crise ?

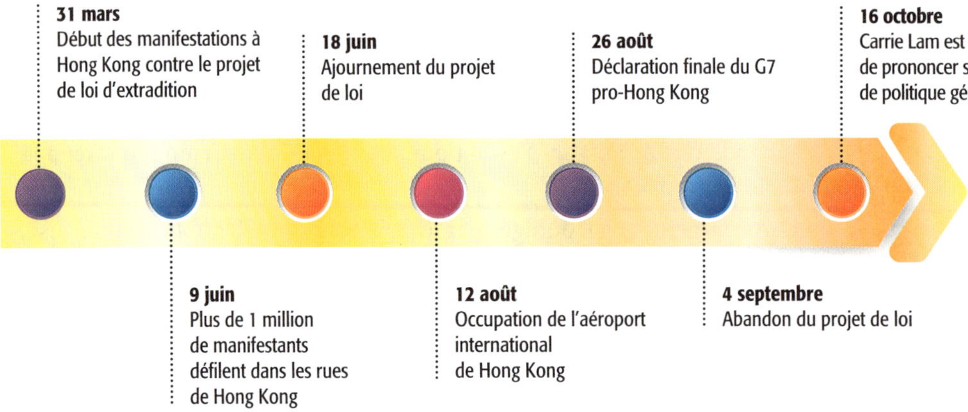

« Un pays, deux systèmes »

Le 1er juillet 1997, après 156 ans dans le giron britannique, Hong Kong a été rétrocédée à la République populaire de Chine. Région administrative spéciale (RAS), elle doit conserver ce statut pendant 50 ans, ce qui lui permet d'avoir un gouvernement démocratique appuyé sur la loi fondamentale, et un système économique différent de celui de la Chine continentale. Pékin n'est, théoriquement, en charge que de la Défense et des Affaires étrangères. C'est ce que signifie « un pays, deux systèmes ».

Aujourd'hui, Hong Kong représente 2 % du PIB chinois, mais elle est la porte d'entrée de 60 % des investissements directs à l'étranger (IDE) qui arrivent en Chine. Elle est classée troisième place boursière dans le monde, ce qui intéresse vivement les grandes fortunes chinoises qui bénéficient sur l'île d'avantages impossibles en Chine populaire. Mais Hong Kong est dépendante de la Chine pour son approvisionnement en nourriture et en eau.

Toutefois, la rupture est forte entre les habitants de Hong Kong et Pékin. Une étude menée entre janvier et juin 2019 montre que 52,9 % des citoyens de l'île se déclarent hongkongais et non chinois ; ce pourcentage est plus important encore chez les jeunes.

Des manifestations démocratiques

Prétextant l'impossibilité d'extrader un homme accusé d'avoir commis un meurtre à Taiwan réfugié à Hong Kong, la cheffe de l'exécutif nommée par Pékin, Carrie Lam, a voulu proposer une loi autorisant l'extradition vers la Chine continentale de toute personne considérée par Pékin comme « fugitive ». Ce projet va à l'encontre de la loi fondamentale signée entre la Chine et le Royaume-Uni qui maintenait sur l'île un système judiciaire de la *common law* incarné par des juges, dont certains sont encore britanniques, totalement indépendant du pouvoir de Pékin. Si cette loi était passée, la sécurité des personnes travaillant à Hong Kong n'aurait plus été garantie, alors que, selon le principe « un pays, deux systèmes », Hong Kong bénéficie d'un système juridique différent de celui de la Chine hérité du système anglo-saxon.

Depuis le 9 juin 2019, de violentes manifestations pour la liberté et la démocratie se déroulent à Hong Kong. Les luttes sociales à Hong Kong ne sont pas nouvelles, les plus récentes datent de 2014, avec le « mouvement des parapluies », et de 2003.

Manifestation à Hong Kong le 9 juin 2019

Crédit : John YE/Shutterstock.

Les revendications s'inscrivent dans le champ de revendications démocratiques. Elles ne sont pas uniquement de circonstance. Les manifestants n'ont pas de revendications séparatistes. Le gouvernement chinois, quant à lui, veut y voir un complot occidental pour imposer par la force la démocratie. Des soupçons pèsent sur les manifestants opposés à plus de liberté : ils seraient soutenus par les triades qui enverraient des hommes pour accentuer la violence à l'encontre des manifestants prodémocratie.

Le 16 juin 2019, un Hongkongais sur trois est déjà descendu manifester, ce qui témoigne de l'ampleur du mouvement qui touche tous les âges. Cette immense manifestation a été censurée dans les médias chinois.

Dès le 18 juin, le projet de loi de Carrie Lam a été ajourné pour être finalement abandonné le 4 septembre. Toutefois, ce retrait arrive trop tard et les manifestants, aujourd'hui, demandent davantage de garanties, pour le respect de la démocratie hongkongaise, et le départ de la cheffe de l'exécutif :

1 – Suppression officielle du projet de loi autorisant les extraditions vers la Chine.

2 – Retrait de la qualification d'« émeutes » pour les manifestations du 12 juin, premières manifestations marquées par des violences.

3 – Libération sans poursuite des manifestants emprisonnés (un millier environ).

4 – Création d'une commission d'enquête indépendante sur les exactions policières.

5 – Mise en place immédiate du suffrage universel.

Le 16 octobre, Carrie Lam a été empêchée de prononcer son discours de politique générale par les députés de l'opposition. Elle a dû fuir le Parlement sous escorte et son discours a été diffusé grâce à une vidéo préenregistrée. C'est la première fois depuis 1948 que cela se produit.

« Se battre pour la liberté ou mourir[1] »

Traditionnellement plutôt pacifistes, les manifestants hongkongais se sont progressivement radicalisés face à une police de plus en plus violente. Le 12 août, ils ont occupé l'aéroport international de Hong Kong, action que le gouvernement a qualifiée de « terroriste ». Par la suite, Pékin a imposé à la compagnie aérienne hongkongaise, Cathay Pacific, de licencier ses employés qui auraient participé au mouvement.

En septembre, la police a utilisé des gaz lacrymogènes et des balles en caoutchouc contre les manifestants et, le 1er octobre, elle a tiré à balles réelles. Elle a fait usage aussi de canons à eau qui envoient une eau poivrée qui brûle la peau, et une eau teintée en bleu indélébile afin d'identifier plus facilement les manifestants. Ces derniers répondent par des jets de briques et de cocktails Molotov. Depuis le 4 octobre, la loi d'urgence interdit le port du masque, ce qui n'a pas empêché les manifestations de se poursuivre localement, par quartier ou par université. La police maintient sa pression sur la population en fermant des stations de métro ou en n'ouvrant que certaines sorties afin de mieux contrôler les déplacements. De plus, environ 10 % des distributeurs de billets ne sont plus approvisionnés. De plus, il pèse aujourd'hui sur la police de Hong Kong plusieurs soupçons de meurtres déguisés en suicides.

1. Slogan d'une affiche portée par des manifestants hongkongais.

Dans le même temps, selon l'agence Reuters, les troupes de l'Armée populaire de libération, armée de la Chine continentale, sont passées de 6 000 à 12 000 hommes présents sur l'île. N'intervenant pas jusqu'à présent, ces troupes, par le biais de grandes banderoles sur leurs casernes, lancent des menaces à l'encontre des manifestants.

Hong Kong et Taïwan, même combat ?

Le projet de loi à l'origine de ce mouvement de revendications à Hong Kong répond à un fait divers impliquant Taiwan. La République de Chine, ou Taiwan, qui est de fait indépendante, est revendiquée par la Chine continentale comme faisant partie de son territoire depuis 1949. Son indépendance n'est pas reconnue par la République populaire de Chine. Or le président Xi Jinping souhaite, avant le centenaire du Parti communiste chinois en 2021, reprendre la main sur l'ensemble de ce qu'il considère comme son territoire. Mais certaines de ses revendications territoriales se heurtent à celles de Taiwan, en particulier en mer de Chine. C'est aussi un élément d'explication de la crise hongkongaise : en effet, si le gouvernement chinois cède sur les revendications des manifestants, il perdra toute crédibilité dans sa détermination à réunir l'ensemble de ces territoires sous son autorité. En outre, le gouvernement taïwanais soutient ouvertement le mouvement démocratique de Hong Kong.

La stratégie de pourrissement et la dérive autoritaire de Xi Jinping sont dénoncées au sein même du Parti communiste chinois.

Une image négative sur la scène internationale

La situation à Hong Kong et la manière dont elle est gérée par les autorités renvoient une image très négative de la Chine. Le G7 réuni à Biarritz à la fin du mois d'août 2019 a rappelé dans sa déclaration finale « *l'existence et l'importance de la déclaration sino-britannique de 1984 sur Hong Kong* » et appelé « *à éviter les violences* ». Federica Mogherini, cheffe de la diplomatie européenne, a déclaré à Helsinki le 30 août que la situation sur l'île est « *extrêmement préoccupante. Nous attendons des autorités de Hong Kong qu'elles respectent la liberté de réunion, d'expression et d'association ainsi que le droit à manifester pacifiquement* ». Enfin, le 15 octobre, les députés américains ont voté une « loi sur les droits de l'Homme et la démocratie à Hong Kong » qui menace de suspendre le statut économique spécial accordé par les États-Unis à l'île. Toutes ces réactions sont systématiquement condamnées par le gouvernement chinois. Ce dernier accuse des « forces étrangères » de soutenir le mouvement, visant implicitement les États-Unis et Taiwan.

Les manifestations, en dépit de la loi d'urgence « anti-masque » lors des rassemblements, entrent dans leur sixième mois. Xi Jinping compte sur le pourrissement et n'intervient pas à cause du conflit économique avec les États-Unis et pour ne pas aggraver la situation, Hong Kong étant une entrée importante de capitaux et de marchandises en Chine, même si elle n'est plus la seule.

La tension est de plus en plus grande, la police tire à balles réelles, plusieurs manifestants ont été tués ou sévèrement blessés ainsi que des personnes soupçonnées par les manifestants d'être des agents du pouvoir chinois.

La réforme des retraites

par Ludovic Sot

La réforme des retraites est une promesse de campagne d'Emmanuel Macron. En mars 2017, il a annoncé sa volonté de réformer le système des retraites afin qu'*« un euro cotisé donne lieu aux mêmes droits »*. Cette question de la réforme des retraites revient régulièrement dans l'agenda politique en France depuis le « livre blanc » du gouvernement de Michel Rocard en 1991.

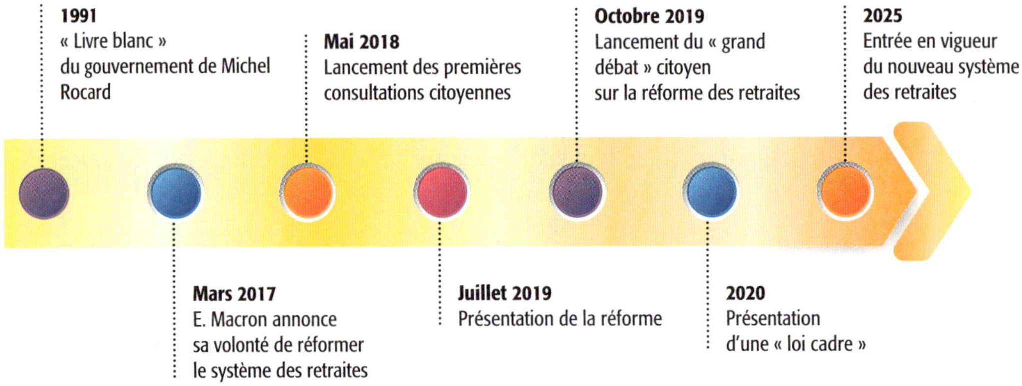

Un constat

Avec l'augmentation de l'espérance de vie en France, le nombre de retraités augmente tandis que le nombre de cotisants diminue. Or, le principe de notre système de retraite est celui d'un régime par répartition : les actifs d'aujourd'hui payent pour les retraités d'aujourd'hui. S'il y avait, pour le régime général, 100 actifs pour 32 retraités en 1975, il y a 100 actifs pour 75 en 2015. C'est pourquoi le système tel qu'il existe aujourd'hui n'est plus viable.

L'âge moyen de départ à la retraite entre 2012 et 2017 était de 60,5 ans pour les hommes et 60,6 ans pour les femmes contre, respectivement, 65,3 ans et 63,6 ans en moyenne dans les pays de l'OCDE. Les Français sont aujourd'hui parmi ceux qui partent le plus tôt à la retraite.

Le système français actuel est très complexe : il existe 42 régimes et caisses de retraite différents. C'est pourquoi une personne qui prend sa retraite après avoir eu un parcours professionnel varié (fonction publique, salarié du privé, indépendant…) peut relever de plusieurs régimes différents.

Le système fonctionne aujourd'hui avec un régime de base en annuités, complété par des régimes complémentaires par points.

Les défauts du système existant sont sociaux et économiques. Aujourd'hui, le système est à peu près à l'équilibre, mais cette situation ne va pas durer du fait de la baisse absolue et relative de la population active et de l'augmentation de l'espérance de vie, en particulier avec le « *papy-boom* ». L'espérance de vie pour les hommes et pour les femmes a augmenté de 14 ans depuis 60 ans. Du fait du vieillissement de la population, le ratio du nombre d'actifs par rapport au nombre des plus de 60 ans devrait diminuer, passant de 1,9 en 2015 à 1,4 en 2070. Aussi, en continuant avec les mêmes régimes qu'aujourd'hui, il y a un risque de voir baisser le niveau de pension qui représente actuellement 51 % du salaire brut moyen et qui passerait à 40 %, voire à 32 %, en l'absence de réforme.

En 2018, 324,5 milliards d'euros ont été versés par les systèmes de retraite soit 13,8 % du PIB. Le système est quasiment à l'équilibre depuis 2017 grâce à la réforme de 2010 qui a reculé l'âge de départ à la retraite à 62 ans au lieu de 60 ans. Mais, la retraite que touchent les femmes est aujourd'hui inférieure de 42 % par rapport à celle des hommes.

Une méthode

Le projet de réforme intervient après une année de concertation avec les partenaires sociaux. En mai 2018, Jean-Paul Delevoye, nommé par le président de la République haut-commissaire à la réforme des retraites (HCRR), lance les premières consultations. Entre le mois d'avril et le mois de décembre 2018, une grande consultation citoyenne est menée en ligne. Le 18 juillet 2019, la réforme est exposée.

L'objectif est la présentation d'une « loi-cadre » avant la fin de l'été 2020, soit après les élections municipales.

Un grand débat citoyen sur la réforme des retraites a été lancé le 3 octobre 2019 à Rodez par le président de la République.

Des propositions : universalité et équité contributive

L'idée centrale du HCRR est de remplacer les 42 systèmes et caisses existants par une caisse nationale de retraite universelle. Son conseil d'administration serait composé à parts égales de représentants des salariés d'une part, et de l'autre de représentants du patronat et des indépendants. En outre, une assemblée générale réunirait l'ensemble des assurés et des employeurs pour donner « un avis » sur le pilotage du système, et un conseil citoyen pourrait, chaque année, faire des propositions au conseil d'administration et au gouvernement. Ce dernier, avec le Parlement, définirait toujours la trajectoire à suivre.

La deuxième idée consiste à modifier le calcul des retraites en substituant aux annuités des points acquis tout au long de la carrière professionnelle. Ainsi, 10 euros cotisés correspondraient à un point de retraite, soit 0,55 euro par point au taux actuel. La valeur du point ne pourrait pas baisser dans le temps et serait revalorisée en fonction des salaires moyens. De même, le niveau des pensions serait également revalorisé en fonction de l'inflation afin de garantir le pouvoir d'achat des retraités. Le minimum de retraite s'élèverait à 85 % du Smic net, contre 81 % pour les salariés dans le système actuel et 75 % pour les agriculteurs. Concernant les fonctionnaires, le système change profondément, car, jusqu'à présent, leur retraite était calculée sur les salaires touchés lors des six derniers mois d'activité, c'est-à-dire les salaires les plus élevés. Avec le changement de mode de calcul, la retraite des fonctionnaires risque donc d'être fortement pénalisée.

Ce principe s'appliquerait à tous les salaires perçus, y compris lors des stages rémunérés. Les primes des fonctionnaires seraient également intégrées dans ce mode de calcul. Toutefois, les indépendants ne seraient pas touchés de la même manière par cette réforme afin de « *préserver l'équilibre économique de leur activité* ».

La réforme doit être faite à enveloppe constante, soit 13,8 % du PIB.

Le HCRR propose un âge de départ à la retraite à taux plein à 64 ans dès 2025. Partir avant entraînerait une décote, c'est-à-dire une diminution de la pension perçue. En revanche, partir plus tard entraînerait une surcote de 5 % par an. Le projet de loi prévoit aussi de conserver une certaine reconnaissance de la pénibilité ou des risques de certains métiers : les militaires, les sapeurs-pompiers, les policiers, les agents des douanes… pourraient prétendre à une retraite anticipée. Toutefois, le 26 août, le président de la République a indiqué qu'il préférait « *un accord sur la durée de cotisation plutôt que sur l'âge* ». Il y a donc encore des discussions sur ce point, sachant que la CFDT pousse dans la direction proposée par Emmanuel Macron, alors que les autres syndicats sont opposés à la réforme. Il s'agirait donc d'augmenter progressivement, d'ici 2035, la durée de cotisation à 172 trimestres, soit 43 ans, pour toutes les personnes nées en 1973 et après, ce qui correspondrait à une accélération du calendrier fixé par la loi « *garantissant l'avenir et la justice du système de retraite* » de Marisol Touraine votée en 2014 qui fixait la retraite à taux plein à 62 ans et 43 ans de cotisation. Le problème pour le gouvernement est que ce choix ne portera pas d'effets visibles immédiatement sauf à accélérer brutalement le calendrier, ce qui ne se ferait pas sans protections sociales importantes.

Concernant la prise en compte des enfants dans le calcul de la retraite, le HCRR prévoit une majoration de 5 % des droits dès le premier enfant et pour chaque enfant mais seulement pour un parent. La surcote de 10 % accordée à chaque parent à partir du troisième enfant dans le régime actuel ne s'appliquera plus. Lors de son point d'étape, le 21 octobre 2019, Jean-Paul Delevoye a indiqué que le compte professionnel de prévention (C2P) et la retraite pour incapacité permanente seraient étendus aux fonctionnaires et à ceux qui bénéficiaient de régimes spéciaux. Des facteurs de pénibilité seraient pris en compte afin de demander une formation pour changer de métier, passer à temps partiel ou partir à la retraite deux ans plus tôt.

Le système devrait entrer en vigueur en 2025 et se déployer sur 15 ans. Il ne sera donc pleinement opérationnel qu'en 2040. Les personnes à moins de cinq ans du départ en retraite au moment de l'adoption de la loi ne sont pas concernées. Pour éviter la défiance grandissante, le président de la République a évoqué la possibilité d'actionner la « clause du grand-père » : la réforme ne concernerait que les personnes entrant sur le marché du travail et donc pas les actifs d'aujourd'hui.

Avant/après la réforme des retraites

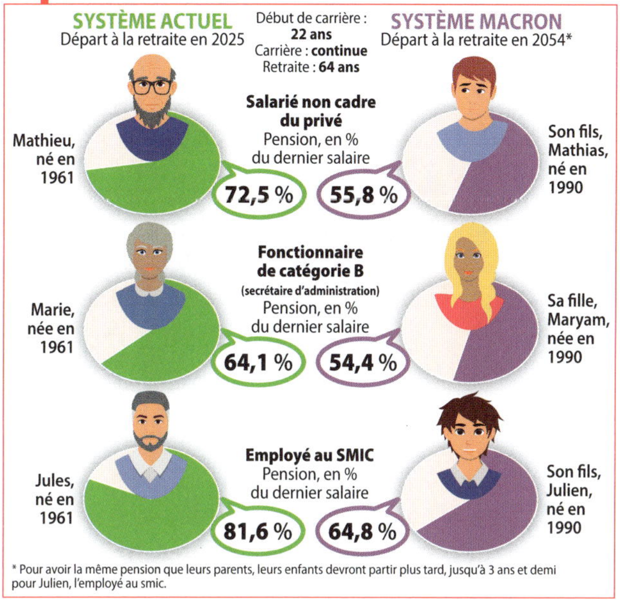

Source : Réformedesretraites.fr

Des oppositions

Le calcul de la retraite par points apparaît plus équitable : chaque point cotisé correspondant à un montant de retraite acquis. Néanmoins, ce système contributif réduit le principe de solidarité et de justice sociale vis-à-vis des personnes aux plus faibles revenus ou au parcours d'emploi complexe.

Ce principe d'un régime par capitalisation change profondément le système. Les cotisations des actifs alimentent des placements financiers dont les rendements futurs détermineront le montant de la pension perçue par les cotisants. Ce principe relève d'une logique d'assurance individuelle, très libérale, opposée à la solidarité entre les générations, qui est le fondement de la protection sociale française conçue par le Conseil national de la Résistance (CNR) avec la mise en place du système par répartition en 1945.

Plusieurs questions se posent aussi sur le fait de travailler plus longtemps compte tenu de l'augmentation de l'espérance de vie et avec une vie en bonne santé. En effet, la question de l'usure au travail est importante, mais celle du chômage des personnes en fin de carrière l'est également. En 2018, 6,5 % des personnes âgées de plus de 55 ans étaient au chômage, soit une augmentation de 0,5 point en un an.

Une première grève de la fonction publique et des cheminots a eu lieu en septembre 2019 contre ce projet de réforme. Une autre, plus importante, a eu lieu à partir du 5 décembre pour défendre plus particulièrement les régimes spéciaux.

Le CETA : une menace pour les producteurs et les consommateurs français ?

par Céline Charles

Le CETA (*Comprehensive Economic and Trade Agreement*) ou AECG (accord économique et commercial global) est un traité d'accord de libre-échange qui vise à faciliter les échanges entre deux territoires économiques nationaux : le Canada et l'Union européenne. De nombreuses critiques de la population ainsi que des décideurs politiques ont précédé sa ratification à l'Assemblée nationale, le 23 juillet 2019. Mais pour quelles raisons ? En quoi un traité qui permet d'augmenter les exportations et ainsi de stimuler la compétitivité d'un pays peut-il être une menace ?

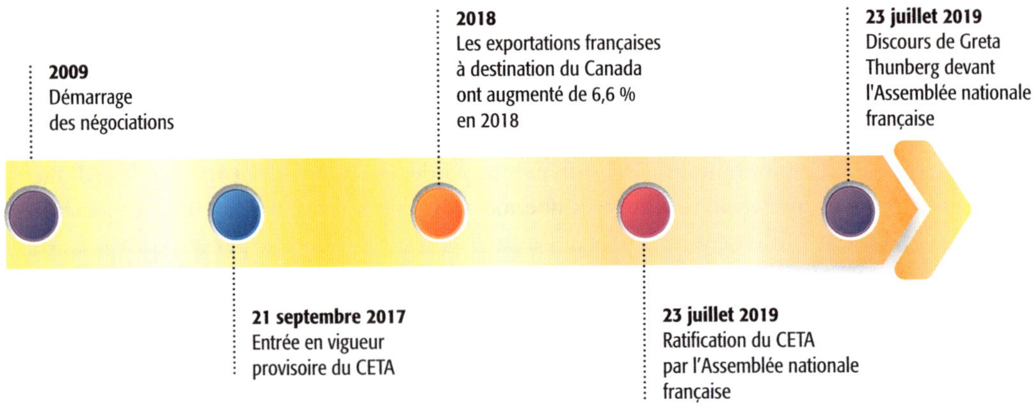

Qu'est-ce que le CETA ?

Le CETA est un traité de libre-échange qui vise à faciliter les échanges entre l'Union européenne et le Canada. En effet, près de 98 % de produits divers (produits alimentaires, véhicules, matières premières, etc.) vont être exemptés de droits de douane, ce qui est censé amorcer un cercle vertueux économique.

Le cercle vertueux économique du CETA

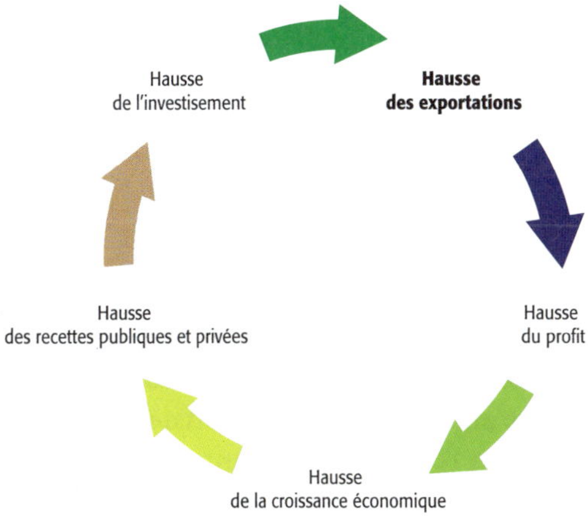

Pour qu'un tel traité puisse être appliqué au sein de l'Union européenne, les Parlements nationaux, qui conservent une souveraineté en ce domaine, doivent y être favorables. Le 23 juillet 2019, les députés français ont approuvé le texte à 266 voix, 213 se sont toutefois prononcés contre. Ils étaient 74 à s'abstenir. À la même date, treize États avaient déjà ratifié l'accord. Il s'agit de l'Autriche, de la Croatie, du Danemark, de l'Espagne, de l'Estonie, de la Finlande, de la Lettonie, de la Lituanie, de Malte, du Portugal, de la République tchèque, du Royaume-Uni et de la Suède. Il faut dire que les retombées économiques paraissent importantes et en faveur de l'Union européenne comme le montre le graphique ci-dessous :

Les exportations de biens entre le Canada et l'Union européenne

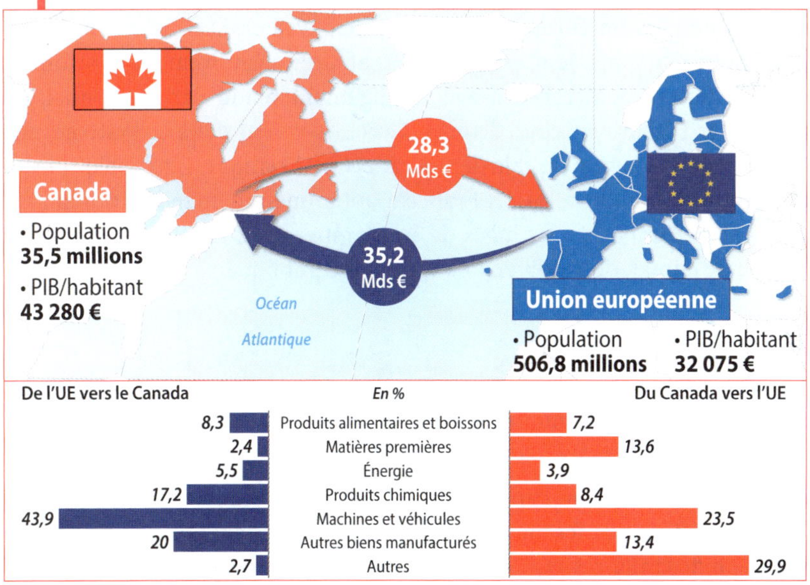

Source : Eurostat, FMI, Insee, OMC, 2015.

Alors, pour quelles raisons ce traité a-t-il fait polémique au point de diviser certains partis politiques qui affichaient jusqu'alors une forte solidarité ? On peut notamment faire référence à La République en marche au sein de laquelle 52 « marcheurs » se sont abstenus tandis que neuf ont voté contre. L'ancien président de ce parti, Richard Ferrand, avait pourtant prévenu : « *Abstention péché véniel. Vote contre péché mortel* ».

Des critiques d'ordre économique et social justifiées ?

Les trois organisations syndicales agricoles (la Confédération paysanne, la Confédération rurale et la FNSEA) se sont prononcées contre le traité. Elles craignent une concurrence déloyale. En effet, près de 65 000 tonnes de viande bovine canadienne et près de 80 000 tonnes de viande porcine pourront être importées avec des droits de douane nuls, de même que certains produits comme le sucre et l'éthanol, qui feront concurrence aux produits français. Une concurrence qui se fera par les prix. En effet, les exploitations canadiennes sont beaucoup plus grandes que les exploitations françaises (500 fois plus grandes avec, en moyenne, 60 bovins par exploitation française contre 30 000 pour les exploitations canadiennes), elles produisent davantage et réalisent d'importantes économies d'échelle qui correspondent à la baisse du prix moyen lorsque la production augmente. Certains agriculteurs français critiquent cette manière de produire au sein des *feedlots* (parcs d'engraissement), qui concurrence déloyalement leur production. Le CETA implique de faire des choix. Opter pour stimuler les échanges avec une zone économique située à plus de 6 000 km du territoire national, c'est renoncer en partie à développer la production locale et les circuits courts, fustigent les organisations syndicales.

De même, le modèle social impliqué par le traité est controversé. En effet, il est prévu qu'un tribunal arbitre dans le cas où une entreprise s'opposerait à une législation nationale. La cour permanente chargée de trancher les litiges se composera de quinze juges : cinq Canadiens, cinq de l'Union européenne et cinq de pays tiers. Le président du tribunal, tiré au sort pour deux ans, leur assignera des affaires aléatoirement et selon un principe de rotation. En cas de désaccord avec le jugement rendu par le tribunal, les parties pourront porter l'affaire en cour d'appel. Certains voient dans ce système une menace pour la souveraineté nationale et la démocratie. Cette critique a été notée et prise en compte avant l'approbation de la loi. La France a notamment demandé à obtenir un « veto climatique » afin d'empêcher les juges de condamner les États sur des décisions légitimes en matière de climat, de biodiversité ou de santé publique.

Un traité dépourvu de risque écologique et sanitaire ?

Ce tribunal qui permet de se prémunir d'offensives privées est-il suffisant pour se prémunir également de dangers d'ordre écologique et sanitaire ? Certains le jugent insuffisant.

En effet, quelques semaines avant l'approbation du traité en France, le Canada s'était prononcé au sein de l'OMC contre les mesures prises récemment par l'Union européenne contre les produits phytosanitaires et les OGM. Le Canada utilise près de 46 produits phytosanitaires interdits au sein de l'Union européenne. Pour le Canada, l'utilisation de ces produits permet d'avoir une production en mesure de répondre à une demande et de stimuler la croissance économique.

Par ailleurs, le Canada utilise également, pour l'alimentation des ruminants, des farines animales à base de sang et de gélatine. Il prend soin de chauffer à haute température les restes bovins et d'en écarter la moelle épinière pour éviter des pathologies telles que la « vache folle ». Cependant, le risque zéro n'existe pas, c'est pourquoi l'Union européenne interdit strictement l'usage de tels aliments, se fondant sur un principe de précaution décrié par le Canada. En dépit de cette prohibition, les bovins et les porcins nourris à base de telles farines pourront être importés en France. Depuis que les négociations sont ouvertes, en 2017, et jusqu'à l'avant-veille de la promulgation de la loi, les décideurs politiques français ont pourtant affirmé le contraire. Ils ont donc fait fi des inquiétudes du secteur agricole, en particulier, et de la population civile organisée, qui faisaient valoir que le CETA était contraire à un article de la loi Egalim qui stipule l'interdiction de vente d'un produit ne respectant pas les règles de production en vigueur.

Quelques semaines avant le vote au Sénat, une conférence de presse organisée par le gouvernement a permis de revenir sur l'affirmation. En effet, il existait un vide juridique autour de ces farines permettant leur importation. Le gouvernement a alors précisé que la consommation de viande canadienne ne présentait aucun danger pour la santé au regard des précautions qui entourent la transformation des restes bovins.

On peut toutefois être rassurés sur d'autres points : les bœufs traités avec des hormones de croissance, les porcs traités à la ractopamine (un médicament dopant), les OGM et les produits ayant été traités avec des pesticides interdits dans l'Union européenne ne pourront pas être importés. C'est du moins ce que le gouvernement a annoncé.

Qu'en est-il du risque écologique ? Ce traité entraînera mécaniquement la hausse d'émissions de CO_2 liées au transport qu'impliquent les échanges. Stella Dupont, députée française, s'interroge alors : « *Quel est le sens écologique* [d'échanger à] *des distances toujours plus importantes* [des produits] *pourtant disponibles pour la plupart sur nos territoires ou sur les territoires de nos voisins* » ? De même, certains critiquent l'incohérence entre l'adoption d'un tel traité et le développement de circuits courts.

Quoi qu'il en soit, ces raisons n'ont rien changé au vote qui reste à ce jour toujours discuté. Greta Thunberg, l'activiste suédoise de 16 ans, n'a pas réussi à convaincre. Invitée à l'Assemblée nationale le même jour, elle a prononcé un discours de quinze minutes environ critiquant la prise de position française.

Banque centrale européenne : des taux à zéro pour longtemps ?

par Gérard Blandin

Après la crise financière de 2007-2008, la BCE a réduit fortement ses taux d'intérêt, afin de relancer l'économie de la zone euro. Cette politique monétaire accommodante ne suffisant pas à soutenir l'activité, elle décide en 2015, alors que son taux directeur est proche de zéro, de racheter en masse des dettes publiques sur le marché. Puis, en raison de la nouvelle dégradation de la conjoncture, elle reconduit fin 2019 cette politique non conventionnelle. Cette période d'argent facile est-elle appelée à durer ?

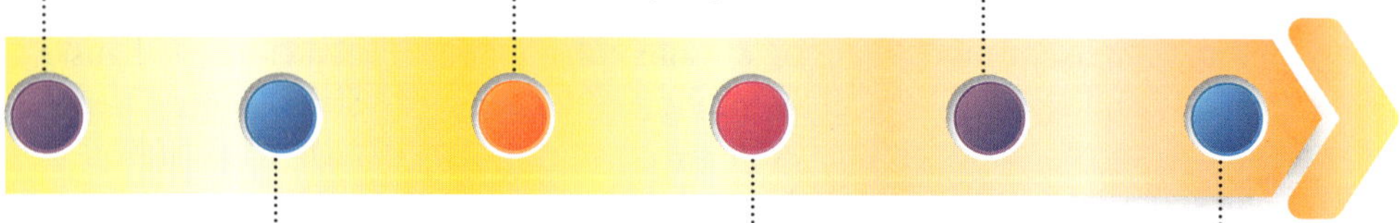

26 juillet 2012
En pleine crise de la zone euro, Mario Draghi rétablit la confiance

5 juin 2014
Instauration d'un taux d'intérêt négatif pour les dépôts des banques

9 mars 2015
Mise en œuvre du programme d'achat de dettes publiques

10 mars 2016
Annonce de nouvelles mesures : abaissement du taux directeur à 0 %, augmentation à 80 milliards d'euros du rythme mensuel d'achats d'actifs, extension du programme aux emprunts des entreprises les mieux notées

12 septembre 2019
Annonce d'une nouvelle série de mesures pour soutenir l'économie

1er novembre 2019
Entrée en fonction de Christine Lagarde à la tête de la BCE
Réactivation du programme d'achat d'actifs

▶ Les séquelles de la crise financière de 2007-2008

La disruption, qui désigne en économie un bouleversement de marché, touche également de plein fouet l'univers de la finance.

Au milieu des années 1970 jusqu'à celui des années 1980, la France vivait avec des taux d'intérêt à deux chiffres, résultat d'une envolée des prix consécutive, notamment, aux chocs pétroliers de 1973 et 1979. Les Trente Glorieuses chères à Jean Fourastié, qui désignent la période de prospérité de l'après-guerre, ont alors pris fin et ont laissé la place aux « trente piteuses », selon l'expression de l'essayiste et avocat Nicolas Baverez. Cette période s'accompagne d'une quasi-disparition de l'inflation et de taux d'intérêt évoluant aujourd'hui à un niveau proche ou en dessous de zéro.

Pour comprendre cette situation inédite où l'État français emprunte à des taux d'intérêt négatifs, il faut remonter plusieurs années en arrière. Pour faire face à la crise financière de 2007-2008, qui met en péril le système bancaire et fragilise la plupart des économies occidentales, les banques centrales décident d'ouvrir en grand les vannes du crédit, en abaissant massivement leurs taux d'intérêt. Cela, afin d'éviter les erreurs de la crise de 1929 qui ont conduit à la Grande Dépression.

La Réserve fédérale américaine (Fed), la banque centrale des États-Unis, ramène son taux directeur – qui donne le la pour les conditions de prêt aux autres agents économiques – de 3,50 % à 0 et 0,25 % au cours de la seule année 2008. Et la Banque centrale européenne, l'institution monétaire des pays de la zone euro, lui emboîte le pas, en réduisant le sien de 4,25 % à 1 %, de l'été 2008 au printemps 2009.

Une politique monétaire devenue ultra-accommodante

Mais cette politique accommodante ne suffit pas à ranimer l'activité outre-Atlantique. La Fed décide alors, sous la présidence de Ben Bernanke, éminent spécialiste de la crise de 1929, de prendre des mesures non conventionnelles, consistant à racheter en masse des bons du Trésor sur le marché. Objectif : peser davantage sur les taux d'intérêt à long terme pour alléger le coût de financement de l'économie et notamment celui des entreprises. Cette politique d'expansion monétaire répond au nom d'assouplissement quantitatif.

À la tête de la BCE depuis le 1er novembre 2011, Mario Draghi, ancien dirigeant de Goldman Sachs et ex-gouverneur de la Banque d'Italie, a déjà à son crédit d'avoir « sauvé l'euro ». Lors d'un discours devenu célèbre prononcé le 26 juillet 2012, à Londres, au plus fort de la crise (risque de sortie de la Grèce de la zone euro, inquiétudes sur la situation des banques espagnoles, etc.), il déclare : « *la BCE est prête à faire tout ce qui est nécessaire pour préserver l'euro. Et croyez-moi, ce sera suffisant* ». Les marchés retiennent l'expression « *tout ce qui est nécessaire* », à savoir la BCE a les moyens d'agir sur les marchés en rachetant des titres sans limites, ce qui rétablit la confiance.

Le 22 janvier 2015, avec la menace d'une déflation, la BCE annonce à son tour la mise en œuvre d'un programme ambitieux de rachat de la dette publique, au moment où son principal taux directeur est déjà proche de zéro. Et ce, afin de soutenir l'investissement et la consommation.

Des taux d'intérêt dans des territoires inconnus

Prévu initialement sur dix-huit mois, c'est-à-dire jusqu'en septembre 2016, sur un rythme mensuel de 60 milliards d'euros – soit l'équivalent du produit intérieur brut (PIB) du Luxembourg – ce rachat massif d'actifs démarre le 9 mars 2015. Il est ensuite prolongé de six mois, soit jusqu'en mars 2017. Puis, entre-temps, le volume mensuel est porté à 80 milliards d'euros, en intégrant des obligations d'entreprises. Ce « *bazooka monétaire* », comme le qualifie Mario Draghi, pousse les taux d'intérêt, déjà historiquement faibles, dans des territoires inconnus. L'Eonia (*Euro OverNight Index Average*), taux monétaire de référence de la zone euro, passe en dessous de zéro, comme les emprunts d'État français qui affichent des rendements négatifs. Dès lors, la France peut gagner de l'argent en empruntant sur les marchés. Du jamais vu !

Certes, ce stimulus monétaire – cette « planche à billets » comme disent certains – est appelé à cesser avec la reprise de l'économie et la résurgence de l'inflation. D'ailleurs, de fin 2015 à fin 2018, la Fed n'a-t-elle pas remonté à plusieurs reprises ses taux directeurs, à la faveur d'un retour vers le plein-emploi ? Mais la situation économique de la zone euro ne plaide pas en faveur d'un relèvement de taux, même si la BCE a déjà réduit en janvier 2018 son programme d'achats d'actifs.

Réactivation du programme de rachat fin 2019

En août 2019, selon l'enquête de la BCE, l'estimation de la croissance dans la zone euro reste en effet inchangée à 1,2 % pour 2019, mais celle prévue pour 2020 est amputée de 0,1 point, à 1,3 %. Et les prévisions d'inflation sont revues en baisse, à un niveau très inférieur à son objectif cible (2 %). Si « *le risque d'une récession est plutôt faible* », reconnaît alors Mario Draghi, les perspectives « *sont de pire en pire dans le secteur manufacturier* » et « *reflètent principalement la faiblesse persistante du commerce international dans un environnement d'incertitudes globales prolongées* » (guerre commerciale entre Washington et Pékin, épée de Damoclès du Brexit, etc.).

Après avoir prévenu en amont les marchés, la BCE annonce, le 12 septembre 2019, un nouveau train de mesures. Le taux de refinancement accordé aux banques à un horizon d'une semaine reste figé à zéro (c'est lui qui détermine les conditions de prêt accordées aux clients). Mais les excédents de liquidités de ces mêmes banques déposés auprès de la BCE sont désormais taxés au taux de 0,50 % contre 0,40 % initialement, afin de les inciter à prêter. Surtout, le programme d'achats d'actifs est réactivé à un rythme mensuel de 20 milliards d'euros à compter du 1er novembre 2019 et la BCE « *prévoit d'y avoir recours aussi longtemps que nécessaire pour renforcer les effets accommodants de ses taux d'intérêt* ». Autrement dit, aucun horizon n'est fixé pour la fin du programme d'achats ou pour un relèvement de taux.

Christine Lagarde, artisan de la normalisation ?

Cette réactivation du programme d'achat d'actifs ne fait d'ailleurs pas l'unanimité. Jens Weidmann, président de la Bundesbank, estime ainsi que Mario Draghi « *a dépassé les bornes* ». Car cette politique d'argent facile et de taxation des dépôts a des effets pervers. Elle a d'abord un coût pour les banques (7,4 milliards d'euros en 2018, selon une étude de Goldman Sachs). Ensuite, elle peut contribuer à la formation de bulles, notamment dans le crédit et l'immobilier. Enfin, elle a conduit à multiplier par quatre le bilan de l'Eurosystème (composé de la BCE et des banques centrales nationales des pays de la zone euro), avec des titres qui ne présentent pas tous les mêmes garanties de qualité.

Le 1er novembre 2019, Christine Lagarde, ancienne directrice générale du FMI, a succédé à Mario Draghi à la tête de la BCE. Sera-t-elle l'artisan de la normalisation, impliquant une remontée graduelle des taux d'intérêt et une réduction de la taille du bilan de l'Eurosystème ? Rien n'est moins sûr dans la mesure où « *l'enracinement d'une croissance lente devient inquiétant* » dans le monde, comme l'a souligné Laurence Boone, cheffe économiste de l'OCDE, le 19 septembre 2019, lors de la sortie des « Perspectives économiques intermédiaires ». De fait, tout durcissement de la politique monétaire menacerait la reprise en Europe. Et si une récession devait survenir, les marges de manœuvre seraient très limitées. Le dilemme reste entier.

Évolution du principal taux directeur de la BCE

Dates effectives de valeur	Taux d'intérêt directeur de la BCE
15 octobre 2008	3,75 %
12 novembre 2008	3,25 %
10 décembre 2008	2,50 %
21 janvier 2009	2,00 %
11 mars 2009	1,50 %
8 avril 2009	1,25 %
13 mai 2009	1,00 %
13 avril 2011	1,25 %
13 juillet 2011	1,50 %
9 novembre 2011	1,25 %
14 décembre 2011	1,00 %
11 juillet 2012	0,75 %
8 mai 2013	0,50 %
13 novembre 2013	0,25 %
11 juin 2014	0,15 %
9 décembre 2015	0,05 %
16 mars 2016	0,00 %

Source : Banque centrale européenne (BCE).

Jacques Chirac : un ancien Président populaire mais controversé

par Jérôme Calauzènes

Le 26 septembre 2019, l'ancien président de la République de 1995 à 2007, Jacques Chirac, mourait à l'âge de 86 ans. Sa disparition, qui fait suite à une longue période d'affaiblissement, a entraîné une grande émotion dans le pays et une multiplication d'hommages. Une journée de deuil national a été décrétée par le Président Macron et des obsèques nationales ont ensuite été organisées.

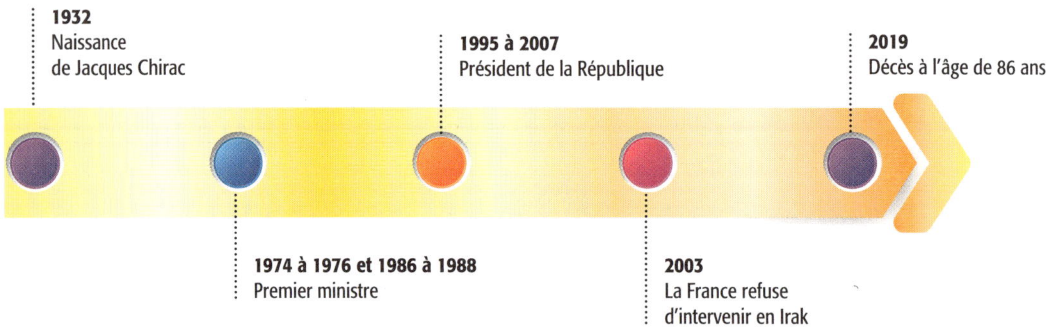

Des débuts prometteurs en politique

Jacques Chirac est né en 1932 à Paris et fait des études brillantes. Il intègre d'abord Sciences Po Paris puis l'ENA en 1957. Le 16 mars 1956, il épouse Bernadette Chodron de Courcel, qu'il a rencontrée à Sciences Po.

Sur le plan politique, il est d'abord parachuté en Corrèze, d'où sa famille est originaire et où il a été en partie scolarisé.

Surnommé « mon bulldozer » par Pompidou, et tout en continuant d'être élu local en Corrèze (conseiller général puis président du conseil général), il appartient ensuite à plusieurs gouvernements. Il est nommé secrétaire d'État chargé des Problèmes de l'Emploi auprès du ministre des Affaires sociales en 1967 et est alors le plus jeune membre du gouvernement. L'une de ses premières réalisations est la création de l'ANPE (Agence nationale pour l'emploi). Après mai 1968, il est nommé secrétaire d'État à l'Économie et aux

Finances. En 1969, après l'élection à la présidence de la République de Georges Pompidou, il conserve ce poste. Son ministre de tutelle est alors Valéry Giscard d'Estaing, avec qui il parvient à travailler en bonne intelligence. De plus en plus proche du Président, il est nommé, en 1971, ministre délégué auprès du Premier ministre, puis, en 1972, ministre de l'Agriculture et du Développement rural.

Une ascension rapide

Après la mort du président Pompidou, en 1974, il choisit de soutenir la candidature de Giscard d'Estaing contre le candidat gaulliste, Jacques Chaban-Delmas. Il lance notamment l'« appel des 43 », signé par 39 parlementaires et quatre ministres gaullistes, un manifeste qui déplore la multiplication des candidatures et qui choisit d'apporter son soutien au candidat de la droite libérale. En contrepartie de son soutien capital, il est nommé Premier ministre par Giscard d'Estaing suite à son élection. En dépit de cela, il conserve le soutien du parti gaulliste, l'UDR, dont il devient secrétaire général, et malgré l'opposition de certains « barons ».

S'il soutient nombre de mesures progressistes voulues par le Président (majorité à 18 ans, loi sur l'avortement, réforme de l'audiovisuel…), les désaccords se font vite sentir. Face à la crise économique qui sévit, Chirac s'oppose au plan de refroidissement de l'économie (déflation), car cela diminue les investissements. Il aurait au contraire souhaité un plan de relance. Il est finalement écouté par le Président qui réoriente sa politique en 1975 dans un sens plus keynésien.

En 1976, en opposition claire avec Giscard d'Estaing, Chirac décide finalement de démissionner de son poste de Premier ministre, affirmant qu'il ne dispose pas des moyens nécessaires pour exercer cette fonction. Il entre alors dans l'opposition, fonde le RPR (Rassemblement pour la République), un parti gaulliste et se fait élire maire de Paris en 1977. Cela constitue un contre-pouvoir important et un véritable tremplin politique. Il n'a ainsi de cesse d'être le leader de l'opposition notamment en 1978, lorsqu'il lance l'« appel de Cochin ». Hospitalisé à l'hôpital Cochin à Paris, suite à un accident de la route, il dénonce le « parti de l'étranger », c'est-à-dire l'UDF, le parti du Président, qui mène une politique européenne défavorable aux intérêts français, selon lui. Il se veut en cela le gardien du gaullisme et de l'Europe des patries.

Il échoue finalement lors des élections présidentielles de 1981, se plaçant troisième au premier tour, derrière Giscard d'Estaing et Mitterrand. Il transforme alors le RPR en véritable parti d'opposition. Cela permet d'affirmer un certain virage idéologique libéral, qu'il arbore depuis 1981. Le « trop d'État » y est régulièrement dénoncé et il s'aligne sur la tendance néolibérale alors en vigueur aux États-Unis et au Royaume-Uni (Reagan, Thatcher).

En 1986, lors des élections législatives, l'union RPR-UDF obtient la majorité à l'Assemblée nationale et l'ère de la cohabitation s'ouvre alors. Mitterrand, président de la République, décide de nommer Jacques Chirac Premier ministre. Cette période est assez difficile, car les deux hommes s'opposent. Chirac s'emploie à défaire une partie des réformes menées par le président socialiste : il lance une série de privatisations, supprime l'autorisation administrative de licenciement pour rendre le travail plus flexible, ainsi que l'IGF (impôt sur les grandes fortunes) pour stimuler l'investissement. Cette politique semble d'ailleurs porter ses fruits. Son ministre de l'Intérieur, Charles Pasqua, met l'accent sur la sécurité et la lutte contre le terrorisme et l'immigration. La loi dite « Pasqua », en 1986, rend ainsi plus difficile l'accès à la nationalité française, restreint l'accès à la carte de séjour de dix ans et favorise les expulsions.

Candidat à la présidence de la République en 1988, il échoue cependant face à Mitterrand. Lorsqu'une nouvelle cohabitation se dessine en 1993, il décide qu'Édouard Balladur, un de ses fidèles lieutenants, prendra la poste de Premier ministre lui laissant ainsi l'opportunité de se présenter à la présidence de la République en 1995. Mais la popularité de Balladur se renforce d'autant plus que la cohabitation avec Mitterrand se passe bien.

Douze ans de présidence

En 1995, Chirac est finalement élu président de la République, après avoir dû lutter contre la candidature de Balladur et après avoir battu Lionel Jospin au second tour. Ayant fait campagne sur le thème de la « fracture sociale », il décide alors de ne pas dissoudre l'Assemblée nationale, élue en 1993, et de nommer Alain Juppé comme Premier ministre. Jacques Chirac est réélu, lors de l'élection présidentielle, en 2002 face à Jean-Marie Le Pen, avec plus de 80 % des voix.

Européen finalement convaincu, il veut faire respecter le traité de Maastricht, pour lequel il avait appelé à voter « oui » et cherche à réduire les déficits (afin de respecter le pacte de stabilité de l'UE et d'assurer la mise en œuvre de l'euro). Il poursuit ainsi le mouvement des privatisations. En 2005, il organise un référendum sur la ratification de la Constitution européenne. Mais le « non » l'emporte avec près de 55 % des suffrages. Mais Chirac ne démissionne pas, comme avait pu le faire Charles de Gaulle en 1969.

Le Président décide aussi de favoriser une certaine reconnaissance mémorielle. En 1995, à l'occasion du cinquante-troisième anniversaire de la rafle du Vel'd'Hiv, il reconnaît la responsabilité de l'État français dans la politique de collaboration. De même, en 1999, il fait reconnaître par une loi que les « opérations effectuées en Afrique du Nord » ont été en réalité la « guerre d'Algérie » et que la France a commis des massacres sur place. En 2002, il fait inaugurer, sur le quai Branly, le mémorial national de la guerre d'Algérie et des combats du Maroc et de la Tunisie, tandis que le 5 décembre est choisi, en 2003, pour être la journée de commémoration des morts pendant la guerre d'Algérie.

En 1995, Chirac décide également de poursuivre une dernière série d'essais nucléaires sur l'atoll de Mururoa, en Polynésie française, avant de signer le traité d'interdiction complète des essais nucléaires en 1996. Cette action suscite une véritable opposition. Il décide également de supprimer le service militaire obligatoire en 1996.

Le gouvernement Juppé subit aussi de fortes oppositions durant l'hiver 1995-1996 avec des grèves massives en raison de la réforme des retraites du secteur public qui vise à allonger la durée de cotisation de 37,5 à 40 annuités afin d'aligner ce régime sur celui du privé.

Sur le plan des institutions, Chirac décide d'anticiper les élections législatives prévues en 1998 et dissout l'Assemblée nationale en 1997. Mais c'est finalement une majorité de gauche qui est élue et le Président doit vivre sa plus longue cohabitation, qui dure jusqu'en 2002. Cela dit, ses rapports avec le Premier ministre, Lionel Jospin, sont plutôt cordiaux. En 2000, Chirac propose également de réduire la durée du mandat présidentiel pour le faire passer de sept à cinq ans. Le but est de l'aligner sur celui des députés pour limiter le risque de cohabitation. La mesure est adoptée par référendum (environ 73 % de oui, mais près de 70 % d'abstention).

En 2002, lors du sommet de Johannesburg, Jacques Chirac montre une prise de conscience des enjeux liés au changement climatique. Il affirme en effet : « *Notre maison brûle et nous regardons ailleurs* ». En 2005, il fait adopter une charte de l'Environnement, qui figure désormais dans la Constitution.

En 2003, il marque une certaine volonté d'indépendance de la France lorsque, par l'intermédiaire de son ministre des Affaires étrangères, Dominique de Villepin, il s'oppose à l'ONU à l'intervention américaine en Irak, alors même que la France avait soutenu l'intervention en Afghanistan. La France refuse ainsi de se mêler à une intervention militaire sous de faux prétextes (armes de destruction massive).

Chirac décide finalement de ne pas se représenter en 2005, ayant eu quelques problèmes de santé.

Un héritage controversé

Le président Chirac apparaît aujourd'hui comme un homme politique très populaire. Il pouvait sembler proche du peuple et ses visites au Salon de l'agriculture, chaque année, étaient l'occasion de constater sa proximité avec le monde rural. Juste après sa mort, il faisait d'ailleurs figure du Président préféré des Français.

Jacques Chirac était aussi un passionné des cultures asiatiques et des arts dits premiers. En 2006, il contribue à la réalisation du musée et participe à l'inauguration du musée du quai Branly, musée des Arts et civilisations d'Afrique, d'Asie, d'Océanie et des Amériques, rebaptisé musée du quai Branly-Jacques Chirac en 2016.

Pourtant, certaines de ses déclarations ont pu susciter la polémique. Outre ses changements de position, notamment sur l'Europe, Chirac a prononcé des propos racistes en 1991. Lors d'un discours à Orléans, il affirme en effet que les personnes immigrées suscitent des nuisances importantes qui indisposent les Français.

Les affaires ont également rattrapé l'homme politique. Il est condamné à deux ans de prison avec sursis dans l'affaire des emplois fictifs de la mairie de Paris, en 2011.

Son état de santé s'est détériorée au début des années 2000. Victime d'un accident vasculaire cérébral en 2005, sa santé le contraint à se retirer de la vie politique en 2007. Il annonce d'ailleurs soutenir le candidat de la droite, Nicolas Sarkozy, même si ses relations avec lui ont été difficiles (ce dernier ayant soutenu Édouard Balladur, dans un premier temps, à l'élection présidentielle de 1995).

Mercosur et Union européenne : un traité de libre-échange très contesté

par Jérôme Calauzènes

Le Mercosur, ou Marché commun du Sud, est entré en vigueur en 1995. Il regroupe quatre pays : l'Argentine, le Brésil, le Paraguay et l'Uruguay. L'adhésion du Venezuela a été suspendue en 2016 suite aux troubles politiques pour non-respect de la charte du marché commun et la Bolivie est actuellement en cours de négociation pour rejoindre cette organisation. Le 28 juin 2019, un traité de libre-échange a été signé entre le Mercosur et l'Union européenne après de très longues négociations. Il reste pourtant très contesté notamment par le président de la République française, Emmanuel Macron.

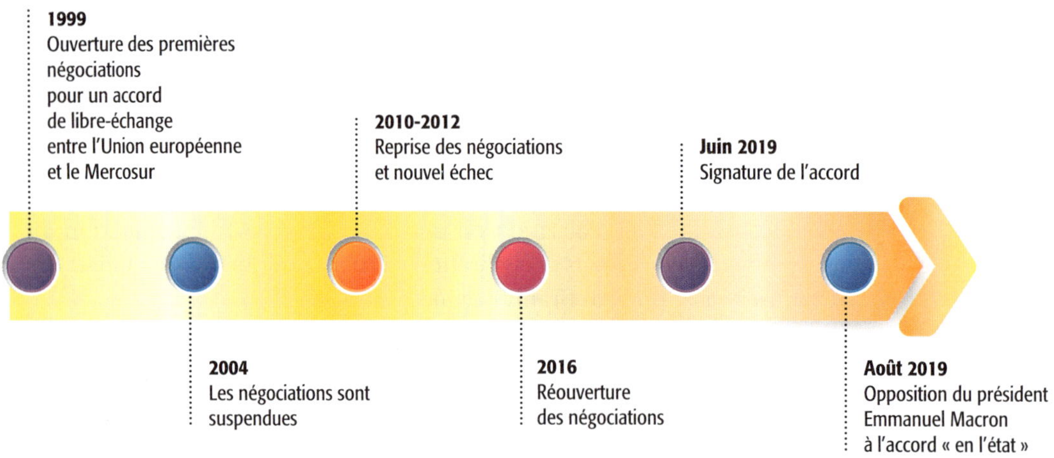

Des négociations longues et difficiles

L'Union européenne (UE) et le Mercosur peuvent trouver un intérêt à signer un accord de libre-échange dans la mesure où leurs économies sont relativement complémentaires. De plus, ils représentent le premier et le troisième marché du monde.

Pourtant, si l'idée d'un accord est ancienne, elle a mis très longtemps à prendre forme. Dès 1999, en effet, des négociations ont été ouvertes puis stoppées en 2004. L'UE n'avait pas réussi à inclure dans les clauses du futur accord les produits agricoles et agro-industriels ni la question des subventions à l'agriculture. De son côté, le Mercosur peinait à abaisser ses droits de douane et l'on pouvait se rendre compte que l'intégration régionale était, à coup sûr, moins forte côté sud-américain. D'autres points d'achoppement avaient été mis en avant : le secteur automobile ou les normes phytosanitaires.

Les négociations ont repris en partie en 2010, pour être à nouveau arrêtées en 2012, après neuf cycles de pourparlers. Les discussions reprennent encore en 2016, à l'heure où les États-Unis semblent vouloir retourner au protectionnisme. Les deux parties y voient une belle occasion pour peser sur le commerce mondial. D'autres points de blocage apparaissent comme la question de l'exportation de la viande de bœuf et celle de l'éthanol. En effet, l'UE ne souhaitait pas que ces deux produits fassent partie de l'accord afin de préserver ses propres productions. Malgré tout, et après un effort de la Commission européenne qui a largement poussé pour que les négociations aboutissent, l'accord est signé en juin 2019.

Pourtant, il ne va pas entrer immédiatement en application. Il doit pour cela passer par plusieurs étapes législatives, à commencer par l'approbation des 28 États membres de l'UE (27 dans le cas du départ du Royaume-Uni) dans le cadre du Conseil de l'Union européenne, la règle de l'unanimité étant *a priori* de mise en la matière (mais tout dépend de la nature de l'accord qui n'a pas encore été décidée). Ensuite, le traité devra être ratifié par le Parlement européen (qui n'est pas nécessairement acquis) puis par les Parlements nationaux des États membres de l'UE. Le traité devra, de même, être approuvé par les quatre États du Mercosur.

La signature du traité de libre-échange et ses clauses

L'accord consiste d'abord en une baisse d'environ 90 % des droits de douane entre les deux organisations régionales, progressivement sur une période de dix ans sur la plupart des produits. Certains secteurs verront ces taxes douanières baisser de façon moins rapide, sur quinze ans, à l'image de l'automobile. Ainsi, d'ici à quinze ans, le Mercosur n'imposera plus de droits de douane sur les automobiles en provenance de l'UE – dans la limite d'un quota de 50 000 véhicules –, les produits chimiques, les produits pharmaceutiques et l'habillement. Seront également peu à peu supprimées les taxes du Mercosur sur les produits agricoles européens suivants : vins et alcools, chocolat, boissons gazeuses, olives… Les fromages et autres produits laitiers de l'UE bénéficieront, quant à eux, de larges quotas sans droits de douane de la part du Mercosur.

En retour, l'UE va ouvrir son marché aux produits agricoles sud-américains *via* des quotas : 99 000 tonnes de bœuf par an, avec des droits de douane faibles (7,5 %), 180 000 tonnes pour le sucre, 100 000 tonnes pour les volailles. D'autres produits vont avoir un accès facilité au marché européen comme la viande de porc, l'éthanol, le riz et le miel.

L'accord comprend également un « mécanisme de sauvegarde ». Cela signifie qu'en cas de préjudice inattendu porté à l'industrie de l'une des deux organisations, elles peuvent prendre des mesures temporaires pour réglementer les importations. De plus, il est prévu que les pays du Mercosur reconnaissent 357 produits ayant une IGP (indication géographique protégée), comme le jambon de Parme, le porto, le champagne ou le whisky irlandais. Il précise également que les entreprises des deux parties auront accès aux marchés publics, ce qui est surtout favorable aux entreprises européennes qui se verront ouvrir de nouvelles opportunités. Les entreprises du Mercosur ne sont, quant à elles, pas vraiment en mesure de pouvoir répondre aux appels d'offre européens.

Enfin, l'accord inclut un chapitre sur la prise en compte du développement durable, la bonne gestion des forêts et les droits des travailleurs qui doivent être respectés. Il fait d'ailleurs explicitement référence à l'accord de Paris sur le climat. Cela implique un engagement clair à lutter contre la déforestation. Un mécanisme d'évaluation indépendante, fait par des experts, est prévu à cet effet.

Les produits agricoles concernés par l'accord Mercosur-UE

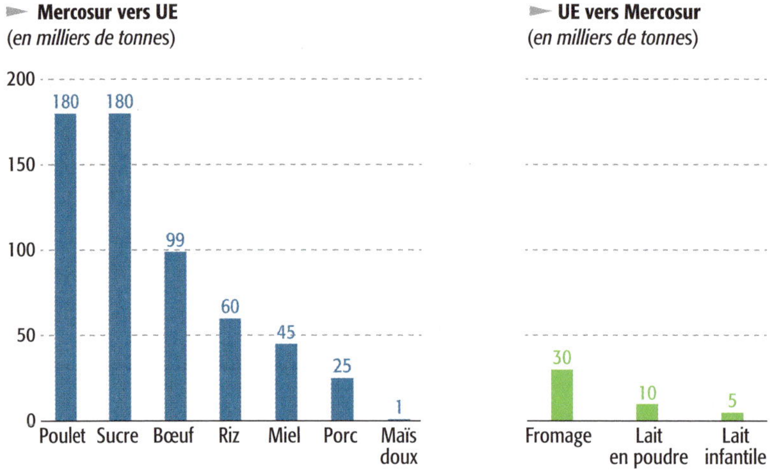

Source : Commission européenne, 2019.

De nombreuses contestations

Les organisations agricoles européennes se sont d'abord opposées à cet accord. Les quotas d'importation de viande bovine inquiètent en particulier. L'UE produit en effet 7,8 millions de tonnes de bœuf et en importe annuellement 340 000 tonnes. Les 99 000 tonnes supplémentaires risquent de déstabiliser les marchés selon certains syndicats. D'autant plus que la viande brésilienne est produite à moindre coût, avec des normes environnementales et sanitaires moins strictes. La Commission européenne leur répond en affirmant avoir provisionné 1 milliard d'euros pour aider les éleveurs à faire face à cela. Enfin, il sera difficile de faire confiance à la traçabilité des produits issus de l'agriculture brésilienne, qui a connu d'importantes défaillances ces dernières années. Le président Bolsonaro vient d'ailleurs d'autoriser 239 nouvelles molécules dans des pesticides.

Les organisations écologistes sont également vent debout contre ce traité. Elles affirment notamment qu'il est aberrant d'avoir signé un accord incluant le Brésil, dont le nouveau président, Bolsonaro, se moque ouvertement du changement climatique et de la déforestation et encourage l'utilisation des pesticides. Si les partisans de l'accord affirment que ce sera le meilleur moyen de faire plier le géant brésilien aux normes environnementales, d'autres se rendent compte qu'aucune sanction dissuasive ne permet, dans le texte de l'accord, de contraindre le Brésil à quoi que ce soit s'il ne respecte pas les obligations climatiques (aucune sanction commerciale, par exemple), à l'instar de ce qu'affirme Pascal Lamy, ancien directeur de l'OMC. De façon plus large, les écologistes s'opposent à ce type d'accord de libre-échange qui, au final, favorise le transport lointain de marchandises et donc les émissions de gaz à effet de serre.

Enfin, la dernière critique en date vient du président français qui, lors du G7 de Biarritz, en août 2019, a opéré un spectaculaire revirement. Il retire en effet son soutien à cet accord avançant l'inaction de son homologue brésilien en matière de climat et de biodiversité, alors que la forêt amazonienne était ravagée par de spectaculaires incendies. Cela dit, il a bien précisé qu'il s'opposait à l'accord « en l'état ». Il s'agira donc pour les deux parties de peaufiner les détails du traité afin de satisfaire le plus grand nombre, ce qui semble aujourd'hui assez difficile, même si Donald Tusk, président du Conseil de l'UE, lui a réaffirmé son soutien.

Manifestation d'agriculteurs opposés à l'accord entre l'Union européenne et le Mercosur devant la Commission européenne à Bruxelles le 11 juillet 2019

Crédit : Alexandros Michailidis/Shutterstock.

Le retour en grâce de l'or

par Gérard Blandin

L'or, la plus noble des matières premières, a retrouvé grâce aux yeux des investisseurs. À Londres, marché international de référence, le cours de l'once de ce métal fin (31,10 g) a ainsi dépassé le seuil des 1 500 dollars en 2019, pour la première fois depuis 2013. Profitant d'un climat d'incertitudes économiques, de taux d'intérêt négatifs et des tensions géopolitiques principalement au Moyen-Orient, l'or est désormais activement recherché, notamment par les banques centrales de nombreux pays.

15 août 1971
Fin de la convertibilité du dollar en or, fixée précédemment à 35 $ l'once

8 janvier 1976
Signature des accords de la Jamaïque qui confirment officiellement l'abandon du rôle international de l'or

19 novembre 2004
Nicolas Sarkozy, alors ministre de l'Économie, décide de vendre 500 à 600 tonnes d'or détenues par la Banque de France

6 septembre 2011
Record historique du cours de l'or, à 1 921 $ l'once, avec le risque d'éclatement de la zone euro

31 décembre 2018
Les banques centrales du monde entier acquièrent 651 tonnes d'or durant l'année, soit 15 % de la demande mondiale

29 mars 2019
Entrée en vigueur des normes de solvabilité bancaire « Bâle III » permettant aux banques centrales de comptabiliser l'or à sa valeur de marché

Une valeur refuge par excellence

L'or, cette « *relique barbare* », comme l'a écrit le grand économiste britannique John Maynard Keynes dans son *Traité sur la réforme monétaire* (1923), a retrouvé la faveur des investisseurs. Le cours de l'once, l'unité de référence du marché depuis 1828, a en effet gagné 18 % sur les dix premiers mois de 2019, repassant pour la première fois depuis 2013 le seuil symbolique des 1 500 dollars. Certes, le record historique de septembre 2011 (1 921 dollars) est encore loin, mais celui libellé en euros, qui datait d'octobre 2012 (1 380 euros), a été largement battu.

Alors que la demande en or des secteurs industriels (électronique, technologies, santé…) et de celui de la bijouterie-joaillerie pâtit d'une faible croissance et que le métal jaune ne produit aucun intérêt, comment expliquer un tel retour en grâce ?

Depuis l'Antiquité, l'or a toujours été considéré comme une valeur refuge de par ses qualités intrinsèques : il est à la fois rare, inaltérable, facilement identifiable et universellement accepté. À chaque crise financière majeure, les investisseurs se reportent sur l'or. En 2007-2008, avec la crise des *subprimes* aux États-Unis qui plonge les établissements de crédit dans la tourmente, le cours de l'once bondit de plus de 30 % en six mois. Et, durant l'année 2011, avec le risque d'éclatement de la zone euro, lié notamment à la crise de la dette publique grecque, les cours s'envolent également dans les mêmes proportions.

En 2019, l'escalade dans la guerre commerciale entre les États-Unis et la Chine, les tensions croissantes entre Washington et Téhéran et les craintes d'une sortie du Royaume-Uni de l'Union européenne (UE) sans accord ont contribué à ce regain d'intérêt. Mais ce statut de valeur refuge n'explique pas la totalité de la demande.

Évolution des cours de l'once d'or en dollars depuis le 1er janvier 2000

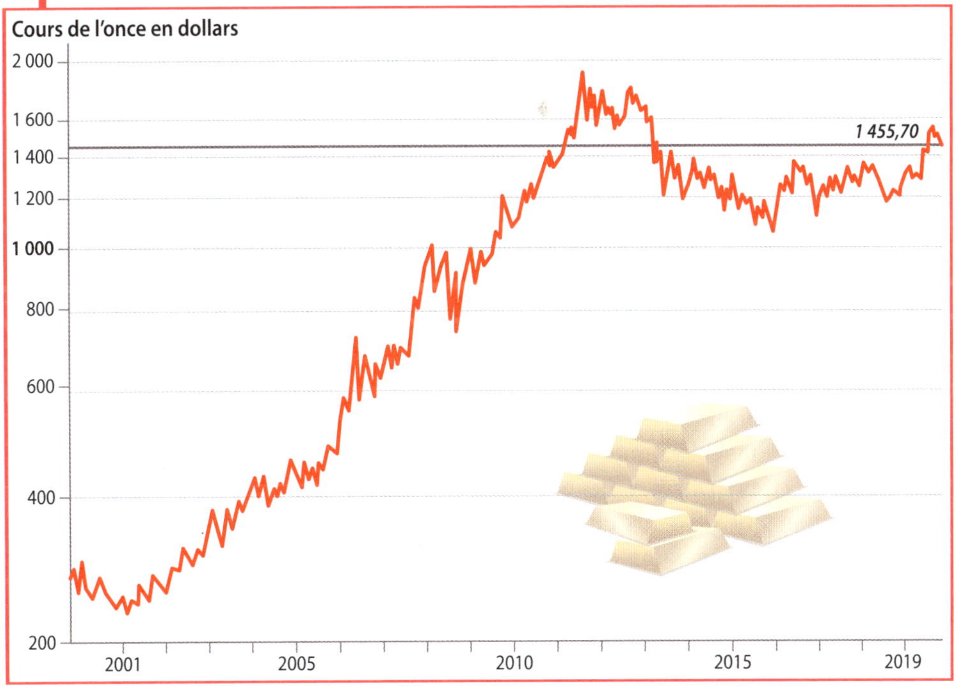

Source : ProRealTime.

Un actif de réserve désormais apprécié

En fait, ce métal noble a surtout profité de l'avènement de taux d'intérêt négatifs, conséquence des politiques ultra-accommodantes des banques centrales. Le 18 juin 2019, le rendement de l'emprunt d'État français à dix ans est ainsi passé sous 0 % pour la première fois de son histoire (contre une moyenne de 2,17 % sur la période 2009-2014). Autrement dit, l'investisseur qui prête de l'argent au Trésor sur cette durée ne retrouve pas son capital de départ à la date de remboursement, mais au contraire s'appauvrit chaque année, qui plus est si l'on tient compte de l'inflation.

Or, jusqu'à présent, l'or souffrait d'un désavantage structurel par rapport aux obligations : il ne distribue aucun revenu. À partir du moment où les emprunts d'État affichent des taux négatifs, cet inconvénient relatif disparaît pour se transformer même en atout. Un actif qui ne rapporte rien reste plus « intéressant » qu'un produit financier concurrent qui détruit de la valeur. Par souci de diversification des risques – l'or n'est la dette de personne et ne présente pas de risque de défaut de paiement –, nombre de banques centrales se sont donc repositionnées à l'achat.

Les banques centrales à la manœuvre

Pour mémoire, suite à la fin du régime de l'étalon-or (officieusement le 15 août 1971 par une décision du président Nixon et officiellement le 8 janvier 1976 par les accords de la Jamaïque), les banques centrales n'avaient plus de raison de conserver tout leur or. Les établissements de pays en difficulté ont donc vendu une partie de leurs stocks, avant de mettre un coup d'arrêt à ces cessions.

De 2002 à 2007, les banques centrales vendaient en moyenne 500 tonnes d'or par an, selon le World Gold Council (WGC), l'observatoire de la profession minière. De 2011 à 2018, opérant un virage à 180 degrés, elles en achetaient quasiment le même tonnage. Sur la seule année 2018, quelque 651 tonnes ont ainsi été acquises, le chiffre le plus élevé depuis 1971, soit 15 % de la demande mondiale (4 345 tonnes).

Au passage, la France s'est distinguée durant cette période. En 2004, un accord était intervenu entre l'État et la Banque de France visant à vendre entre 500 et 600 tonnes d'or sur cinq ans. Cette dernière a mené le programme de cessions à son terme et a vendu 589 tonnes, alors que les cours ne cessaient de progresser, s'attirant de sévères critiques de la part de la Cour des comptes.

Les principaux pays acheteurs d'or en 2018

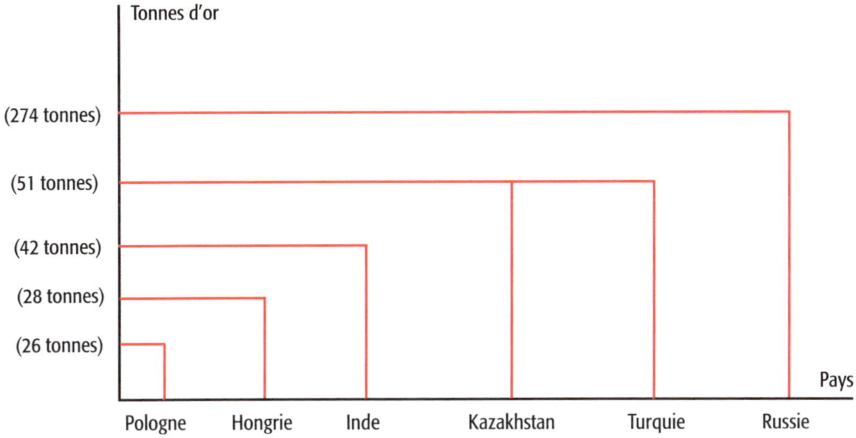

Parmi les principaux pays acheteurs, on trouve la Russie (274 tonnes en 2018, soit 42 % des achats réalisés par les banques centrales), la Turquie (51 tonnes), le Kazakhstan (51 tonnes), l'Inde (42 tonnes), la Hongrie (28 tonnes) et la Pologne (26 tonnes), premier pays de l'UE à acheter de l'or depuis 1998. Pour les trois premiers pays intervenants, l'achat de ce métal précieux est aussi une manière de s'émanciper de l'hégémonie du dollar. La Banque populaire de Chine est également active, mais il s'avère difficile de connaître précisément ses positions dans la mesure où sa communication est sujette à caution en la matière.

Une comptabilisation de l'or plus favorable

Cette tendance s'est poursuivie en 2019, à la faveur de l'entrée en vigueur des accords de Bâle III, édictés par la Banque des règlements internationaux (BRI), qui visent à renforcer la solidité financière des banques. Jusqu'à présent, dans le calcul des fonds propres des banques centrales, l'or était pris en compte à hauteur de la moitié de sa valeur de marché, ce qui constituait un frein à la détention. Or, depuis le 29 mars 2019, l'or est comptabilisé à sa valeur, à l'image des devises comme le dollar, l'euro ou la livre sterling. Au premier semestre 2019, les banques centrales ont ainsi acheté 374 tonnes d'or, selon les données du WGC, soit la plus forte augmentation nette des réserves observée sur ce semestre depuis dix-neuf ans.

En tout état de cause, les États-Unis détiennent toujours le plus important stock d'or du monde, évalué à 8 133 tonnes (depuis 1937, il est entreposé à Fort Knox, un camp militaire situé dans le Kentucky qui porte le nom du premier Secrétaire d'État à la Guerre). Viennent ensuite l'Allemagne (3 370), l'Italie (2 452), la France (2 436), la Russie (2 119), la Chine (1 864) et la Suisse (1 040).

L'or est loin d'avoir retrouvé son prestige d'antan dans le concert des nations, mais il a sans doute troqué son statut de « *relique barbare* » pour celui d'actif de confiance, l'équivalent d'une police d'assurance contre les crises financières.

Personnalité : Christine Lagarde, première femme présidente de la Banque centrale européenne

par Céline Charles

Le 1er novembre, Christine Lagarde endosse le rôle de présidente de la Banque centrale européenne (BCE). Cette institution indépendante est chargée de la mise en œuvre de la politique monétaire au sein de l'Union européenne. Mais qui est Christine Lagarde ? Suivra-t-elle les traces de son prédécesseur, Mario Draghi ? Qui lui succédera au FMI ?

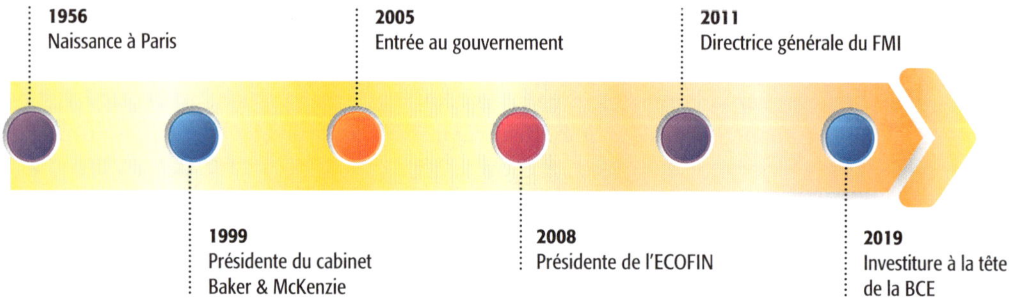

Du cabinet d'avocats Baker & McKenzie au gouvernement François Fillon

Christine Lagarde obtient plusieurs diplômes, dont un diplôme de l'institut d'études politiques d'Aix-en-Provence, deux maîtrises (anglais et droit des affaires) et un diplôme d'études supérieures spécialisées en droit social à l'université Paris 10.

Elle débute sa carrière comme avocate au sein du cabinet d'avocats d'affaires Baker & McKenzie. En 1999, elle en devient la première femme présidente.

Elle se lance ensuite dans la politique. En 2005, elle entre dans le gouvernement de Dominique de Villepin, sous la présidence de Jacques Chirac, en qualité de ministre déléguée au Commerce extérieur. En 2007, elle est nommée ministre de l'Agriculture et de la Pêche dans le gouvernement François Fillon, sous la présidence de Nicolas Sarkozy. La même année, elle devient la première femme ministre de l'Économie, des Finances et de l'Industrie d'un pays du G20.

En 2008, elle préside l'ECOFIN, le conseil « Affaires économiques et financières » de l'Union européenne. Elle se donne alors pour ligne de conduite le renforcement de la gouvernance économique mondiale. Trois ans plus tard, elle devient le onzième directeur général du FMI et la première femme à occuper une telle fonction. C'est la Bulgare Kristalina Georgieva, l'ancienne directrice générale de la Banque mondiale, qui lui succède. Diplômée d'un doctorat de sciences économiques à l'université de Sofia, elle devra faire face au ralentissement économique mondial et à la crise argentine. Tout comme Christine Lagarde, elle souhaite promouvoir l'égalité des chances entre les hommes et les femmes.

En 2012, elle est élevée au rang d'officier de la Légion d'honneur.

L'« affaire Tapie – Crédit lyonnais »

Une procédure de médiation est instaurée pour résoudre définitivement le litige qui oppose Bernard Tapie au Crédit lyonnais sur la vente d'Adidas. Les juges ordonnent à l'État de verser 403 millions d'euros à Bernard Tapie. Conseillé par Christine Lagarde, l'État refuse de déposer un recours contre la décision du tribunal. En 2016, le jugement de la Cour de justice de la République la condamne pour « négligence » dans « l'affaire Tapie » et assombrit quelque peu son *curriculum*. Elle est néanmoins dispensée de sa peine au regard de sa « réputation internationale » et des circonstances dans lesquelles elle travaillait en 2008, à savoir en plein cœur de la crise financière.

La présidence de la Banque centrale européenne

En septembre 2019, les parlementaires européens se prononcent pour l'investiture de Christine Lagarde à la tête de la BCE. Ce vote est confirmé par le Conseil européen à la suite du discours de l'ancienne patronne du FMI. Dans ce dernier, elle est revenue sur ses objectifs pour l'institution monétaire.

Son mandat s'annonce globalement dans la continuité de celui de son prédécesseur. En effet, elle souhaite poursuivre la politique accommodante initiée par Mario Draghi. Cette politique s'est tout d'abord manifestée par des taux d'intérêt bas. Elle s'est ensuite manifestée par une politique de rachats d'actifs, privés comme publics, en échange de liquidités. C'est ce que l'on appelle le *Quantitative Easing* (QE). Cette politique a permis d'éviter l'implosion de la zone euro en 2012.

Sur d'autres aspects, elle souhaite rompre avec la politique de Mario Draghi. Elle a insisté sur sa volonté de « *dépoussiérer le langage et s'épargner un excès de jargon technocratique pour permettre aux citoyens, aux consommateurs, à des gens qui ne sont pas forcément des experts en politique monétaire de comprendre à quoi sert la BCE* ». Par ailleurs, elle souhaite accentuer la coordination des politiques fiscales dont la disparité est à la source d'un *dumping* décrié.

AUTRES FAITS

janv.

9 janvier En Andalousie, bastion historique de la gauche et région la plus peuplée d'Espagne, l'extrême droite se hisse au pouvoir. C'est la première fois, depuis le rétablissement de la démocratie, que l'extrême droite entre dans un Parlement régional, le parti d'extrême droite Vox ayant récolté 11 % des voix et 12 sièges sur 109.

12 janvier Le *shutdown* qui paralyse l'administration et les activités gouvernementales depuis le 22 décembre 2018 devient le plus long de l'histoire des États-Unis, dépassant le record de 21 jours détenu jusque-là par le *shutdown* de 1996. Ce blocage des opérations gouvernementales par le Congrès intervient dans le contexte houleux du projet de construction d'un mur antimigrants à la frontière avec le Mexique.

29 janvier Les débats relatifs à la loi dite « anticasseurs » débutent à l'Assemblée. Si la loi a essuyé de nombreuses critiques, y compris au sein de la majorité, les députés adoptent finalement les articles autorisant la fouille de bagages et de voitures aux abords des manifestations, permettant aux préfets d'interdire des manifestations et instituant un délit de dissimulation volontaire du visage dans les rassemblements.

mars

31 mars Emmanuel Macron et Édouard Philippe opèrent un remaniement ministériel. Sibeth Ndiaye remplace ainsi Benjamin Griveaux comme porte-parole du gouvernement. Cédric O remplace Mounir Mahjoubi comme secrétaire d'État au Numérique. Enfin, Amélie de Montchalin remplace Nathalie Loiseau comme secrétaire d'État aux Affaires européennes.

avril

2 avril Aux États-Unis, la mairie de Chicago est remportée pour la première fois par une femme démocrate noire et lesbienne, Lori Lightfoot, âgée de 56 ans. Cette dernière entend lutter contre les violences policières particulièrement nombreuses dans la troisième plus grande ville des États-Unis.

21 avril En Ukraine, l'humoriste Volodymyr Zelensky remporte les élections présidentielles avec 73 % des voix. Plus jeune président de la République jamais élu en Ukraine (41 ans), dénué de toute expérience politique, il arrive loin devant le président sortant Petro Porochenko.

28 avril En Espagne, le PSOE de Pedro Sanchez arrive en tête des élections législatives. Avec près de 29 % des voix, les socialistes doivent cependant, pour gouverner, sceller une alliance avec le centre droit ou la gauche radicale.

MARQUANTS 2019

avril

30 avril Au Japon, l'empereur Akihito cède le trône à son fils aîné, Naruhito. C'est la première fois depuis des siècles qu'un empereur abdique ainsi, transmettant le pouvoir de son vivant.

mai

17 mai En Autriche, une vidéo compromettante impliquant le vice-chancelier d'extrême droite Heinz-Christian Strache est diffusée par des médias allemands. Sur cette vidéo, tournée en caméra cachée à Ibiza en 2017, on voit le leader du FPÖ négocier des contrats publics avec une jeune femme prétendument liée à un oligarque russe en échange d'un soutien financier pour son parti FPÖ. Suite à cette vidéo, Heinz-Christian Strache a démissionné, suivi de l'ensemble des ministres du FPÖ. « L'affaire d'Ibiza » a provoqué un séisme en Autriche, mais également en Europe à quelques jours des élections européennes.

juil.

7 juillet En Grèce, le Premier ministre Aléxis Tsípras, au pouvoir depuis 2015, est battu par son rival conservateur Kyriákos Mitsotákis.

16 juillet François de Rugy annonce sa démission sur Facebook tout en indiquant qu'il entend porter plainte contre *Médiapart* pour diffamation. Le ministre de la Transition écologique est au cœur d'un scandale politique après les révélations du journal *Mediapart* au sujet de dîners luxueux organisés entre septembre 2017 et juin 2018 aux frais du contribuable.

août

8 août En Italie, le chef de la Ligue, parti d'extrême droite, Matteo Salvini, a réclamé ce jeudi des élections anticipées, mettant fin *de facto* à la coalition gouvernementale qu'il forme avec le Mouvement 5 étoiles de Luigi Di Maio depuis plus d'un an.

10 août En Russie, des dizaines de milliers de personnes se sont rassemblées à Moscou pour réclamer des élections réellement libres. Ce sont les plus importantes manifestations en Russie depuis le retour de Poutine à la tête du pays en 2012.

sept.

24 septembre En Espagne, la Cour suprême a autorisé l'exhumation du corps du chef d'État Franco, mort en 1975. Alors que la famille du dictateur s'opposait à cette exhumation, le gouvernement socialiste de Pedro Sanchez réclamait depuis des mois le transfert de la dépouille de Franco. Il souhaitait en effet fermer ce mausolée, devenu un lieu de rassemblement pour les nostalgiques de la dictature franquiste.

26 septembre Jacques Chirac, président de la République française entre 1995 et 2007, décède à l'âge 86 ans.

QCM

Pour chaque question, une seule réponse est correcte.

1 Le Brexit, c'est :

- ❍ **a.** La sortie de l'Angleterre de l'Union européenne
- ❍ **b.** La sortie de l'Angleterre et de l'Irlande de l'Union européenne
- ❍ **c.** La sortie du Royaume-Uni (Grande-Bretagne et Irlande du Nord) de l'Union européenne

2 Le Brexit a été principalement défendu par :

- ❍ **a.** Les travaillistes
- ❍ **b.** Les conservateurs
- ❍ **c.** L'extrême droite soutenue par quelques conservateurs

3 La principale raison avancée pour quitter l'Union européenne est que :

- ❍ **a.** Elle coûte plus au Royaume-Uni qu'elle ne lui rapporte
- ❍ **b.** Elle conduit à l'entrée de trop d'immigrés dans le Royaume-Uni
- ❍ **c.** Elle permet au Royaume-Uni de retrouver son indépendance

4 Le Brexit est soutenu par :

- ❍ **a.** Les campagnes et les petites villes
- ❍ **b.** Londres et les villes universitaires
- ❍ **c.** L'ensemble du Royaume-Uni

5 À quelle date a lieu l'acte I du mouvement des Gilets jaunes ?

- ❍ **a.** Le samedi 17 novembre 2018
- ❍ **b.** Le samedi 27 octobre 2018
- ❍ **c.** Le samedi 1er décembre 2018

6 La pétition en ligne lancée par Priscillia Ludosky qui atteint 1 million de signatures en octobre réclamait :

- ❍ **a.** La baisse de la CSG
- ❍ **b.** Le rétablissement de l'ISF
- ❍ **c.** La baisse du prix du carburant

7 Qui est Premier ministre en cette première année du mouvement des Gilets jaunes ?

- ❍ **a.** François de Rugy
- ❍ **b.** Christophe Castaner
- ❍ **c.** Édouard Philippe

8 En 2019, la France est rappelée à l'ordre par l'ONU et le Conseil de l'Europe quant à l'usage d'une arme par les forces de l'ordre. Il s'agit :

❍ **a.** Du LBD (lanceur de balles de défense, aussi appelé Flash-Ball)
❍ **b.** Du gaz lacrymogène
❍ **c.** Du bâton ou matraque télescopique de défense (BTD)

9 À partir de quelle année l'élection du Parlement européen se fait-elle au suffrage universel direct ?

❍ **a.** 1989 ❍ **b.** 1969 ❍ **c.** 1979

10 En quelle année a eu lieu le référendum sur le Brexit au Royaume-Uni ?

❍ **a.** 2015 ❍ **b.** 2016 ❍ **c.** 2017

11 Quel est le nom de la Commissaire européenne nommée à l'issue des élections européennes de 2019 ?

❍ **a.** Ursula von der Leyen
❍ **b.** Christine Lagarde
❍ **c.** Theresa May

12 Combien d'eurodéputés ont été élus au Parlement européen en mai 2019 ?

❍ **a.** 771 ❍ **b.** 751 ❍ **c.** 571

13 Depuis 1997, Hong Kong est un territoire :

❍ **a.** Pleinement chinois
❍ **b.** Dépendant de la République populaire de Chine mais avec ses propres institutions et ses libertés démocratiques
❍ **c.** Indépendant de la République populaire de Chine

14 Les manifestants à Hong Kong :

❍ **a.** Défendent le rattachement du territoire à la Chine
❍ **b.** Luttent pour conserver les libertés démocratiques acquises
❍ **c.** Luttent pour l'indépendance du territoire

15 Ces manifestations à Hong Kong sont pour le gouvernement de Pékin :

❍ **a.** Un signe de libéralisation bienvenu
❍ **b.** Un signe inquiétant qu'il faut réprimer pour éviter toute contagion
❍ **c.** Un épiphénomène auquel il ne faut pas prêter d'attention

16 La lutte contre ces manifestants :

❍ **a.** Est organisée au Conseil législatif de Hong Kong dans un cadre démocratique
❍ **b.** Est assurée uniquement par la police de l'île
❍ **c.** Est menée par la police soutenue par les triades et l'Armée populaire de libération, armée de la Chine continentale

17 **La réforme des retraites est :**

❍ **a.** Urgente, car le système est déficitaire
❍ **b.** Menée aujourd'hui pour pérenniser un système viable
❍ **c.** Inutile

18 **Aujourd'hui :**

❍ **a.** Tous les actifs ont le même système de retraite
❍ **b.** Il existe une différence uniquement entre secteur public et secteur privé
❍ **c.** Il existe 42 systèmes et caisses de retraite différents

19 **Ce projet de loi :**

❍ **a.** Est une proposition du gouvernement
❍ **b.** Est une proposition élaborée après une longue concertation des partenaires sociaux et des citoyens
❍ **c.** Est une proposition des partenaires sociaux

20 **Ce projet de loi :**

❍ **a.** Est contesté par la plupart des syndicats
❍ **b.** Est contesté par le patronat
❍ **c.** Est accepté par les partenaires sociaux

21 **Le Parlement a approuvé le CETA le :**

❍ **a.** 23 janvier 2019 ❍ **b.** 23 juillet 2019 ❍ **c.** 23 septembre 2019

22 **Le CETA est un traité de libre-échange qui prévoit l'exemption de droits de douane pour de nombreuses marchandises entre le Canada et l'Union européenne :**

❍ **a.** Il s'agit de 98 % des produits
❍ **b.** Il s'agit de 50 % des produits
❍ **c.** Il s'agit de 18 % des produits

23 **Que sont les *feedlots* ?**

❍ **a.** Des parcs d'engraissement existant outre-Atlantique
❍ **b.** Des farines animales utilisées outre-Atlantique
❍ **c.** Des porcins nourris aux antibiotiques présents outre-Atlantique

24 **Le Canada utilise des produits phytosanitaires interdits au sein de l'Union européenne. Combien ?**

❍ **a.** 16 ❍ **b.** 46 ❍ **c.** 106

25 **Le 1er janvier 2019, l'euro a fêté ses :**

❍ **a.** 20 ans ❍ **b.** 30 ans ❍ **c.** 40 ans

26 Qui préside la Banque centrale européenne ?

❍ **a.** Mario Draghi
❍ **b.** Christine Lagarde
❍ **c.** François Villeroy de Galhau

27 Le 18 juin 2019, le rendement des emprunts d'État à dix ans est passé pour la première fois de son histoire sous le seuil de :

❍ **a.** 2 % ❍ **b.** 1 % ❍ **c.** 0 %

28 Le programme d'achats d'actifs de la BCE :

❍ **a.** Influe sur les taux d'intérêt à court terme
❍ **b.** Influe sur les taux d'intérêt à long terme
❍ **c.** N'a aucune influence sur les taux d'intérêt

29 En quelle année le président Chirac est-il né ?

❍ **a.** 1916 ❍ **b.** 1928 ❍ **c.** 1932

30 Quel poste de ministre n'a-t-il jamais occupé ?

❍ **a.** Premier ministre
❍ **b.** Ministre de l'Agriculture
❍ **c.** Ministre de la Défense

31 Quel est le nom de jeune fille de sa femme Bernadette ?

❍ **a.** Chodron de Courcel
❍ **b.** De Courcelles
❍ **c.** De Chancel

32 Combien de référendums Jacques Chirac a-t-il organisés sous sa présidence ?

❍ **a.** 0 ❍ **b.** 1 ❍ **c.** 2

33 En quelle année les négociations en vue de la signature du traité de libre-échange entre l'Union européenne et le Mercosur ont-elles démarré ?

❍ **a.** 1996 ❍ **b.** 1998 ❍ **c.** 1999

34 Quelle concession la Commission européenne a-t-elle faite en vue de la signature de l'accord ?

❍ **a.** Des quotas de viande bovine issue du Mercosur à hauteur de 99 000 tonnes
❍ **b.** La reconnaissance de 357 IGP
❍ **c.** Des normes moins strictes en matière environnementale

35 Comment expliquer le revirement d'Emmanuel Macron sur le traité avec le Mercosur ?

❍ **a.** La signature d'un traité de libre-échange avec le Canada
❍ **b.** L'inaction du président Bolsonaro en matière d'environnement
❍ **c.** Les craintes des agriculteurs français vis-à-vis des règles du traité

36 **Quel est le volume de diminution des droits de douane, à terme, entre les deux espaces ?**

❍ **a.** 50 % ❍ **b.** 75 % ❍ **c.** 90 %

37 **Qui est à l'origine de l'expression « *relique barbare* » pour désigner l'or ?**

❍ **a.** Jean-Baptiste Colbert
❍ **b.** Jean-Baptiste Say
❍ **c.** John Maynard Keynes

38 **Jusqu'au 15 août 1971, le dollar était convertible en or à :**

❍ **a.** 3,5 dollars l'once
❍ **b.** 35 dollars l'once
❍ **c.** 350 dollars l'once

39 **Une once d'or pèse :**

❍ **a.** 3,10 g ❍ **b.** 31,10 g ❍ **c.** 311 g

40 **Quel pays est le plus gros détenteur d'or ?**

❍ **a.** Les États-Unis ❍ **b.** La Russie ❍ **c.** La Chine

41 **Christine Lagarde est diplômée en :**

❍ **a.** Droit ❍ **b.** Économie ❍ **c.** Médecine

42 **Le 19 septembre 2019, les parlementaires européens se sont prononcés pour l'investiture de Christine Lagarde à la tête :**

❍ **a.** De la Commission européenne
❍ **b.** Du Parlement européen
❍ **c.** De la Banque centrale européenne

43 **Le *Quantitative Easing* désigne :**

❍ **a.** Une politique de rachat d'actifs en échange de liquidités
❍ **b.** Une politique de restriction monétaire
❍ **c.** Une politique de transfert monétaire

44 **Qui succède à Christine Lagarde au FMI ?**

❍ **a.** Dominique Strauss-Kahn
❍ **b.** Kristalina Georgieva
❍ **c.** Esther Duflo

Corrigé

1**c**, 2**b**, 3**a**, 4**a**, 5**a**, 6**c**, 7**c**, 8**a**, 9**c**, 10**b**, 11**a**, 12**b**, 13**b**, 14**b**, 15**b**, 16**c**, 17**a**, 18**c**, 19**b**, 20**a**, 21**b**, 22**a**, 23**a**, 24**b**, 25**a**, 26**b**, 27**c**, 28**b**, 29**c**, 30**c**, 31**a**, 32**c**, 33**c**, 34**a**, 35**b**, 36**c**, 37**c**, 38**b**, 39**b**, 40**a**, 41**a**, 42**c**, 43**a**, 44**b**.

PARTIE 2

GÉOPOLITIQUE

- Trump, an III : « *great again* » ou « *impeachment* » ? 62
- Brésil, puissance populiste 66
- Venezuela, une impasse internationalisée 70
- Nouvelle offensive turque en Syrie 74
- Algérie, la présidentielle de trop 78
- Iran, double impasse ? 82
- Révoltes populaires autour du globe 86
- Soudan : une vraie transition démocratique ? 90
- Chine, de la puissance au modèle ? 94
- Personnalité : Jacinda Ardern, l'icône de mars 2019 98

AUTRES FAITS MARQUANTS 2019 100

QCM 102

Trump, an III : « *great again* » ou « *impeachment* » ?

par Thibaut Klinger

Les trois quarts du premier mandat de Donald Trump sont achevés : le bilan est pour le moins contrasté, ce qui ne présage nullement d'une réélection ou non, car le pays est plus divisé que jamais entre soutien et rejet.

Trump n'est pas une aberration de l'Amérique

S'il bouscule la politique américaine et ses partenaires à travers le monde, Trump incarne une tradition républicaine, celle des mensonges de Richard Nixon, surnommé « *tricky dick* » (« Richard le menteur »), de la grossièreté de Lyndon Johnson, 36e président des États-Unis, du nationalisme de Ronald Reagan et du discours anti-État fédéral du Tea party de 2009. Pour autant, les relations entre Trump et les républicains traditionnels sont loin d'être simples, car Trump est très éloigné des valeurs de la *Bible belt*, région habitée majoritairement par des chrétiens très pratiquants.

Trump peut s'appuyer sur les 40 % de travailleurs américains qui gagnent moins de quinze dollars de l'heure et qui représentent le « *flyover country* », ces régions que survolent les avions pour rallier les grandes métropoles des deux façades océaniques des États-Unis et qui se sentent oubliées. Par ses déclarations flirtant avec le racisme, il flatte une forme de nativisme qu'avaient annoncée les analyses de Samuel Huntington en 2004 dans « *Qui sommes-nous ?* ».

L'homme de la « pression maximale »

Pour Trump, il n'y a pas de « communauté internationale » mais les intérêts des nations qui se heurtent les uns aux autres. Dès janvier 2017 triomphe un unilatéralisme bruyant. Un décret présidentiel retire les États-Unis du Partenariat transpacifique (TTP), signé en 2015 par douze pays représentant 40 % du PIB mondial. C'est ensuite au tour de l'accord de Paris signé par 195 pays à la COP21, puis du Plan d'action conjoint (JCPoA) sur le nucléaire iranien de 2015, dont se retirent les États-Unis le 8 mai 2018. Même leurs alliés sont malmenés : Trump humilie ses collègues au G7 du Québec, en juin 2018, en se désolidarisant du communiqué final, et bouscule ses partenaires de l'OTAN.

Aux enceintes du multilatéralisme, Trump préfère une « diplomatie transactionnelle », qui enchaîne des *deals* (accords en français) au service des États-Unis, comme appelait à le faire son slogan de campagne « *Make Amerika great again* ». Il croit pouvoir l'obtenir en exerçant une « pression maximale » sur ceux qui lui résistent : il insulte Kim Jong-un en le qualifiant de « *rocketman* » et en lui promettant « le feu et la colère » en 2017. Il multiplie les sanctions économiques contre l'Iran et la pression militaire pour convaincre Téhéran et son peuple « formidable » de négocier un nouvel accord.

Fin stratège ou confusion ?

Cette stratégie est-elle couronnée de succès ? Trump est-il le « brillant stratège » qu'il se targue d'être dans ses tweets ? Certes, il met en avant des rencontres historiques comme celles avec le dirigeant nord-coréen, à Singapour en juin 2018 et en Corée du Nord un an plus tard. Pyongyang n'a pourtant pris aucun engagement concret. Alors que l'Iran respectait le JCPoA de 2015, Trump a choisi de faire monter la tension dans le Golfe et se retrouve sans stratégie : l'Iran a détruit un drone américain, a frappé des pétroliers, en a confisqué provisoirement d'autres et a montré sa capacité à frapper les raffineries stratégiques saoudiennes. Les pays du Golfe ont si bien compris le message que tous adoptent désormais un discours beaucoup plus conciliant… Le président Rohani peut s'offrir le luxe de refuser de rencontrer le président américain en septembre 2019, lors de la session annuelle de l'Assemblée générale des Nations unies : à « pression maximale » « résistance maximale… »

Dans plusieurs dossiers, les annonces intempestives et solitaires du locataire de la Maison-Blanche créent la confusion. Le 13 avril 2018, il annonce une opération militaire en Syrie, puis le retrait brutal des troupes en décembre 2018, prétendant avoir vaincu Daech, avant de se raviser devant le tollé général. Il persiste cependant, et, en octobre 2019, à la suite d'une conversation téléphonique avec le président turc Erdoğan, laisse ce dernier libre d'entrer en Syrie pour repousser les combattants kurdes des zones frontière en retirant les troupes américaines. Il brouille ensuite sa position en mettant en garde son homologue par une lettre au ton incongru : « *ne jouez pas au dur, ne faites pas l'idiot* », tandis qu'il déclare peu après que les Kurdes, principaux combattants au sol contre Daech, « *ne sont pas des anges…* ». La Russie profite de ces incohérences : ses unités remplacent les Américains pour s'interposer entre les Turcs et les soldats du régime syrien, appelés au secours par les Kurdes.

Une vision simpliste du commerce international ?

Trump reprend à son compte le sentiment que les États-Unis régressent à cause des autres, notamment des alliés qui les « parasitent » : le PIB américain pesait la moitié du PIB mondial en 1948, il pèse un sixième aujourd'hui. Sa vision du commerce international paraît simple, voire simpliste : il suffirait de taxer les produits importés pour forcer les partenaires commerciaux à augmenter leurs prix et à produire aux États-Unis, au bénéfice des travailleurs américains. Les taxes sur les produits importés du Mexique ont convaincu ce pays de renégocier l'Accord de libre-échange nord-américain (ALENA) de 1994. Signé le 30 novembre 2018, l'Accord États-Unis Mexique Canada (AEUMC) doit le remplacer, mais seul le Mexique l'a ratifié le 19 juin 2019 alors que le Sénat américain paraît hésitant. Pourtant, quand il taxe les voitures allemandes, Trump oublie qu'elles sont fabriquées en partie aux États-Unis. À propos du litige sur les subventions illégales des Européens à Airbus, mais aussi de Washington à Boeing, il préfère une guerre commerciale et taxe les avions et les produits européens, au grand dam des compagnies d'aviation américaines qui ont commandé des Airbus A320neo, le moyen-courrier le plus vendu au monde, risquant de fermer le marché européen à Boeing…

Les échanges commerciaux entre les États-Unis et la Chine

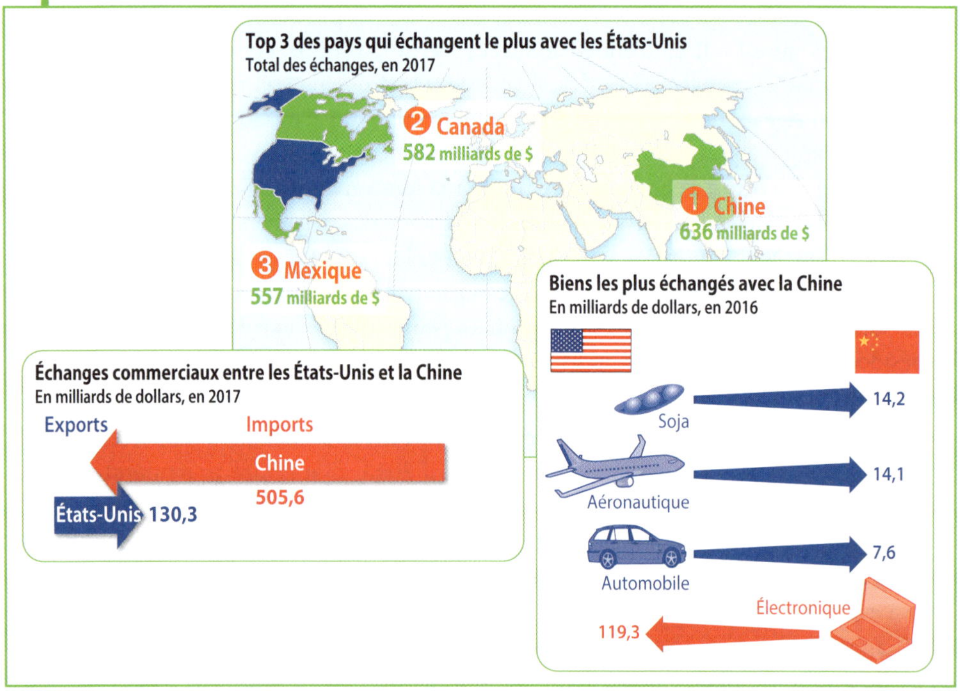

Source : Comtrade.un.org, Census.org

Trump répète à l'envi que la Chine « viole », « tue », « détrousse », « triche », « manipule » et « effraie » les États-Unis et s'est lancé dans un vaste bras de fer commercial, refusant de résoudre le litige par des négociations au sein de l'Organisation mondiale du commerce (OMC). En 2018, malgré des taxes supplémentaires, le déficit des biens et services aux États-Unis augmente de 12,5 % ! De plus, les exportations américaines de soja ont chuté de 90 % et Washington doit aider les producteurs. Des États industriels comme le Wisconsin, qui avait voté Trump, pâtissent des taxes sur les produits chinois qu'ils utilisent, entraînant des surcoûts de production. En septembre, Trump annonce vouloir généraliser les taxes sur tous les produits chinois, se réjouissant d'avoir déjà fait perdre cinq millions d'emplois à la Chine depuis son arrivée à la Maison-Blanche ! Parallèlement à ces mesures, le litige commercial porte sur l'avenir des puissances américaine et chinoise à travers le sort de l'entreprise Huawei, à qui il est reproché sa proximité avec l'armée chinoise. Le 15 mai 2019, Trump interdit toute collaboration avec cette entreprise, ce qui prive les smartphones Huawei des applications sous Android aux États-Unis. Plusieurs pays renoncent à confier à Huawei le déploiement de la 5G alors qu'elle est en avance sur cette technologie.

Impeachment : le risque du chaos ?

En trois ans, on ne compte plus les conseillers et les ministres qui démissionnent ou sont renvoyés d'un simple tweet. Le fonctionnement des institutions devient chaotique : janvier 2019 a vu le plus long *shutdown* (arrêt des activités parlementaires) de l'histoire et l'administration présidentielle peine à influencer le Congrès. Sur la Syrie, la politique de Trump est même largement rejetée lors d'un vote en octobre 2019, y compris par les républicains !

Si les nombreuses interrogations sur les liens de Trump avec la Russie n'ont pas permis de le poursuivre en justice, la tension revient avec les révélations sur les négociations de Trump avec le président ukrainien pour l'inciter à espionner son rival pour 2020, le fils de l'ancien vice-président démocrate, Joe Biden. Menacé par une procédure de destitution (*impeachment*), Trump n'hésite pas à bafouer le droit fédéral : il veut poursuivre le lanceur d'alerte sur ce dossier ukrainien, dont la déposition est protégée par la loi, et qualifie de « *coup d'État* » « *ce qui est en train de se passer* ». L'année 2020 sera décisive : Trump vise sa réélection depuis le début et, durant la première moitié de son mandat, il a déjà levé treize fois plus d'argent que ses prédécesseurs à la même date !

Brésil, puissance populiste

par Thibaut Klinger

Géant de l'Amérique latine (8,5 millions de km², cinquième superficie mondiale, plus de 206 millions d'habitants), le Brésil est la huitième économie mondiale en parité de pouvoir d'achat, devant le Royaume-Uni et la France, et entretient d'importants liens avec cette dernière. L'année 2019 a pourtant vu se créer une tension diplomatique sans précédent entre les deux pays.

Pourquoi Bolsonaro a-t-il été élu ?

Né en 1955, Jair Bolsonaro était inconnu de la scène internationale jusqu'en 2018. Pourtant le 24 octobre, il est élu à la présidence du Brésil avec 55,13 % des voix face à Fernando Haddad, ayant même réuni plus de 46 % au premier tour ! Plusieurs facteurs expliquent ce résultat, renvoyant à la situation du Brésil et au profil du candidat.

Dans un premier temps, le candidat le mieux placé est Lula, ancien président de la République de 2003 à 2011, mais dont l'image est écornée par les affaires de corruption liées à la société pétrolière nationale Petrobras. Alors qu'il est crédité de près de vingt points d'avance sur Bolsonaro, sa candidature est invalidée à cause de sa condamnation alors que son rival peut se targuer de n'avoir pas été mêlé à ces scandales. Militaire de carrière, Bolsonaro est élu député fédéral à Rio de Janeiro en 1990 avec le soutien du Parti démocrate chrétien (PDC) et se fait remarquer depuis par de multiples déclarations misogynes, racistes ou homophobes, ce qui lui a valu récemment le surnom de « Trump des tropiques ». Comme pour le président américain, il y a là une marque de fabrique populiste : au nom d'un prétendu parler-vrai, et authentiquement populaire, il s'agit de refuser bruyamment les règles de la politesse et de la bienséance considérées comme le produit d'une élite politique qui aurait trahi le peuple. Chaque provocation est présentée comme une reconquête du pouvoir par le peuple.

Si son Parti social-libéral (PSL) reste très marginal, son audience s'accroît avec le virage à l'extrême droite de 2018. Dans un pays où un meurtre est commis toutes les dix minutes, Bolsonaro apparaît comme un sauveur en appelant à étendre le port d'arme, à renforcer l'autorisation de tir des policiers et à utiliser la torture contre les trafiquants de drogue. Partisan de l'ordre face à ce qu'il dénonce comme la « menace communiste », incarnée par la présidence de Lula (2003-2010), il défend la mémoire du coup d'État de 1964 – soutenu à l'époque par la CIA – et la dictature militaire qui a suivi jusqu'en 1985. Il s'agit d'un véritable combat culturel qui conduit, par exemple, son gouvernement à modifier les règles d'achat des manuels scolaires dès janvier 2019 en fonction de leur contenu, supprimant par exemple les exigences de représentation de la diversité ethnique du Brésil. Ses discours multiplient le vocabulaire guerrier, typique du populisme, afin de mobiliser la population. Son conseiller économique, Paulo Guedes, un « *Chicago Boy* », partisan du néolibéralisme particulièrement théorisé à l'université de Chicago et climatosceptique, lui vaut le soutien d'une partie du milieu des affaires tandis qu'il rencontre un fort succès en s'adressant aux Églises évangéliques, qui rassemblent un tiers de la population. L'invalidation de la candidature de Lula conduit un tiers des voix de ce dernier à se reporter sur Bolsonaro, soulignant ainsi les passerelles entre le populisme étatique et le populisme néolibéral. Quant aux autres candidats « antisystèmes », ils ont abandonné le combat pour diverses raisons. Son électorat est celui d'une certaine classe moyenne frustrée dans son ascension, dénonçant particulièrement la corruption ambiante.

Le 6 septembre 2018, en pleine rue, il est poignardé par un militant d'extrême gauche. Cette agression prend un air de « sacrifice » et renforce sa stature de « sauveur » pour une partie de l'électorat. Elle lui permet de ne pas participer aux débats télévisés organisés avec ses concurrents, ce qui les prive d'un moyen de révéler la légèreté de son programme.

Bolsonaro, le président de l'agrobusiness ?

« *Géant grâce à la Nature elle-même, tu es fort, tu es un impavide colosse* », proclame l'hymne national brésilien. Le populisme de Bolsonaro voit dans le discours écologiste un dérivé du communisme abhorré et un produit des élites qui trahiraient l'intérêt des Brésiliens, en entravant le secteur de l'agrobusiness, alors que le pays était le quatrième exportateur agricole dans le monde en 2016. Signé le 30 juin 2019, l'accord entre l'Union européenne et le Mercosur doit davantage ouvrir le marché européen au bœuf et au poulet brésiliens, alors que plusieurs scandales sanitaires ont marqué la filière brésilienne et que le gouvernement de Bolsonaro a autorisé 121 nouveaux pesticides dont un tiers des composants sont interdits dans l'Union européenne…

L'Amazonie est considérée selon une logique de pionnier du XIXe siècle, comme une réserve de ressources dont l'exploitation apportera richesse et développement au pays. Une fois au pouvoir, les promesses de campagne sont tenues : le budget de l'Institut brésilien de l'environnement et des ressources naturelles renouvelables (IBAMA) voit ses crédits amputés pour limiter ses moyens d'inspection tandis que le gouvernement annonce la révision prochaine des zones protégées et la volonté d'exploiter le sous-sol des réserves indiennes. Les ONG militant pour protéger l'Amazonie et les populations indigènes sont dénigrées et montrées comme les outils d'un « complot mondialisé » visant à empêcher le développement du Brésil.

« Notre maison brûle… »

C'est dans ce climat que l'Institut national de recherche spatiale du Brésil (INPE) révèle, en juillet 2019, que les surfaces défrichées ont été trois fois supérieures par rapport à l'année précédente, ce qui contrarie tant le président Bolsonaro qu'il en licencie le directeur. C'est aussi ce contexte qui incite des orpailleurs à envahir la réserve des Indiens wayapi et à en assassiner le cacique. Les feux de forêt ou « *queimadas* » sont une méthode courante pour nettoyer une zone déforestée et la fertiliser par écobuage : le 10 août, 70 exploitants de l'État du Para, au nord du pays, font allumer des centaines de foyers et proclament le « jour du feu », avec le soutien du président de la République, selon eux. À ces départs de feu s'ajoutent des feux accidentels dus à l'assèchement de la forêt lié au réchauffement climatique. Ces incendies émettent du dioxyde de carbone, gaz à effet de serre, et des nuages noirs et toxiques pour les populations voisines. Ainsi, il a fait nuit en plein jour à Saõ Paolo le 22 août, les cendres étant portées par les vents à plus de 2 000 km du lieu d'émission !

Le 22 août 2019, à l'avant-veille du G7 à Biarritz, Emmanuel Macron évoque les incendies de l'Amazonie et reprend la phrase prononcée par Jacques Chirac au sommet de Johannesburg, en 2002 : « *Notre maison brûle et nous regardons ailleurs* ».

Tweet d'Emmanuel Macron le 22 août 2019

Crédit : Compte Twitter d'Emmanuel Macron, avec l'aimable autorisation de l'Élysée.

Macron-Bolsonaro : le torchon brûle

La déclaration de Macron, complétée d'un tweet sur ce thème, déplaît doublement à son homologue brésilien. D'une part, le président français y voit une « crise internationale » appelant une réaction internationale, voire de l'ONU, ce qui est vu comme humiliant pour la souveraineté brésilienne et comme un comportement colonialiste de la part de Paris. D'autre part, il accuse Bolsonaro d'avoir menti sur ses engagements environnementaux et rejette alors la ratification de l'accord UE-Mercosur, signé le 30 juin précédent. Un hashtag #MacronLies est créé, qui véhicule des insultes contre le président français et contre son épouse. C'est particulièrement le cas de Renzo Gracie, ambassadeur du tourisme brésilien, qui évoque le « *cou de poulette* » de Macron et qualifie Brigitte Macron de « *dragon* » « *moche* ».

Parallèlement à l'extrême tension diplomatique entre Brasília et Paris due à la mésentente totale entre deux personnalités totalement opposées et à l'intérêt qu'a Bolsonaro à ce que le Brésil soit isolé et critiqué pour pouvoir souder la population contre les atteintes supposées à son encontre, la France et le Brésil ont beaucoup trop d'intérêts communs pour se laisser aller à une guerre commerciale. En effet, les entreprises françaises emploient plus de 500 000 personnes au Brésil et presque toutes celles du CAC 40 y sont présentes. La France est le cinquième investisseur au Brésil en termes de stock d'IDE derrière les Pays-Bas, les États-Unis, l'Espagne et le Luxembourg. En 2008, les deux pays ont signé un partenariat stratégique autorisant d'importants transferts de technologie, comme lors de la construction commune de sous-marins de classe Scorpène, construit en commun, dont le premier a été lancé en décembre 2018.

Venezuela, une impasse internationalisée

par Thibaut Klinger

L'année 2019 voit le pouvoir politique vénézuélien se scinder en deux. Cette fracture s'accroît avec son internationalisation, qui risque de mettre le pays un peu plus dans l'impasse.

Maduro, l'héritier du chavisme

Le Venezuela actuel est encore profondément marqué par les années de présidence d'Hugo Chávez, de 1999 à sa mort en 2013. Influencé par l'expérience cubaine et par l'Argentin Juan Perón, Hugo Chávez s'est voulu le continuateur de Simon Bolivar (1783-1830), le héros de la décolonisation de l'Amérique latine, en qui il voyait un pré-marxiste. C'est la raison pour laquelle il a proclamé une République bolivarienne du Venezuela lors de la nouvelle Constitution de 1999.

Les années Chávez ont connu deux grandes orientations avant et après 2005. De 1999 à 2005, Chávez promeut une « démocratie participative », à l'opposé d'une démocratie formelle contrôlée par l'élite économique. Le 11 avril 2002, l'opposition tente un coup d'État soutenu par les Américains, mais échoue trois jours plus tard. Tout au long de l'année, des grèves générales, notamment dans le secteur pétrolier, cherchent à déstabiliser le pouvoir de Chavez, en vain. À partir de 2005, Chávez annonce un « socialisme du XXIe siècle » : l'opposition est muselée, le caudillisme domine, c'est-à-dire le pouvoir d'un chef militaire charismatique ou *caudillo*. Chávez est surnommé « *el Comandante* ». L'armée se voit reconnaître par la Constitution un rôle essentiel dans la mise en œuvre de la politique sociale.

Le chavisme s'est appuyé sur le cours élevé du pétrole pour financer sa politique sociale « redistributive » et sa politique étrangère ambitieuse de lutte contre l'impérialisme américain. Le régime a ainsi été qualifié de « pétropopulisme ». Douzième producteur de brut, le pays a des réserves supérieures à celles de l'Arabie saoudite grâce à l'exploitation des sables bitumeux du bassin de l'Orénoque.

L'impasse institutionnelle

Le 5 mars 2013, Hugo Chávez décède. Celui qu'il avait désigné comme son successeur, Nicolás Maduro, n'est élu qu'avec une très faible avance (50,62 % des voix) : l'enthousiasme n'est plus là. L'économie du pays connaît d'importantes difficultés. Faute d'investissements, la production pétrolière d'effondre tandis que les effectifs de l'entreprise publique pétrolière PVDSA quintuplent, les embauches récompensant le soutien à la « révolution bolivarienne ». Le nombre d'entreprises privées est, quant à lui, divisé par deux. L'utilisation de la rente pétrolière pour financer l'action sociale et non pour diversifier l'industrie nourrit la corruption tandis que la disparition progressive de l'industrie manufacturière conduit à l'importation de la plupart des biens de consommation. Cette politique coûteuse provoque l'effondrement de la monnaie nationale.

À ces difficultés s'ajoute l'explosion de l'insécurité depuis 1998. En effet, le nombre d'homicides a plus que triplé et, en 2019, le Venezuela est classé comme le vingtième pays le plus dangereux au monde, en partie à cause du trafic de drogue.

Depuis 2017, l'hyperinflation pèse lourdement sur la vie quotidienne de la population. Elle est le résultat de la création monétaire par l'État, qui finance ainsi son déficit, et elle entretient le marché noir, source supplémentaire de trafics et de violences. Les acquis de la politique sociale d'Hugo Chávez sont réduits : entre 2015 et 2016, la mortalité infantile a augmenté de 30 %. Sur le plan politique, les institutions sont bloquées : d'un côté, on trouve le président Nicolás Maduro, soutenu par l'armée et une partie de la population, avec le Parti socialiste unifié du Venezuela (PSUV) ; de l'autre, l'opposition avec la Table de l'unité démocratique (MUD), majoritaire à l'Assemblée nationale.

Le blocage conduit à un mouvement de manifestations, violemment réprimées. Le 30 juillet 2017, le pouvoir organise « l'élection » d'une Assemblée nationale constituante, dont les candidats sont des partisans du régime, qui siège en concurrence de l'Assemblée nationale, dominée par l'opposition.

En mai 2018, les élections reconduisent Maduro, mais de nombreuses irrégularités sont dénoncées : manipulation de la date du scrutin, invalidation de candidatures majeures et vote sous la menace de suspension de programmes sociaux ou de licenciements dans le secteur public. En janvier 2019, le pouvoir achève de se diviser en deux blocs. Le 10 janvier,

Nicolás Maduro est investi pour son deuxième mandat à la tête du pays, mais le 23 janvier, le président de l'Assemblée nationale, Juan Guaidó, se proclame président par intérim. Il dit s'appuyer sur l'article 233 de la Constitution du pays, mais celui-ci implique le départ pour des raisons précises (démission, maladie mentale, etc.) du chef de l'État, ce qui n'est pas le cas. Septembre 2019, les institutions sont bloquées, tandis que Maduro cherche à diviser l'opposition et à faire inculper Guaidó pour des liens supposés avec des narcotrafiquants. La médiation sous l'égide de la Norvège n'a donné aucun résultat. Pendant que ces deux pouvoirs se font concurrence, l'économie s'effondre : l'inflation a atteint 130 060,2 % en 2018 et le FMI prévoie qu'elle sera de 10 000 000 % en 2019. Fin 2019, plus de cinq millions de citoyens ont choisi l'exil, selon l'ONU, soit un sur six.

Les deux présidents du Venezuela : Nicolás Maduro (à gauche) et Juan Guaidó (à droite)

Crédit : StringerAL/Shutterstock, Edgloris Marys/Shutterstock.

Une internationalisation inédite de l'impasse

Depuis toujours, le chavisme se présente comme l'héritier du castrisme dans sa lutte contre l'impérialisme américain. Hugo Chávez s'était spécialisé dans les invectives contre George W. Bush et, en 2008, avait salué l'expulsion de l'ambassadeur américain d'un « *Allez vous faire foutre, Yankees de merde !* ». Si les deux pays n'ont plus d'ambassadeurs respectifs depuis 2010, les États-Unis sont cependant le premier débouché pour les exportations vénézuéliennes, essentiellement le pétrole, jusqu'en 2019.

L'élection de Trump conduit à un changement. Son conseiller à la Sécurité nationale, John Bolton, accuse le Venezuela de Maduro de faire partie d'une « troïka de la tyrannie » avec Cuba et le Nicaragua de Daniel Ortega. Plusieurs séries de sanctions sont prises pour asphyxier l'économie du pays comme l'embargo américain sur le pétrole vénézuélien entré en vigueur le 28 avril 2019. Si les menaces d'intervention militaire de Washington suscitent l'indignation des autres États américains, devant ce renouveau de l'interventionnisme américain, le Venezuela est de plus en plus isolé. En avril 2017, Maduro veut retirer son pays de l'Organisation des États américains (OEA), créée en 1948 pour défendre la démocratie et les droits de l'Homme. Selon les statuts de l'OEA, ce « Vexit », qui devait prendre deux ans, est devenu effectif en avril 2019… En août 2017, c'est au tour du Mercosur, présidé par le Brésil, de suspendre politiquement le Venezuela de l'organisation pour « rupture de l'ordre démocratique ». Il est vrai que la « démocrature » d'idéologie bolivarienne est moins à la mode sur le continent que deux décennies plus tôt : le temps est davantage aux gouvernements conservateurs ou nostalgiques d'une dictature militaire comme au Brésil.

Les États-Unis, une partie des États américains réunis dans le « groupe de Lima » et la plupart des membres de l'Union européenne ont reconnu Juan Guaidó comme président en charge. On remarque que cela est plutôt inhabituel par rapport aux pratiques du droit international. Pour autant, dans la plupart des pays reconnaissant Guaidó, les ambassadeurs vénézuéliens restent ceux qui ont été nommés par Maduro. Ce dernier est soutenu par les pays membres de l'Alliance bolivarienne pour les peuples de notre Amérique (ALBA) comme la Bolivie, Cuba et le Nicaragua, par solidarité antiaméricaine. D'autres pays ont des intérêts économiques et ont des contacts avec les deux camps, comme la Chine, qui a prêté beaucoup d'argent à Caracas, et la Turquie, premier client de l'or extrait du bassin de l'Orénoque. Le soutien majeur de Maduro est sans conteste la Russie. Le pétrolier Rosneft a investi massivement dans PDVSA, et CITGO sa filiale, qui est une entreprise nationale possédant des raffineries et des stations-service notamment aux États-Unis, ce qui la place sous le coup des sanctions américaines. En mars 2019, des avions militaires russes ont atterri à Caracas pour souligner le soutien de Moscou. De fait, la crise vénézuélienne semble désormais instrumentalisée par chaque camp, empêchant un peu plus encore son règlement…

Reconnaissance internationale de Maduro et Guaidó

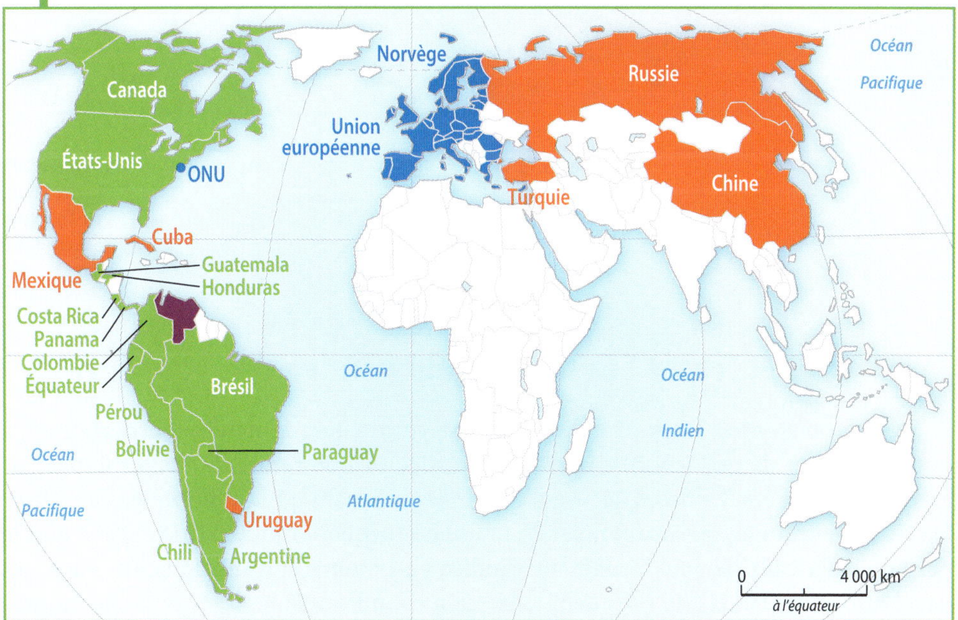

Pays ou organisations qui appellent au dialogue ou à des élections
Pays reconnaissant Juan Guaido comme président
Pays pour qui Nicolas Maduro reste le président légitime

Source : AFP.

Nouvelle offensive turque en Syrie

par Thibaut Klinger

Le départ du millier de soldats américains du Kurdistan syrien, annoncé le 7 octobre 2019, laisse la possibilité à la Turquie de démanteler le Kurdistan syrien et d'établir une zone de sécurité le long de la frontière turque, comme elle le réclame depuis plusieurs années.

15 mars 2011
Premières manifestations contre le régime syrien, considérées comme le début de la révolution syrienne

26 janvier 2015
Daech perd la bataille de Kobané face aux Kurdes

24 juin 2018
Erdoğan est réélu président de la République dans le cadre d'une nouvelle Constitution lui accordant plus de pouvoirs

9 octobre 2019
Offensive turque avec l'opération « Source de paix » contre les troupes kurdes de Syrie

Erdoğan et Trump : le chaud-froid permanent

La relation entre Trump et Erdoğan est contrastée, ponctuée de déclarations outrancières et de gestes virils. Lorsque la justice turque refuse de libérer le pasteur américain Andrew Brunson, accusé d'espionnage, Washington n'hésite pas à utiliser l'arme économique, faisant plonger la monnaie turque en juillet 2018, avant que le pasteur américain ne soit finalement expulsé en octobre suivant. L'inconstance des déclarations par tweets du président américain brouille ses messages pour son homologue turc. En décembre 2018, l'annonce du retrait américain de Syrie relance les projets turcs pour repousser les Kurdes de Syrie ; pourtant, le 13 janvier 2019, un tweet annonce que *« les Turcs seront dévastés économiquement s'ils attaquent les Kurdes »*. L'entretien téléphonique du 7 octobre relance le retrait américain et du même coup le projet d'Erdoğan. Le surlendemain, devant le tollé international, Trump lui adresse une lettre unanimement qualifiée d'inhabituelle par rapport aux usages entre chefs d'État : il lui conseille : « *Ne soyez pas une brute. Ne faites pas l'idiot* ». Le 16 octobre, Erdoğan peut déclarer que : « *Lorsque nous regardons les déclarations publiées par M. Trump sur Twitter, nous en sommes arrivés au point où nous n'arrivons plus à suivre ces tweets…* »

« Terroristes kurdes », alliés trahis ?

Les Kurdes sont environ 35 millions, répartis sur quatre pays, la Syrie, la Turquie, l'Irak et l'Iran. Le renversement de Saddam Hussein a encouragé la formation d'un Kurdistan autonome en Irak. La guerre civile en Syrie, en 2011, s'accompagne de la mise en place d'un Kurdistan syrien autonome ou « Rojava » (« ouest » en kurde), soutenu par les Occidentaux qui voient dans son armée, les YPG et les YPJ féminines, d'excellents combattants contre Daech, comme à Kobané fin 2014 début 2015. En 2015, les YPG sont le pilier des Forces démocratiques syriennes (FDS), comprenant aussi des Arabes hostiles au régime.

Pour Ankara, un Kurdistan syrien autonome est inacceptable et les YPG sont des terroristes au même titre que Daech. À terme, les 13 à 15 millions d'habitants du Kurdistan turc ne voudraient-ils pas les rejoindre ? D'août 2016 à mars 2017, l'offensive « Bouclier de l'Euphrate » permet aux Turcs de rompre la continuité territoriale du Kurdistan syrien. Puis en janvier 2018, l'offensive « Rameau d'olivier » chasse les combattants kurdes de la région d'Afrine, frontalière avec la Turquie. Dans les mois qui suivent, on frôle une confrontation entre Turcs et forces spéciales américaines, britanniques et françaises présentes dans la région de Manbij.

Manifestation de soutien au Rojava et Kurdistan à Lorient le 26 octobre 2019

Crédit : Maud Dupuy/Hans Lucas/AFP.

L'annonce d'un retrait américain en décembre 2018, puis finalement en octobre 2019 signifie un lâchage des Kurdes par leurs alliés, les Français étant incapables de se maintenir seuls d'un point de vue logistique. Les Turcs lancent l'opération « Source de paix » le 9 octobre, mais, sous la pression américaine, doivent concéder une trêve de cinq jours le 17 octobre pour permettre aux YPG de se retirer de la zone frontalière : 300 000 civils ont déjà fui les combats. Mais les Occidentaux finissent toujours par choisir la Turquie, membre de l'OTAN. Plusieurs généraux américains démissionnent et condamnent cet abandon, qui risque de permettre à de nombreux combattants de Daech prisonniers des Kurdes de s'échapper. Le 26 octobre, les Américains annoncent avoir tué Abou Bakr al-Baghdadi, le chef de l'organisation État islamique : une reprise d'attaques pour le venger est à craindre en Syrie et ailleurs…

OTAN et Ankara : l'alliance malgré tout

Par sa position, la Turquie est stratégique. Dès 1952, elle entre dans l'OTAN, fondée trois ans plus tôt. Depuis, la base d'Incirlik accueille des armes nucléaires américaines prépositionnées (50 aujourd'hui) et sert de base logistique pour le Moyen-Orient. Au lendemain de la guerre froide, la Turquie apparaît comme un pôle de stabilité, puis de modèle laïque face à l'islamisme montant, et contribue activement aux mutations que connaît l'OTAN dans le nouveau contexte géopolitique.

En 2011, les mouvements du « Printemps arabe » changent la donne : Ankara soutient les Frères musulmans en Égypte et des mouvements islamistes en Syrie, ce qui conduit à une rupture avec Bachar el-Assad, alors qu'il y avait eu rapprochement jusque-là. Les points de friction entre Erdoğan et l'OTAN se multiplient. Face à la menace de l'aviation de Damas, la Turquie doit attendre un an pour que l'OTAN déploie en janvier 2013 des missiles Patriot sur son sol. Au lendemain de la tentative de putsch, dans la nuit du 15 et 16 juillet 2016, Poutine est le premier à soutenir Erdoğan, les autres membres de l'OTAN attendant plusieurs jours. Depuis lors, les deux pays se rapprochent, Ankara acceptant de soutenir le processus d'Astana qui réunit Iran, Russie et Turquie sur le dossier syrien et aboutit à un accord le 4 mai 2017. La même année, elle passe un contrat de 2,5 milliards de dollars pour acheter aux Russes les redoutables missiles anti-aériens S-400 : les Américains y voient un risque pour les secrets technologiques du F-35, leur dernier avion de combat. Pour la Russie, cette vente est l'occasion de diviser les membres de l'OTAN : ce n'est pas pour rien qu'elle finance la moitié de cet achat par un prêt à la Turquie. Le début de la livraison, en juillet 2019, a conduit Trump à exclure les Turcs du programme du F-35 alors qu'ils y ont contribué financièrement.

Le 24 octobre 2019, réunis à Bruxelles, les 29 ministres de la Défense des pays membres de l'OTAN ne peuvent que constater l'extrême division de l'alliance consécutive à la politique de Trump sur le partage du financement du fonctionnement de l'alliance et sur le dossier syrien, et à la politique d'Erdoğan envers les Kurdes. Français, Allemands et Néerlandais sont les plus opposés à l'action turque. Les pays de l'Europe du Sud se montrent plus conciliants, car ils craignent qu'Ankara ne rouvre les flux migratoires : le 18 mars 2016, l'Union européenne l'a convaincue de les retenir en échange de trois milliards d'euros. Erdoğan utilise régulièrement cette menace pour peser face aux Européens. Les pays de l'est de l'Europe sont prêts à tout envers lui pour obtenir l'accord turc des « plans de réponse graduée » qui doivent protéger le flanc oriental de l'OTAN face à la pression russe. Toutefois, malgré des déclarations menaçantes, personne, sauf Poutine, n'a intérêt à ce que la Turquie quitte l'OTAN : elle est stratégique pour l'alliance et celle-ci lui offre une protection sans équivalent. Ses partenaires n'ont d'ailleurs guère de moyens de pression et les embargos sur les armes annoncés n'ont en réalité qu'une portée très limitée.

Arrivée du président Erdoğan au sommet de l'OTAN à Bruxelles le 12 juillet 2018

Crédit : Alexandros Michailidis/Shutterstock.

Le cadeau inattendu à Damas

Le retrait américain est une aubaine pour Bachar el-Assad : pour contrer l'avance turque, les Kurdes l'appellent au secours par l'entremise de la Russie et les troupes du régime peuvent se déployer dès le 13 octobre, acclamées à plusieurs endroits. Le 16 octobre, elles entrent dans la ville frontalière symbole de Kobané. Le nord-est du pays est en train de repasser sous le contrôle du régime syrien sans avoir rien eu à négocier ! Toujours inconstant, Trump annonce que des troupes resteront finalement pour « sécuriser » les puits de pétrole face à un retour de Daech, ce que conteste la Russie, pour laquelle ces puits appartiennent à l'État syrien. Seuls échappent au contrôle du président syrien Bachar al-Assad la région d'Idleb, tenue par les rebelles islamistes, et les territoires frontaliers pris aux Kurdes par les Turcs comme Afrin, Tal Abyad et Ras al-Aïn. Depuis 2011, la guerre a fait environ 370 000 morts ; un quart de la population est en exil, celui qui posait problème au régime… Quant aux Occidentaux qui ont parié sur la chute de Bachar el-Assad, ils ont clairement perdu leur pari.

Algérie, la présidentielle de trop

par Thibaut Klinger

L'année 2019 devait voir la réélection d'Abdelaziz Bouteflika à la tête de l'Algérie pour un cinquième mandat, mais elle a mis un terme à deux décennies de son pouvoir et montre l'aspiration des Algériens à un profond renouveau politique.

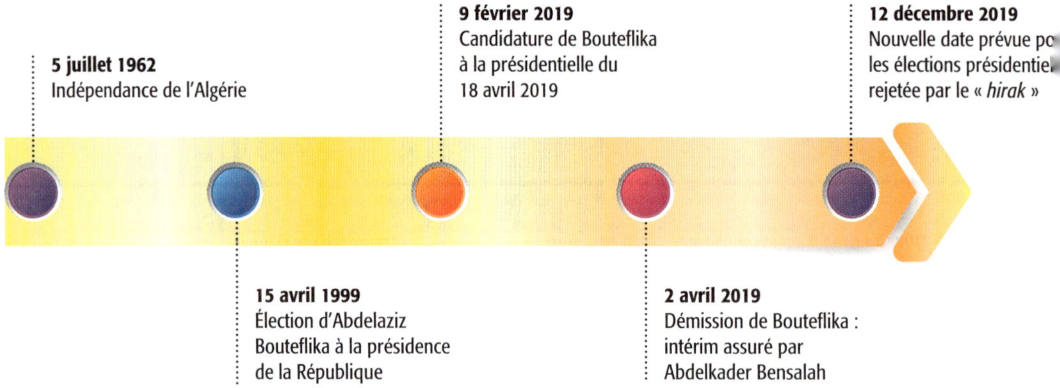

L'année du « *hirak* »

Le 18 avril 2019, Abdelaziz Bouteflika devait affronter l'élection présidentielle en vue d'un cinquième mandat. Âgé de 82 ans, il n'apparaît plus que rarement en public depuis son AVC de 2013, en fauteuil roulant et s'exprimant avec difficulté. Le 9 février 2019, la candidature de Bouteflika est annoncée, mais le président n'apparaît pas directement en raison de son état de santé, c'est un portrait encadré de lui qui est montré. Cette mascarade est ressentie comme l'humiliation de trop par une population pourtant habituée à l'absence de véritable démocratie. Quelques jours plus tard apparaît un « mouvement », ou « *hirak* », pacifique de contestation, d'abord à Kherrata, petite ville de Kabylie qui avait été l'un des lieux du soulèvement dit « de Sétif » le 8 mai 1945. Il s'étend ensuite jusqu'à réunir plusieurs centaines de milliers d'Algériens, résolus à faire mentir le pouvoir qui présente la population comme incapable de se mobiliser.

Mouad Bouchareb, secrétaire général du Front de libération nationale (FLN), désigne le président sortant Abdelaziz Bouteflika comme le candidat du FLN pour la campagne présidentielle de 2019 lors d'un meeting à Alger le 9 février 2019

Crédit : Ryad Kramdi/AFP.

Contrairement aux manifestations précédentes, le « *hirak* » ne se limite pas à des revendications locales touchant à la vie quotidienne, mais appelle à un changement de régime, en s'appuyant notamment sur les articles 7 et 8 de la Constitution algérienne, qui précisent que la souveraineté nationale et le pouvoir constituant appartiennent exclusivement au peuple. Le mouvement apparaît rapidement comme structuré, comme en témoigne la constitution d'un service d'ordre visible avec ses gilets orange, capable de rassembler toutes les générations et non la seule jeunesse, et qui tient absolument à son caractère pacifique. Cela lui vaut le surnom de « révolution du sourire » ou « révolution joyeuse » dans les médias. Cela se traduit en particulier par le soin pris à éviter les heurts avec les forces de l'ordre, et la multiplication de slogans rappelant le lien entre le peuple et l'armée, à qui l'Algérie doit son indépendance, pour l'inciter à fraterniser avec les manifestants. Celle-ci a subi plusieurs vagues de destitutions et a perdu de son influence au profit de groupes d'intérêts.

Chute de Bouteflika mais *quid* du régime ?

Dans le passé, Bouteflika a pourtant bénéficié d'un réel prestige auprès de la population. Combattant de l'indépendance, il a été le plus jeune ministre des Affaires étrangères au monde à 26 ans, en 1963, remarqué comme brillant négociateur avec le terroriste Carlos qui avait pris en otage les représentants des membres de l'OPEP réunis à Vienne. Après un temps de disgrâce et même d'exil de 1981 à 1987, il est élu à l'élection présidentielle de 1999 alors que ses concurrents se sont retirés. Avec la loi de la « concorde civile », il réussit à mettre fin à la « décennie noire » de la guerre civile (1992-2002) entre les militaires et les islamistes, qui a fait environ 150 000 morts. Ce souvenir explique en partie les limites du « Printemps arabe » en Algérie en 2011-2012 et le caractère pacifique des manifestations de 2019.

Dans un pays où la moyenne d'âge est de 28 ans, le pouvoir détenu par des politiciens de plus de 60 ans apparaît comme fossilisé et détourné par un groupe d'hommes aux dépens de la population. Plus d'un quart des 16-24 ans est au chômage. La « génération Bouteflika » se heurte au népotisme et à la corruption de ceux qu'elle appelle « la bande », et a appris à avoir peur de s'exprimer. En 2019, deux objets lui servent à dénoncer ces maux. La « *chkara* », petite besace utilisée par les Berbères, renvoie à l'argent sale qui gangrène l'Algérie, tandis que le « *cachir* », saucisson halal à base de bœuf ou de volaille, spécialité du pays, est devenu le symbole de la « *chitta* », c'est-à-dire de la soumission au pouvoir. Le départ de Bouteflika s'accompagne chez certains de la remise en cause du poids du Front de libération nationale (FLN). Le parti historique de la guerre d'indépendance a été parti unique de 1963 à 1989, puis a continué à jouer un rôle prépondérant malgré l'introduction du multipartisme. Seule l'Armée nationale populaire (ANP), bien équipée et renouvelée, conserve un capital de confiance auprès des Algériens.

L'impasse ?

Bouteflika a conduit à un pouvoir provisoire, incarné par Abdelkader Bensalah, président de la République par intérim, et Noureddine Bedoui, Premier ministre. Or les « 2B » sont perçus par la population comme les représentants de l'ère Bouteflika et sont rejetés par le « *hirak* ». Derrière ce vernis civil, la réalité du pouvoir est détenue par l'armée et par son chef, le général Ahmed Gaïd Salah. Pour sauver le régime, il envoie en prison certains dignitaires pour corruption, tel le frère de Bouteflika, Saïd, et défend la mise en œuvre d'une « solution constitutionnelle » rapide pour éviter un vide du pouvoir. Pourtant, le 2 juin, il doit concéder que la présidentielle repoussée au 4 juillet ne pourra avoir lieu, les personnalités de l'opposition refusant de se porter candidates, car elles veulent d'abord réviser la Constitution pour redéfinir la fonction présidentielle. Le slogan « dégage », scandé depuis le début du mouvement, vise le général de 79 ans…

Manifestant algérien à Alger le 3 mai 2019

Sur la pancarte apparaissent les portraits de Abdelkader Bensalah, président de la République par intérim, et Noureddine Bedoui, Premier ministre.
Le slogan en arabe « dégagez veut dire dégagez » est une reprise du slogan libanais « tous veut dire tous ».

Crédit : Farouk Batiche/Anadolu Agency/AFP.

Ahmed Gaïd Salah essaie alors la répression. Les arrestations se multiplient, le drapeau berbère souvent brandi est interdit. À la fin de l'été, l'impasse politique paraît totale, l'opposition, réunie dans l'UDS (Union démocratique et sociale) autour de Karim Tabbou et Louisa Hanoune, plusieurs fois emprisonnés en 2019, ne veut participer à une présidentielle qu'avec la liberté d'expression, ce qui inclut la libération des prisonniers, la liberté des médias et une révision constitutionnelle. Pour l'opposition, il faut une transition longue alors que Gaïd Salah impose la tenue d'élections le 12 décembre 2019 et que la police cherche à durcir la répression.

La stabilité en Algérie, un enjeu international majeur

Plus grand pays africain avec 2 381 741 km^2 et près de 42 millions d'habitants, l'Algérie constitue un enjeu géopolitique multiple. Comme acteur majeur de la lutte contre le terrorisme au Sahara, son évolution est suivie de près par la France, dont 45 000 ressortissants sont sur place tandis que 565 000 ressortissants algériens vivent en France métropolitaine. C'est aussi le cas de l'Union européenne, premier partenaire commercial. La Chine, quant à elle, est devenue le premier fournisseur d'Alger, avec la première communauté d'expatriés (environ 70 000), et a réalisé la coupole de la nouvelle mosquée, troisième plus grande au monde derrière celle de La Mecque et de Médine, damant le pion à celle de Casablanca.

L'homme fort du pays, Ahmed Gaïd Salah, chef d'état-major de l'armée, peut aussi compter sur le soutien de la Russie, partenaire ancien de l'armée algérienne, et qui est son premier fournisseur d'armements. Moscou cherche à consolider sa présence en Afrique et multiplie les accords sur ce continent. Poutine mise clairement sur le maintien au pouvoir de l'armée à Alger.

Iran, double impasse ?

par Thibaut Klinger

Le 8 mai 2018, en retirant les États-Unis de l'accord sur le nucléaire iranien, Donald Trump prétendait forcer l'Iran à négocier un accord plus global : un an et demi plus tard, il semble dans l'impasse. De son côté, 40 ans après la révolution islamique, le régime de Téhéran demeure isolé sous le coup de sanctions, et semble, lui aussi, dans une impasse dangereuse pour la région.

- **1979** Instauration de la République islamique d'Iran dirigée par l'ayatollah Khomeiny
- **14 juillet 2015** Accord historique à Vienne sur le nucléaire iranien, entériné par la résolution 2231 du Conseil de sécurité
- **8 mai 2018** Donald Trump retire les États-Unis de l'accord de Vienne et annonce le rétablissement progressif de sanctions contre les entreprises commerçant avec l'Iran
- **20 juin 2019** L'Iran détruit un drone américain qui survolait ses eaux territoriales
- **14 septembre 2019** Deux sites pétroliers saoudiens sont dureme touchés par une attaqu de drones sans doute d'origine iranienne

Qu'attend Trump de l'Iran ?

Pendant sa campagne électorale, Donald Trump n'a eu de cesse de dénoncer « *le pire accord jamais signé* », en parlant de l'accord sur le nucléaire iranien ou *Joint Comprehensive Plan of Action* (JCPOA) de 2015. Celui-ci prévoit la levée progressive des sanctions internationales, prises depuis 2006, en contrepartie de la réduction de deux tiers du nombre de centrifugeuses détenues par l'Iran et de leur contrôle par l'Agence internationale de l'énergie atomique (AIEA) pendant 20 ans. Le pays bénéficie d'une assistance pour développer le nucléaire civil dans l'esprit du traité de non-prolifération (TNP) de 1968. L'embargo sur les missiles balistiques et les armes offensives est maintenu pendant huit ans. Des sanctions peuvent être rétablies automatiquement, en cas de manquement de Téhéran, jusqu'en 2030 : c'est le dispositif « *snap back* ». Le 8 mai 2018, le président américain annonce le retrait de son pays de l'accord de Vienne et plusieurs séries de sanctions sont décrétées au cours des mois qui suivent. Selon lui, il s'agit d'exercer une « pression maximale » pour contraindre Téhéran à négocier un accord plus global, incluant la question des missiles.

En réalité, les objectifs américains sont plus vastes et mal définis, tout comme la stratégie à suivre. Pour Washington, le vrai problème est la nouvelle implication iranienne au Moyen-Orient qui, paradoxalement, est largement le fruit de la politique américaine depuis l'invasion de l'Irak en 2003, qui a placé au pouvoir les chiites plutôt favorables à l'Iran. Ce pays soutient aussi le régime syrien contre Daech et autres islamistes, ainsi que les rebelles houthis au Yémen, le Hamas à Gaza et surtout le Hezbollah au Liban. Le 21 mai 2018, le secrétaire d'État américain, Mike Pompeo, pose ainsi douze conditions à un nouvel accord visant à encadrer cette nouvelle puissance régionale, mais répète qu'il ne s'agit pas de faire la guerre en Iran, d'autant que Trump a promis de retirer le maximum de ses troupes du Moyen-Orient. De son côté, le conseiller John Bolton prône le changement de régime et des frappes militaires.

L'Iran met en échec Washington

L'année 2019 a montré les limites de la stratégie de « pression maximale » de Donald Trump face à un Iran qui revendique une « résistance maximale ». Washington a sans doute oublié qu'il s'agissait d'un pays de 1,65 million de kilomètres carrés, de plus de 81 millions d'habitants, qui a résisté de 1980 à 1988 à l'invasion irakienne, sans aucun appui international. C'est aussi une puissance capable de se projeter dans la région. En Irak et en Syrie, elle intervient avec des brigades des forces spéciales Al-Qods (« Jérusalem » en arabe, environ 15 000 hommes). L'Iran s'appuie ensuite sur la milice libanaise du Hezbollah auréolé par sa demi-victoire sur Tsahal en 2006, et qui combat efficacement en Syrie. En Irak et en Syrie, le Hezbollah sert de modèle à plusieurs milices chiites, au point que l'on parle d'une véritable « hezbollahisation » de celles-ci.

La réponse iranienne à la « pression maximale » a pris trois formes. Il y a d'abord eu plusieurs annonces concernant le programme nucléaire pour faire pression sur les Européens afin que les échanges commerciaux reprennent avec eux, notamment par le biais du dispositif INSTEX (*Instrument in Support of Trade Exchange*) destiné à contourner les sanctions américaines. Le 7 juillet 2019, l'Iran annonce reprendre l'enrichissement de l'uranium au-delà des 3,67 % autorisés, mais sans quitter l'accord de 2015. Puis, septembre suivant, le pays relance l'enrichissement dans les centrifugeuses avancées de Natanz. Pour autant, les quantités actuelles sont loin de permettre de produire une bombe atomique et l'Agence internationale de l'énergie atomique (AIEA) continue ses inspections dans le pays.

La deuxième forme de la réponse a souligné la vulnérabilité des adversaires de l'Iran. Si l'on empêche le pétrole iranien d'être exporté, Téhéran a prévenu que c'est toute la région qui n'en exportera plus. Le 13 juin, deux pétroliers, norvégien et japonais, subissent des attaques mal identifiées en mer d'Oman, un mois après que quatre autres navires de ce type, dont deux pétroliers saoudiens, ont subi un sabotage au large des Émirats arabes unis. Lorsque les autorités britanniques de Gibraltar arraisonnent, début juillet, à la demande de Washington, le pétrolier *Grace-1*, chargé de brut iranien destiné sans doute à la Syrie, l'Iran réplique en retenant plusieurs navires dans le détroit d'Ormuz, soulignant que les Britanniques n'ont pas les moyens de protéger leurs navires et qu'ils ont agi un peu vite. Rebaptisé *Adrian Darya 1*, le *Grace-1* est relâché mi-août et finit par livrer sa cargaison en Syrie, ridiculisant la position britannique. Par ailleurs, dans la nuit du 13 au 14 septembre

2019, l'Arabie saoudite qui multipliait, depuis plusieurs mois, communiqués et vidéos bravaches sur Internet, subit, sans rien détecter ni rien pouvoir faire, une attaque par drones et missiles sur les deux sites pétroliers de Khurais et Abqaïq, amputant de moitié la production saoudienne pour deux semaines : le pouvoir de Riyad a visiblement compris le message puisque, début octobre, il accepte une médiation irakienne en vue de négocier avec Téhéran. De leur côté, les Émirats arabes unis, alliés des Saoudiens, se montrent de plus en plus prudents, comprenant très bien que les fiers gratte-ciel de Dubaï ou les puits de pétrole d'Abu Dhabi seraient les premières victimes d'un conflit.

Enfin pour la troisième forme de la réponse, l'Iran montre des capacités de frappe de plus en plus performantes : le 20 juin, le pays abat un drone américain d'observation *RQ-4A Global Hawk*, volant à 20 km d'altitude, soit plus haut qu'un avion habituel. De plus, l'attaque des sites saoudiens a bluffé Américains et Israéliens par sa réussite technique, ce qui n'est pas sans inquiéter ces derniers, tant ils redoutent que de tels moyens d'action soient mis aux mains du Hezbollah, voisin de son territoire.

Face à ces succès iraniens, ayant limogé le 10 septembre son conseiller va-t-en-guerre, John Bolton, Trump se retrouve sans stratégie : une action militaire massive est exclue tant d'un point de vue technique que tactique vis-à-vis de son électorat. Le 24 septembre, alors qu'il est à New York pour l'ouverture de la session annuelle de l'Assemblée générale de l'ONU, Hassan Rohani refuse l'appel téléphonique que le président américain lui adresse en partie par l'entremise d'Emmanuel Macron. La « pression maximale » est dans l'impasse.

Tweet de Donald Trump accompagné d'une image satellite le 30 août 2019

Crédit : Handout/AFP.

Traduction : « Les États-Unis d'Amérique ne sont pas impliqués dans l'accident catastrophique survenu pendant les derniers préparatifs du lancement de la fusée Safir SLV sur la base de lancement n° 1 à Semnan. J'adresse mes meilleures pensées à l'Iran et lui souhaite bon courage pour déterminer ce qui s'est produit sur la base de lancement n° 1. »

Téhéran dans l'impasse

La position de Téhéran a aussi ses faiblesses et surtout le régime ne semble pas avoir les moyens d'y remédier. La situation économique est difficile : les entreprises occidentales revenues en 2015 sont reparties, les exportations de pétrole ont chuté de 80 % depuis mai 2018, la monnaie a perdu 60 % de sa valeur et la croissance devrait être négative à – 6 %. Tout n'est pas imputable aux sanctions : le PIB par habitant réel n'a jamais retrouvé le niveau de 1979 et reste à seulement 40 % du niveau de l'Union européenne, derrière celui de la Turquie alors que la situation était comparable dans les années 1960. La pauvreté a reculé, mais touche les femmes (deux tiers des pauvres), les diplômés émigrent et la corruption mine tous les secteurs. Les erreurs de politique économique et d'aménagement du territoire aggravent une situation environnementale catastrophique dans plusieurs régions, comme en ont témoigné les inondations du printemps 2019, accentuées par la déforestation. Du 28 décembre 2017 au 1er janvier 2018, d'importantes manifestations violemment réprimées ont souligné les profondes tensions au sein de la société et d'autres en novembre 2019 entraînent une répression sanglante. Face à ces difficultés, le régime est dans l'impasse : toute évolution risquerait de conduire à sa fin, selon l'exemple des réformes de Gorbatchev ayant entraîné la fin de l'URSS à la fin des années 1980…

Révoltes populaires autour du globe

par Thibaut Klinger

Fin septembre et début octobre 2019, le peuple s'indigne contre le pouvoir en Irak, au Liban, en Égypte, au Chili, en Équateur, en Bolivie… Simple coïncidence de calendrier ou y a-t-il des points communs ? Tous semblent aspirer à plus de justice sociale et de légitimité politique, dans le cadre de démocraties qui tendent à être plus formelles que réelles, ce qui les distingue, toutefois, des mouvements du Soudan contre la dictature d'Omar el-Béchir ou du Venezuela contre la « démocrature » chaveziste, voire de l'Algérie contre Bouteflika.

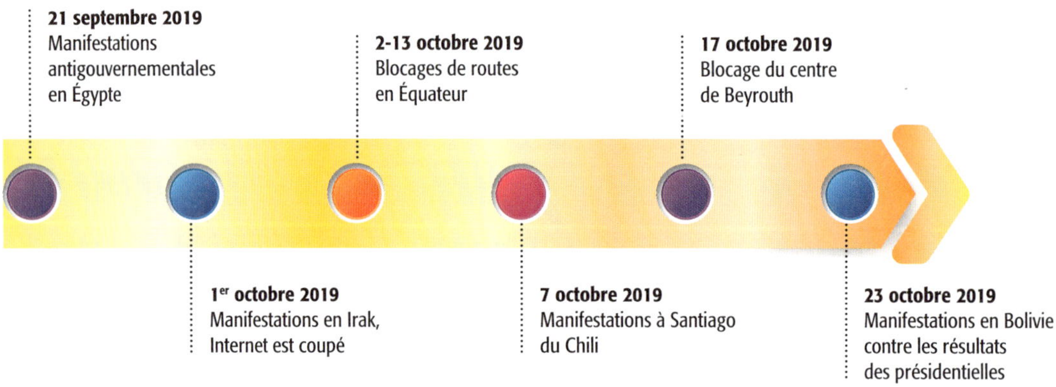

La taxe de trop ?

Dans plusieurs pays, l'événement déclencheur des mouvements sociaux est une hausse des prix ou un projet de nouvelle taxe, perçus comme la ponction de trop : début octobre, le prix des carburants augmente en Équateur et celui du ticket de métro à Santiago du Chili, le 17 octobre le gouvernement libanais envisage de taxer les appels sur WhatsApp. Pourtant, l'économie présente des signes positifs dans plusieurs de ces pays. Ainsi, le Chili a le PIB par habitant le plus élevé d'Amérique latine, avec un chômage limité et une croissance élevée. Au Liban, il y a de l'argent, du moins dans une partie de Beyrouth. En Égypte, secouée par les premières grandes manifestations de l'ère Abdel Fatah al-Sissi depuis le 20 septembre, des réformes économiques soutiennent une forte croissance, mais le niveau de vie de la population est diminué par la création de la TVA et la dévaluation de la monnaie. Le mécontentement s'appuie plutôt sur le sentiment d'injustice devant de fortes inégalités : au Chili, santé (le sida explose chez les jeunes), éducation et retraites sont des secteurs délaissés tandis qu'un tiers des adultes ne peuvent rembourser leurs crédits. Les 1 % les plus riches de la population possèdent plus de 25 % du PIB et la répartition des richesses après impôt est plus inégalitaire qu'avant ! Au Liban, l'écart du niveau de vie entre quartiers est flagrant, tandis qu'un tiers des jeunes sont au chômage et que de nombreux diplômés ne trouvent pas de travail en adéquation avec leurs diplômes, acquis souvent dans des établissements très coûteux.

Le malaise est ancien et de précédents mouvements avaient échoué à faire changer les choses. Au Chili se sont succédé les vagues de manifestations depuis quinze ans, lycéens en 2006, étudiants en 2011, retraités régulièrement depuis 2015, petits agriculteurs à propos de l'eau accaparée par de grands producteurs ou secteur minier. Au Liban, la « crise des ordures » en août 2015 ressurgit régulièrement, comme en 2017, montrant l'incapacité du gouvernement, malgré les taxes et les impôts, à assurer le traitement des déchets. En Irak, l'appel à manifester contre le chômage, la désagrégation des services publics ou la corruption surgit spontanément sur les réseaux sociaux, le 1er octobre. Mais, il s'agit ici du reflet des difficultés quotidiennes rencontrées depuis des années : en septembre 2018, d'importantes violences avaient secoué la ville de Bassora. En Guinée, où la population manifeste depuis le 7 octobre, l'enjeu actuel est politique, mais il s'ajoute à des mouvements sociaux préexistants, par exemple une grève d'enseignants en 2018.

▶ Un pouvoir plus légitime pour plus de dignité

Hommes politiques qui s'accrochent depuis trop longtemps, incapacité à assurer l'ordre public et les services publics élémentaires, corruption pesant sur l'économie et poids de l'argent qui donne le sentiment d'une politique menée non pour le pays, mais pour une catégorie de la population, l'indignation suscitée délégitime ceux qui sont au pouvoir. Face à un dépouillement polémique de la présidentielle du 20 octobre, les manifestants scandent que « la Bolivie a dit non » à un nouveau mandat de quatre ans pour Evo Morales, président depuis 2006, en référence à un référendum sur la question en 2016. Le 12 novembre, Morales cède et s'exile au Mexique. La Guinée rejette aussi un troisième mandat d'Alpha Condé, président depuis 2010. Au Chili, la population appelle à modifier la Constitution héritée de la dictature de Pinochet : en novembre, les partis s'accordent pour organiser en avril 2020 un référendum sur la réforme de la Constitution. En Irak, les manifestants rejettent toute la classe politique, qu'elle accuse d'avoir échoué à reconstruire le pays après la chute de Saddam Hussein et devant la menace de Daech. C'est le cas aussi au Liban : suivant un système mis en place par la France au moment de l'indépendance, en 1943, le pouvoir est partagé en fonction de l'appartenance confessionnelle – président chrétien, Premier ministre sunnite et président de l'Assemblée chiite –, et la répartition des ministères obéit à de subtils équilibres entre communautés, équilibres influencés aussi par la géopolitique de la région. Le chiite Nabih Berri préside ainsi le Parlement depuis 1992, tandis que le sud du Liban est mis en coupe réglée par le Hezbollah. Le peuple aspire à avoir des hommes politiques responsables de leurs actions devant les électeurs libanais et non devant l'Iran (auquel est lié le Hezbollah chiite) ou l'Arabie saoudite (qui cherche à utiliser les sunnites libanais). Le 30 octobre, le gouvernement démissionne mais rien n'est résolu, la coupure reste totale entre les hommes politiques et les citoyens. De la même manière, on remarquera que « l'Iran dehors » commence à être scandé par les jeunes manifestants irakiens depuis le 28 octobre, à Diwaniya. Il y a là une revendication à être traité en citoyens adultes, à plus de dignité ou « *karâma* », notion clé de ces mouvements. Symboliquement, les manifestants de Beyrouth, enfants compris, nettoient eux-mêmes la rue en fin de journée, par opposition à l'incapacité du gouvernement à gérer les ordures du pays.

L'argent qui s'étale délégitime le pouvoir : on reproche au président chilien, Sebastián Piñera, ou à l'Égyptien, Abdel Fattah al-Sissi, d'incarner les plus riches et de gouverner pour eux-mêmes, tandis que l'élite économique méprise les frustrations populaires : si le métro est plus cher aux heures de pointe (+ 3,75 %), les Chiliens désargentés n'ont qu'à se lever plus tôt (tarif – 4,47 %), selon une déclaration gouvernementale… La corruption, la *wasta* des pays arabes, est l'autre face de la délégitimation par l'argent : elle pèse sur l'économie, bloque l'accès à l'emploi d'une jeunesse nombreuse, plus diplômée, elle détourne les recettes fiscales, alors que l'État échoue à assurer des services publics performants et s'endette jusqu'à 155 % du PIB au Liban. À Beyrouth, les habitants paient deux fois l'électricité, à l'État et pour s'équiper d'un générateur par quartier pour les heures de coupure. Cette remise en cause a les allures d'une crise de légitimité générationnelle, déjà présente lors du Printemps arabe de 2011. Aujourd'hui, c'est la jeunesse irakienne (60 % de la population) qui a entamé une grève de l'école le 28 octobre.

Les murs de la peur tombent, non sans risque…

Selon les commentaires, un « mur de la peur » tombe : en Égypte, ce sont les premiers grands mouvements depuis l'arrivée au pouvoir de Sissi, toute manifestation antigouvernementale étant interdite depuis 2013 ; au Chili, n'ayant plus peur de l'armée, les familles manifestent dans la journée, en tapant sur des casseroles avec des cuillères, reprenant un mode d'action, dit des *cacerolazos* (« concerts de casseroles ») utilisé au Chili en 1973, contre Salvador Allende, et en 1980, contre Pinochet, et en Argentine en 2001. Au Liban, la peur de l'autre, d'une autre communauté, est surmontée : une vraie joie de se découvrir tous libanais, autour du drapeau national sans drapeau communautaire, est visible dans les manifestations, comme dans celle de la chaîne humaine de 170 kilomètres, du nord au sud du pays, le long de la mer, le 27 octobre. Le Hezbollah lui-même a perdu de sa superbe : dans le Sud, son fief, des chiites osent le remettre en cause, non comme force militaire contre Israël, mais comme force politique dictant sa loi.

Derrière des aspects « bon enfant » de manifestations, d'ambiance festive et responsable, le danger n'est pas absent. Il y a des débordements : la nuit, les rues chiliennes sont en proie aux violences et le couvre-feu a été déclaré, une première depuis 1987, du temps de la dictature de Pinochet. Les forces de sécurité irakienne ont fait plus de 200 morts et blessé plus de 8 000 personnes en octobre. Au Liban, l'armée fraternise avec les manifestants et renonce à faire lever les barrages. En revanche, les gros bras des mouvements chiites, Amal et Hezbollah, ont violemment repoussé des manifestants dans le Sud, tandis que Nasrallah, le tout-puissant leader du Hezbollah, a menacé les manifestants lors d'un discours le 25 octobre. Il est peu évident qu'il accepte de renoncer à sa mainmise sur l'État libanais comme l'exige le slogan « *kellon ya'ani kellon* » (« tous, ça veut dire tous »), qui le vise particulièrement. Après treize jours de manifestations, le premier ministre Saad Hariri présente sa démission. Un nouveau gouvernement doit être formé.

Manifestant brandissant un drapeau mapuche lors d'incidents avec la police près du palais présidentiel de la Moneda à Santiago du Chili, le 28 octobre 2019

Crédit : Claudio Reyes/AFP.

Soudan : une vraie transition démocratique ?

par Thibaut Klinger

Cette année, le Soudan (1 886 068 km^2, 41,4 millions d'habitants) a vu s'achever trois décennies de dictature d'Omar al-Bachir. Le mouvement de protestation pacifique de la capitale Khartoum (2,6 millions d'habitants) semble avoir trouvé un accord avec le pouvoir militaire : est-ce une vraie transition démocratique en vue ?

- **1er janvier 1956**
  Indépendance du Soudan, ancien condominium anglo-égyptien
- **4 mars 2009**
  Mandat d'arrêt de la CPI contre Omar al-Bachir pour crime de guerre, crimes contre l'humanité et génocide au Darfour
- **9 juillet 2011**
  Proclamation de l'indépendance du Soudan du Sud
- **19 décembre 2018**
  Début des manifestations contre le régime
- **11 avril 2019**
  Omar al-Bachir est destitué. Le général Awad Ibn Auf prend la tête d'un Conseil militaire de transition
- **17 août 2019**
  Accord entre militaires et civils sur les institutio provisoires

L'échec de trente ans de pouvoir d'Omar al-Bachir

Le 30 juin 1989, le colonel Omar al-Bachir prend le pouvoir en évinçant Sadiq al-Mahdi, petit-fils de Muhammad Ahmad ibn Abdallah dit « Le Mahdi » (1844-1885), héros soudanais qui a mené la révolte contre les Britanniques commandés par Charles Gordon. Il impose la charia et accueille Oussama Ben Laden, avant de le chasser vers l'Afghanistan en 1996. Après dix ans de propagande islamiste, Khartoum se convertit à la production et à l'exportation de pétrole par le terminal pétrolier de Port-Soudan en mer Rouge. Considéré comme un « État voyou » par les États-Unis, pour son soutien au terrorisme et pour les massacres au Darfour et dans le sud, le Soudan trouve un client intéressé en la Chine, qui investit dans le pays. La décennie 2000 voit l'argent couler à flots, ce dont témoigne, à la confluence des deux Nil, l'hôtel de luxe de sept étoiles, Burj al-Fateh, qui reprend la forme de voilier du Burj al-Arab de Dubaï. La bourgeoisie non islamiste voit sa position s'améliorer et Omar al-Bachir jouit d'un certain capital politique.

Plusieurs chocs viennent casser cette dynamique. Commencée en 1983, la guerre civile au sud aboutit à l'indépendance du Soudan du Sud, en 2011. Or, les trois quarts du pétrole en proviennent. La guerre intérieure empêche le nouvel État de verser les sommes prévues à Khartoum : la monnaie soudanaise perd les deux tiers de sa valeur en un an et ne vaut aujourd'hui que 5 %... L'inflation est actuellement de 67 % par an. Le pouvoir tente alors de relancer l'économie par l'agriculture, le secteur minier et le développement industriel. Des privatisations organisées selon le néo-libéralisme bénéficient aux proches du pouvoir, incompétents et corrompus. Le secteur minier passe sous le contrôle des services de renseignement et des milices. Le Soudan devient le troisième producteur d'or (les Égyptiens appelaient le Soudan « Nubie », ce qui signifie « or »), mais la production pollue les zones agricoles, et le commerce se fait largement en contrebande. Le mécontentement grandit, conduisant à des manifestations à partir de 2012.

Comme d'autres dictatures, le régime d'Omar al-Bachir s'appuyait sur les « moukhabarat » (services de renseignement), le National Intelligence and Security Service (NISS) et ses forces spéciales, ainsi que diverses milices, regroupées récemment dans les Forces de soutien rapide (RSF). On y retrouve les « janjawids », milices qui semaient la terreur dans la province rebelle du Darfour en 2003 et 2004 pour le compte de Khartoum, puis dans le sud du pays. Ce sont largement des mercenaires venus de l'ouest du Soudan ou du Tchad, qui pillent, violent et tuent sans état d'âme en se vendant au plus offrant, adoptant un comportement d'armée d'occupation. La réserve en recrues semble illimitée : les populations du Darfour chassées de leurs terres par les janjawids n'ont d'autre avenir qu'un éventuel recrutement dans ces milices ! Leur chef, Mohammed Hamdan Dagalo, surnommé « Hemetti », criminel de guerre, reste une menace pour la transition démocratique, car il peut s'appuyer sur les milliards de dollars détournés de l'extraction de l'or et sur le soutien financier des Saoudiens.

« *Madaniyya* ! » (« [un pouvoir] civil ! »)

Le 19 décembre 2018, une vaste coalition d'opposants menée par les Forces de la liberté et du changement (FFC) regroupe les classes moyennes saignées par la crise et les habitants de quartiers populaires. Elle formule la « Déclaration pour la liberté et le changement ». S'inspirant des manifestations massives en Algérie, les contestataires se massent devant le quartier général des forces armées soudanaises pour appeler à la fraternisation, au renversement du régime et à un pouvoir civil, ce que résume le slogan « *madaniyya* ».

Omar al-Bachir somme alors « *les rats de regagner leur trou* » et décrète l'état d'urgence le 22 février, mais le 11 avril l'armée le renverse et le destitue. Le surlendemain, le général Abdel Fattah Abdelrahman al-Burhan prend la tête du Conseil militaire de transition et prend plusieurs engagements. Le 23 avril arrive à Khartoum le « train de la liberté », chargé de manifestants venus pour montrer que tout le pays veut la fin du régime. Le risque est en effet le maintien au pouvoir des hommes forts, en particulier du général Mohammed Hamdan Dagalo, auquel on attribue l'ordre de répression du 3 juin : les RSF évacuent violemment le sit-in devant le QG de l'armée, et des dizaines de manifestants sont tués… Le pays n'a plus d'institutions officielles.

Soumises à une charia très restrictive, les femmes représentent 70 % des manifestants soudanais. L'étudiante Alaa Salah, haranguant la foule, le 9 avril, est devenue une icône des réseaux sociaux. Elle est comparée aux « Kandaka », souveraines du royaume de Koush, dans l'actuel Soudan. Cette gigantesque affiche la représente au milieu des lettres du mot « révolution » (*thawra*) tandis que le slogan fait dire au peuple « *moi, mon grand-père est Taharka, mon aimée est Kadaka* » (Taharka est un pharaon koushite).

Panneau d'affichage représentant l'étudiante Alaa Salah haranguant la foule

Crédit : AFP, Khartoum, Soudan, 11 avril 2019.

Un « point d'équilibre » durable[1] ?

Le 17 août, après 240 jours de manifestations et environ 250 morts, l'armée et les FFC s'accordent sur une « déclaration constitutionnelle » qui doit organiser les pouvoirs provisoires pour 39 mois. Comme tout compromis, il peut frustrer ceux qui exigeaient « tout le pouvoir aux civils ». Le 21 août, devant le général Al-Buhran est formé un Conseil souverain de onze membres, six civils et cinq militaires (dont les ministères clés de l'Intérieur et de la Défense), présidé par le Premier ministre Abdalla Hamdock, expert en économie. Les professionnels de la politique, comme Sadiq al-Mahdi du parti historique Oumma, Premier ministre en 1966 et en 1986, restent en retrait. Les civils nommés sont

1 Expression de Marc Lavergne, spécialiste du Soudan.

des nouveaux venus, connus pour leur probité, avec la mission de redresser l'économie. C'est là un enjeu majeur pour le pouvoir provisoire, qui est complété le 1er septembre par une Assemblée constituante nommée par les FFC et issue de personnalités diverses. Au bout de trois ans et trois mois devront se tenir des élections générales. D'ici là, il faut aussi ramener la paix entre les groupes armés et faire renaître une vie politique, malgré les déchirements déjà observés dans le camp des contestataires.

Un pays sous influence

Signifiant « pays des Noirs » en langue arabe, le Soudan est depuis longtemps un espace stratégique, à la limite entre islam, christianisme et animisme, entre Arabes ou arabisés et populations noires, les Noubas, souvent considérées comme un réservoir d'esclaves. En 1898, la localité de Fachoda (actuel Kodok) voit s'opposer les ambitions coloniales en Afrique des Français et des Britanniques. Pendant la guerre froide, soutenir ou affaiblir le Soudan est un moyen de peser sur l'Égypte de Nasser (1953-1970) puis sur l'Éthiopie communiste de Mengistu (1977-1991). Son soutien au terrorisme en hébergeant Carlos et Oussama ben Laden conduit aux sanctions américaines et à l'arrivée des Chinois, qui par intérêt investissent dans le secteur pétrolier. La crise financière de la décennie 2010 pousse Khartoum sous la dépendance de l'argent de l'Arabie saoudite et des Émirats arabes unis. Ceux-ci se paient en terres agricoles : plusieurs centaines de milliers d'hectares sont ainsi loués à ces pays, mais aussi à la Corée du Sud et aux États-Unis, au prix du déplacement des paysans soudanais et d'un pompage massif des eaux du Nil. Depuis l'intervention de la coalition menée par Riyad au Yémen, en 2015, Hemetti fournit à celle-ci des milliers de combattants tout en écoulant auprès de ses partenaires l'or de contrebande. En 2019, il semblerait qu'il fournisse aussi des combattants au général Haftar en Libye. Même les Européens ne sont pas fâchés que ses hommes arrêtent les flux de migrants éthiopiens et érythréens, espérant traverser la Méditerranée, en tuant les passeurs… Dans l'ombre de la transition démocratique, Hemetti reste un homme puissant, et l'argent étranger n'est pas en faveur des partisans d'un pouvoir civil démocratique.

Chine, de la puissance au modèle ?

par Thibaut Klinger

Pour le soixante-dixième anniversaire de sa proclamation, la République populaire de Chine (RPC) veut montrer non seulement qu'elle est devenue la seule puissance rivale des États-Unis, mais aussi qu'elle est un pôle concurrent.

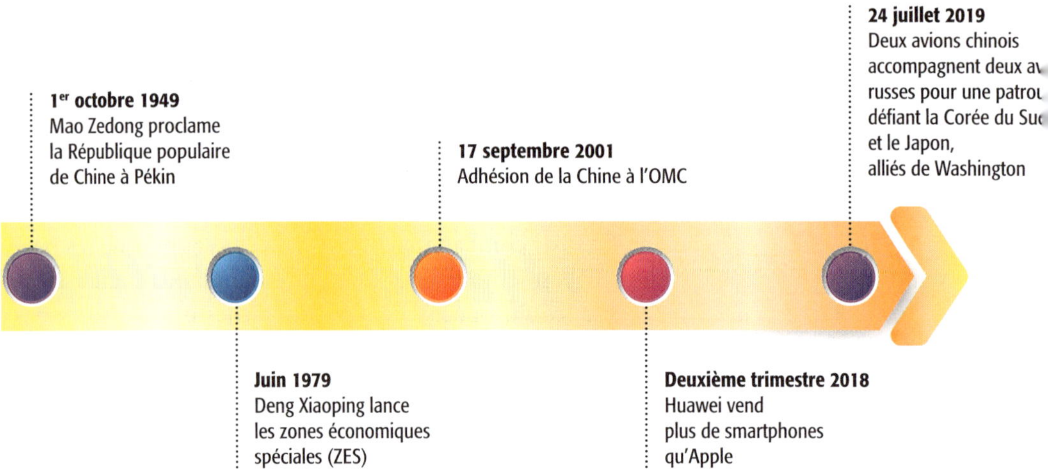

Une puissance en pleine ascension

Non seulement son PIB est désormais le deuxième mondial, voire le premier en parité de pouvoir d'achat, mais encore la Chine rattrape les États-Unis dans les STIM (science, technologie, ingénierie et mathématiques). Le pays est devenu un pionnier de l'intelligence artificielle (IA) avec environ 800 millions d'internautes et les BATX (Baido, Alibaba, Tencent et Xiaomi), concurrents des GAFA américains (Google, Amazon, Facebook et Apple). Dans le domaine spatial, les Chinois sont également devenus la deuxième puissance après les Américains : ils réalisent en janvier 2019 la première expérience biologique sur la Lune en y faisant germer une graine de coton.

Sur le plan militaire, la montée en puissance est portée par un budget militaire chinois réel de 250 milliards de dollars, loin devant tous les pays, sauf les États-Unis, qui doivent toutefois se déployer sur plusieurs théâtres d'opérations. En quelques années, Pékin s'est doté de la deuxième flotte mondiale, notamment avec un deuxième porte-avions qui sera en service en 2020 face à l'US Navy, dont 60 % des moyens sont déployés dans le Pacifique. Le défilé du soixante-dixième anniversaire de la RPC, en octobre 2019, a aussi souligné l'avance de la Chine dans les missiles hypersoniques.

Production de terres rares dans le monde

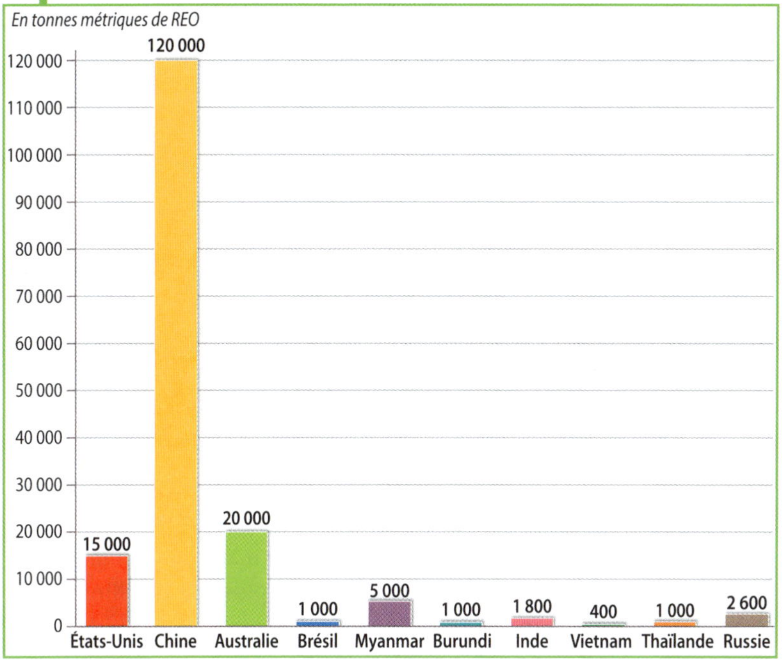

Source : US Geological Survey, Mineral Commodity Summaries, février 2019.

Une puissance en quête « d'amis » ?

Depuis 1949, Pékin a toujours refusé la logique des alliances militaires et semble redécouvrir le « système tributaire », qui lui donnait un poids dominant sur le continent jusqu'au XIXe siècle. En janvier 2019, Xi Jinping déclare que son objectif est « *d'élargir le cercle d'amis de la Chine* ». Cela peut inquiéter, mais peut-être est-ce aussi un moyen, en rééquilibrant la relation entre la Chine et les États-Unis et en rendant un affrontement direct trop désastreux, d'éviter le « piège de Thucydide », dénoncé par Graham Allison. Selon lui, la crispation américaine devant la montée en puissance de Pékin serait comparable à celle qu'analyse l'historien grec : « *c'est la peur inspirée à Sparte par l'ascension d'Athènes qui a rendu la guerre inévitable* ».

La Russie est un premier « ami » de Pékin, notamment depuis l'annexion de la Crimée en 2014 : les sanctions occidentales envers elle la poussent vers son voisin chinois, avec lequel elle organise manœuvres militaires et visites d'amitié, comme en juin 2019, assorties de la signature d'un partenariat.

La Chine se proclame aujourd'hui « meilleure amie de l'Asie du Sud-Est ». Elle est, en effet, le premier partenaire commercial de l'ASEAN (Association des nations de l'Asie du Sud-Est). Même avec le Japon, avec lequel les relations sont historiquement délicates et la concurrence économique rude dans la région du « Grand Mékong » (Birmanie, Cambodge, Chine, Laos, Thaïlande et Vietnam), Xi Jinping a obtenu la parole du Premier ministre du Japon, Shinzo Abe, qu'une « nouvelle ère » s'ouvrait pour des relations bilatérales, en octobre 2018, et la participation aux projets des « nouvelles routes de la soie ». Pour autant, l'un des enjeux des années à venir est de savoir dans quelle mesure Pékin pourra vraiment remodeler cette région du monde selon ses vues : si elle séduit, notamment de plus en plus d'étudiants venant par exemple d'Indonésie, sa nouvelle puissance militaire inquiète. Ainsi, l'Inde, le Vietnam et les Philippines nouent des coopérations de défense avec le Japon, par exemple pour la sécurité maritime, tandis que les États-Unis renforcent leurs alliances avec le Japon, la Corée du Sud, l'Australie, mais aussi Singapour, l'Inde et l'Indonésie. Même la France rappelle qu'elle a des intérêts stratégiques dans la région et compte les défendre face aux muscles chinois : elle revendique le rôle « d'objecteur persistant », comme en témoigne l'incident du 6 avril 2019 entre la frégate *Vendémiaire* et la marine chinoise, qui veut imposer ses limites territoriales dans le détroit de Taïwan. En droit international, ce terme désigne « *un État qui prétend à l'inopposabilité à son égard du caractère obligatoire d'une coutume en cours de cristallisation* », en l'occurrence la prétention chinoise à considérer l'ensemble de la mer de Chine comme relevant de sa souveraineté.

Taïwan et Hong Kong, double défi ?

L'année 2019 voit Pékin appliquer une forme de « pression maximale » à la Trump sur Taïwan, un an avant les élections présidentielles. Peuplée de plus de 23 millions d'habitants majoritairement de l'ethnie chinoise des Hans, l'île est considérée par la Chine comme une province sécessionniste, appelée à réintégrer une « Chine unique ». Depuis l'élection de l'actuelle présidente de Taïwan, Tsai Ing-wen, en 2016, Pékin a réussi à retourner en sa faveur six des vingt-deux pays qui reconnaissait l'île à cette date, notamment en septembre 2019 les îles Salomon. À cet étranglement diplomatique s'ajoutent les cyberattaques (20 à 40 millions par mois !) et la volonté de frapper au porte-monnaie l'électeur taïwanais : le 1er août, la Chine suspend la délivrance de laissez-passer pour Taïwan aux touristes individuels, les voyages en groupe restant possibles. Pour autant, malgré le déséquilibre à son avantage, la puissance chinoise se heurte à deux limites. D'une part le discours évoquant un possible « *recours à la force* » face au « *désordre* » du séparatisme taïwanais cache mal le caractère très hasardeux d'une éventuelle réunification par invasion. D'autre part, alors qu'elle a essuyé une défaite aux élections locales de 2018, la présidente Tsai Ing-wen voit sa popularité remonter avec la crise de Hong Kong qui redonne de la pertinence à sa position de fermeté face à Pékin.

La crise de la « région administrative spéciale » (RAS) de Hong Kong, rétrocédée à Pékin en 1997 par le Royaume-Uni, constitue un véritable défi à la politique de fierté nationale de Xi Jinping. Elle apparaît d'abord comme le retour de flamme des manifestations de 2014, qualifiées de « révolution des parapluies » par allusion à cette protection contre les gaz lacrymogènes. Il s'agissait alors de protester contre la restriction de l'élection au suffrage universel de l'exécutif du territoire, Pékin souhaitant faire sélectionner en amont les candidats autorisés à se présenter. Fin avril 2019, le gouvernement de Hong Kong, acquis à Pékin, annonce un projet de loi autorisant l'extradition vers la Chine de toute personne considérée comme « fugitive » par celle-ci. Le 6 juin, plusieurs milliers d'avocats manifestent pour dénoncer la menace que ce projet fait planer sur la liberté d'expression et la remise en cause du principe « un pays, deux systèmes », à la base de la rétrocession. Trois jours plus tard, plus d'un million de personnes, soit un habitant sur sept, défilent dans la rue. Le 13 août, Pékin menace Hong Kong en montrant des images de plusieurs convois de soldats stationnés à Shenzhen « *à dix minutes de Hong Kong* ». En septembre, la présidente de l'exécutif, Carrie Lam, tente de renouer le dialogue avec la population mais le niveau de violence des manifestations ne cesse d'augmenter dans les semaines qui suivent.

Devenir un autre pôle de la mondialisation

Depuis que Xi Jinping est arrivé au pouvoir, en 2013, le projet intérieur de « rêve chinois » et la stratégie extérieure des « nouvelles routes de la soie » font penser que la Chine se pose en modèle concurrent des États-Unis et cherche à constituer un pôle dans la mondialisation. En avril 2019, le deuxième forum des « nouvelles routes de la soie » a rassemblé 37 chefs d'État en vue de « *construire une communauté de destins pour l'humanité* ». Xi Jinping y vend l'expérience chinoise : il encourage la création de zones économiques spéciales comme celles du littoral chinois, qui ont inondé le monde de leurs produits. Il se veut fournisseur en *smart cities* et peut montrer l'expérience chinoise dans les réseaux de gestion urbaine. Si celle-ci inquiète l'Europe pour le manque de liberté, elle séduit le Kenya, l'Éthiopie et même la Serbie, qui a confié à Huawei le développement d'un système de *smart-safe city* à Belgrade. Alors que Le Pirée est devenu le deuxième port méditerranéen, après Valence, sous la direction du groupe chinois Cosco, la Grèce a rejoint le projet de « routes de la soie » et le « Format 16 + 1 », devenu « Format 17 + 1 » en 2019. Les États africains partenaires de Pékin ont voté pour la Chine à la tête de la FAO (Organisation des Nations Unies pour l'alimentation et l'agriculture).

Pour autant, la Chine essuie des revers. Plusieurs pays remettent en cause les accords signés et imposent de renégocier des projets surdimensionnés ou trop onéreux. C'est le cas de Djibouti et de la Tanzanie, mais aussi de plusieurs pays asiatiques. Les liens entre Huawei, et même son concurrent, ZTE, et le pouvoir chinois ont valu à ces entreprises des sanctions américaines accompagnées de la perte d'accès à Google, mais aussi des enquêtes menées par des pays européens, tandis que l'Australie a exclu de confier à Huawei la pose d'un nouveau câble sous-marin pour Internet, et le Japon le développement de son réseau 5G.

Personnalité : Jacinda Ardern, l'icône de mars 201

par Thibaut Klinger

26 juillet 1980
Naissance dans une famille mormone à Hamilton, au nord de la Nouvelle-Zélande

26 octobre 2017
Première ministre de Nouvelle-Zélande

15 mars 2019
Attaque terroriste contre deux mosquées de Christchurch

15 mai 2019
« Appel de Christchurch » pour agir contre le terrorisme et la haine

Une femme politique atypique

Après avoir travaillé pour Tony Blair comme conseillère politique senior, Jacinda Ardern est élue députée travailliste de Nouvelle-Zélande à 28 ans, devenant le plus jeune membre du Parlement. En 2017, elle devient Première ministre dans un gouvernement de coalition. Très engagée en faveur de la condition féminine, elle est la deuxième chef de gouvernement au monde à accoucher en fonction, après la Pakistanaise Benazir Butto en 1990, et la première à prendre un congé maternité de six semaines. En 2019, elle défend au Parlement la libéralisation de l'avortement, très encadré en Nouvelle-Zélande. Une femme ne peut actuellement y avorter que si deux médecins reconnaissent que sa grossesse la met en danger physique ou mental. Dans la pratique, certains médecins mentent pour contourner la loi.

Un dirigeant modèle dans l'épreuve

Le 15 mars 2019, un Néo-Zélandais d'extrême droite tire dans deux mosquées de Christchurch faisant au moins quarante-neuf morts et vingt blessés. Jacinda Ardern visite les communautés frappées, un voile sur les cheveux, et impressionne par son discours au Parlement, commencé par un « *salam aleikum* » (*que la paix soit avec vous*) adressé aux musulmans visés. Elle annonce qu'elle refuse que l'on nomme le tueur, puisqu'il cherchait la notoriété par son acte. Le 15 mai suivant, elle lance à Paris, avec Emmanuel

Macron, « l'appel de Christchurch » visant à éliminer les contenus terroristes et extrémistes en ligne : la vidéo du carnage a été rétablie 1,5 million de fois en contournant son retrait par Facebook. Vingt-six pays et l'Union européenne le soutiennent ainsi que les géants du Web, sauf les sociétés chinoises. Ardern durcit également la législation sur les armes, prévoyant de les racheter à ceux qui les rapportent à hauteur de 95 % de leur coût initial. En septembre, Jacinda Ardern affronte la normalité de la vie politique : une affaire de harcèlement sexuel touchant le chef du parti travailliste fragilise son gouvernement…

« *Le monde regarde Jacinda Ardern* »

Le 19 mars, le *Washington Post* titre ainsi un éditorial pour souligner sa capacité à témoigner sa compassion aux victimes. À Dubaï, le Burj Khalifa, plus haut gratte-ciel du monde, affiche sa photographie avec l'invocation « *salam, peace* » pour lui rendre hommage. Parmi les photographies retenues par les médias internationaux, celle de Kirk Hargreaves a été particulièrement saluée. Arrivé en retard, il a pris son cliché de l'extérieur, intégrant les reflets de fleurs et d'arbres sur la vitre. Pour plusieurs commentateurs, le visage, les mains jointes et le voile de Jacinda Ardern en ont fait une véritable icône, dans la tradition des *Mater dolorosa* (représentation de la douleur de Marie devant le corps sans vie de Jésus).

Jacinda Ardern rendant visite à des représentants de la communauté musulmane au centre communautaire de Phillipstown (Nouvelle-Zélande) le 16 mars 2019

Crédit : Christchurch City Council Newsline /Kirk Hargreaves.

AUTRES FAITS

janv.

17 janvier Une voiture piégée explose dans l'enceinte de l'école nationale de police à Bogota, entraînant la mort de 21 personnes et en blessant 68. Il s'agit de l'attentat le plus meurtrier subi par la capitale colombienne depuis 2003. Si l'attentat n'a pas encore été revendiqué, les autorités privilégient la piste d'une guérilla rebelle, la deuxième du pays après les FARC.

avril

21 avril Le Sri Lanka est touché par une série d'attentats contre des hôtels de luxe et des églises chrétiennes. Six explosions simultanées ont causé la mort d'au moins 259 personnes et en ont blessé plus de 500. Le groupe État islamique a revendiqué les attentats et diffusé des preuves de son implication.

23 avril En Égypte, après trois jours de référendum, les autorités ont annoncé la victoire du oui au projet de réforme constitutionnelle sur lequel les Égyptiens étaient appelés à se prononcer. Selon les résultats officiels, près de 89 % des votants ont approuvé cette réforme visant à renforcer et prolonger le pouvoir du président Al-Sissi jusqu'en 2030. Les opposants au régime contestent cependant le caractère démocratique du scrutin.

mai

11 mai Les deux Français retenus en otage au Bénin sont arrivés en France. Ils avaient été enlevés le 1er mai par des djihadistes alors qu'ils visitaient un parc animalier situé au nord du Bénin. Transférés au Mali par leurs ravisseurs après l'assassinat de leur guide béninois, les deux otages ont été libérés dans la nuit du 9 au 10 mai par un commando spécial. Deux militaires français ont trouvé la mort à l'occasion de cette opération de sauvetage. Accusés d'avoir pris des risques inconsidérés allant à l'encontre des conseils formulés aux voyageurs par le Quai d'Orsay, les deux otages ont essuyé de vives critiques à leur retour en France.

14 mai En France, mi-avril, le média d'investigation *Disclose* révèle que des armes françaises sont utilisées au Yémen dans le cadre de la guerre meurtrière qui déchire le pays depuis 2014. Cette révélation vient contredire les propos tenus par la ministre des Armées, Florence Parly, au mois de janvier qui avait affirmé sur les ondes de France Inter « *qu'aucune arme d'origine française n'était utilisée directement dans ce conflit* ».

juil.

15 juillet Emmanuel Macron s'est rendu en Serbie pour tenter de renouer des relations diplomatiques avec ce pays. Les relations entre Paris et Belgrade sont tendues depuis, notamment, la reconnaissance officielle par la France de l'indépendance du Kosovo. Le dernier président français à s'être rendu en Serbie était Jacques Chirac, en 2001.

août

24 août Le G7 démarre à Biarritz. La quarante-cinquième édition de ce sommet réunit les dirigeants des principales puissances économiques et politiques mondiales, à l'exception de la Russie (exclue il y a cinq ans après l'annexion de la Crimée), mais également de la Chine et des autres pays émergents. Pour assurer la sécurité de cette rencontre, 13 200 policiers français ont été mobilisés, sans compter les forces de l'ordre espagnoles.

oct.

6 octobre En Irak, de nouvelles manifestations ont été organisées pour le sixième jour de mobilisation que connaît le pays. À cette occasion, 13 personnes ont été tuées pour la seule journée de jeudi. Depuis le début de la contestation, on dénombre déjà plus de 100 morts et 6 000 blessés causés par une répression extrêmement violente de la part des autorités. Les manifestants, essentiellement de jeunes chômeurs et habitants de quartiers pauvres, réclament une amélioration de leurs conditions de vie.

13 octobre En Tunisie, le juriste Kaïs Saïed est élu Président avec près de 73 % des voix face à l'homme d'affaires Nabil Karoui, emprisonné durant la campagne pour des soupçons de blanchiment d'argent et d'évasion fiscale. Cette élection présidentielle avait été organisée de manière anticipée suite au décès du Président en exercice, Béji Caïd Essebsi, fin juillet 2019. Les partis de gouvernement Nidaa Tounès, précédemment au pouvoir, et Ennahda ont été largement devancés dès le premier tour, témoignant des aspirations au renouvellement politique d'une majorité de citoyens.

17 octobre Au Mexique, l'un des fils du célèbre trafiquant de drogues « El Chapo » a été arrêté par la police dans la ville de Culiacan (nord-ouest du pays). Quelques heures plus tard cependant, la police a été contrainte de le relâcher : des dizaines d'hommes masqués et lourdement armés ont en effet attaqué les autorités et suscité de très violents affrontements dans cette ville de 750 000 habitants. « El Chapo » avait été arrêté en 2016 puis condamné en juillet 2019 aux États-Unis à la réclusion à perpétuité. Malgré cette arrestation, le cartel de Sinaloa, désormais dirigé par les fils d'El Chapo, continue d'acheminer l'essentielle de la cocaïne qui entre aux États-Unis.

23 octobre En Israël, le président de la République a confié à Benny Gantz la mission de former un gouvernement de coalition après le départ, lundi 21 octobre, du premier ministre Benyamin Nétanyahou.

nov.

18 novembre Mike Pompeo, le chef de la diplomatie américaine, annonce que les colonies israéliennes en Cisjordanie ne sont pas « *contraires au droit international* ». Ces affirmations contreviennent au droit international. L'ONU réplique en rappelant que la colonisation est illégale.

QCM

Pour chaque question, une seule réponse est correcte.

1 Le blocage de l'administration américaine faute d'accord sur le budget s'appelle :
❍ **a.** *Shutup* ❍ **b.** *Shutdown* ❍ **c.** *Shutney*

2 L'accord sur le nucléaire iranien dénoncé par Trump datait de :
❍ **a.** 2014 ❍ **b.** 2015 ❍ **c.** 2016

3 Pendant sa campagne, Trump avait déclaré vouloir « *manger un burger* » avec :
❍ **a.** Hassan Rohani
❍ **b.** Vladimir Poutine
❍ **c.** Kim Jong-un

4 La principale opposante démocrate de Trump s'appelle :
❍ **a.** Nancy Pelosi
❍ **b.** Nancy Biden
❍ **c.** Nancy Bolton

5 Face à l'ancien président Lula, Bolsonaro :
❍ **a.** Admire le personnage et son action
❍ **b.** Rejette catégoriquement le personnage et son action
❍ **c.** Rejette catégoriquement le personnage mais rallie une partie de son électorat

6 Entre 2018 et 2019, la déforestation de l'Amazonie :
❍ **a.** A triplé après avoir baissé
❍ **b.** A doublé après une période déjà marquée par l'augmentation
❍ **c.** A continué d'augmenter

7 « *Notre maison brûle* » de Macron reprend :
❍ **a.** Une phrase de Jacques Chirac
❍ **b.** Une phrase de Nelson Mandela
❍ **c.** Une phrase de Greta Thunberg

8 Dans les tweets de proches de Bolsonaro, Brigitte Macron a été traitée de :
❍ **a.** Dragon ❍ **b.** Poulette ❍ **c.** Face de cheval

9 Quelle organisation le Venezuela a-t-il quittée en 2019 ?
❍ **a.** L'OEA ❍ **a.** L'ALENA ❍ **a.** L'OMC

10 Hugo Chávez était arrivé au pouvoir en 1999
- ❍ **a.** Par un coup d'État
- ❍ **b.** Par des élections présidentielles directes
- ❍ **c.** Élu par le parlement

11 Le Venezuela a une superficie d'environ :
- ❍ **a.** 216 000 km²
- ❍ **b.** 916 000 km²
- ❍ **c.** 1 916 000 km²

12 L'actuel président officiel du Venezuela s'appelle
- ❍ **a.** Juan Pedro Santos
- ❍ **b.** Evo Morales
- ❍ **c.** Nicolás Maduro

13 « *Ne soyez pas une brute. Ne faites pas l'idiot !* » **est adressé par Trump à Erdoğan :**
❍ **a.** Par lettre ❍ **b.** Par tweet ❍ **c.** Par mail

14 Sur quatre pays, les Kurdes sont environ :
❍ **a.** 25 millions ❍ **b.** 35 millions ❍ **c.** 45 millions

15 Les forces kurdes en Syrie visées par la Turquie s'appellent :
❍ **a.** YPG ❍ **b.** PKK ❍ **c.** AKP

16 Depuis 2011, la guerre civile syrienne a fait environ :
❍ **a.** 170 000 morts ❍ **b.** 270 000 morts ❍ **c.** 370 000 morts

17 Abdelaziz Bouteflika était au pouvoir depuis :
❍ **a.** 10 ans ❍ **b.** 20 ans ❍ **c.** 30 ans

18 Le multipartisme en Algérie :
- ❍ **a.** N'existe pas, seul le FLN est autorisé
- ❍ **b.** Existe mais est dominé par le FLN
- ❍ **c.** Fonctionne normalement

19 Le « ***hirak*** **» désigne :**
- ❍ **a.** La police politique
- ❍ **b.** Le mouvement de protestation
- ❍ **c.** La corruption du régime

20 La première communauté étrangère en Algérie est constituée par :
❍ **a.** Les Français ❍ **b.** Les Russes ❍ **c.** Les Chinois

21 **L'actuel président de la République iranien s'appelle :**

❍ **a.** Hassan Rohani ❍ **b.** Ali Khamenei ❍ **c.** Qasem Soleimani

22 **Le dispositif européen censé contourner les sanctions américaines envers l'Iran s'appelle :**

❍ **a.** INSTEX ❍ **b.** FRONTEX ❍ **c.** NARTEX

23 **En juillet 2019, les Britanniques arraisonnent un pétrolier iranien à :**

❍ **a.** Ormuz ❍ **b.** Suez ❍ **c.** Gibraltar

24 **Les Yéménites soutenus par l'Iran sont des :**

❍ **a.** Ismaéliens ❍ **b.** Ibadites ❍ **c.** Houthistes

25 **Evo Morales était le président :**

❍ **a.** De l'Équateur ❍ **b.** De la Bolivie ❍ **c.** Du Chili

26 **Au Liban, le projet de taxe qui déclenche la colère portait sur :**

❍ **a.** Le prix des carburants
❍ **b.** Le ticket de métro
❍ **c.** Les appels par WhatsApp

27 **Le mot arabe *wasta* désigne :**

❍ **a.** La révolution
❍ **b.** La corruption
❍ **c.** Lc blocage politique

28 **Taper sur les casseroles est un mode d'expression contestataire :**

❍ **a.** Au Liban ❍ **b.** En Amérique latine ❍ **c.** En Afrique

29 **Omar al-Bachir dirigeait le Soudan depuis :**

❍ **a.** 1979 ❍ **b.** 1989 ❍ **c.** 2001

30 **Dans les dictatures arabes, les « moukhabarat » désignent :**

❍ **a.** Les informations officielles
❍ **b.** La censure
❍ **c.** Les services de renseignement

31 **Lequel de ces fleuves n'existe pas ?**

❍ **a.** Le Nil bleu ❍ **b.** Le Nil blanc ❍ **c.** Le Nil rouge

32 **Mohammed Hamdan Dagalo, surnommé « Hemetti », est :**

❍ **a.** Un général de milices soudanais
❍ **b.** Le Premier ministre soudanais
❍ **c.** Le nouveau président de la République soudanais

33 **En 2019, la République populaire de Chine a fêté son :**
- ❍ **a.** Soixantième anniversaire
- ❍ **b.** Soixante-dixième anniversaire
- ❍ **c.** Quatre-vingtième anniversaire

34 **Les géants chinois du Net sont appelés :**
❍ **a.** BATX ❍ **b.** BAFA ❍ **c.** GAFA

35 **Xi Jinping est président de la République populaire de Chine depuis :**
❍ **a.** 2013 ❍ **b.** 2015 ❍ **c.** 2017

36 **Le risque d'une guerre entre la Chine et les États-Unis est appelé :**
- ❍ **a.** Piège d'Hérodote
- ❍ **b.** Piège de Sparte
- ❍ **c.** Piège de Thucydide

37 **Les habitants de Nouvelle-Zélande sont un peu moins de :**
❍ **a.** 5 millions ❍ **b.** 10 millions ❍ **c.** 15 millions

38 **En Nouvelle-Zélande, Jacinda Ardern est :**
- ❍ **a.** Ministre de l'Intérieur
- ❍ **b.** Première ministre
- ❍ **c.** Présidente de la République

39 **Le massacre de Christchurch :**
- ❍ **a.** Est dû à un islamiste
- ❍ **b.** A touché des musulmans
- ❍ **c.** A eu lieu dans un collège

40 **« L'appel de Christchurch » du 15 mai vise à :**
- ❍ **a.** Faire diminuer le nombre d'armes à feu en Nouvelle-Zélande
- ❍ **b.** Lutter contre les contenus terroristes sur Internet
- ❍ **c.** Lutter contre l'islamisme sur Internet

Corrigé

1**b**, 2**b**, 3**c**, 4**a**, 5**c**, 6**a**, 7**a**, 8**a**, 9**a**, 10**b**, 11**b**, 12**c**, 13**a**, 14**b**, 15**a**, 16**c**, 17**b**, 18**b**, 19**b**, 20**c**, 21**a**, 22**a**, 23**c**, 24**c**, 25**b**, 26**c**, 27**b**, 28**b**, 29**b**, 30**c**, 31**c**, 32**a**, 33**b**, 34**a**, 35**a**, 36**c**, 37**a**, 38**b**, 39**b**, 40**b**.

PARTIE 3

DROIT ET SOCIÉTÉ

- La révision des lois de bioéthique 108
- Le « grand débat national » en France : avancée démocratique ou mascarade ? 112
- Féminicides : un décompte morbide 116
- Scandale dans l'Église catholique : les prêtres pédophiles et la culture du silence sur le banc des accusés 120
- Le logement insalubre en France et le cas de la ville de Marseille 124
- Du cas Vincent Lambert à l'affaire Vincent Lambert 128
- Fin du remboursement de l'homéopathie ! 132
- Encadrement des loyers : un dispositif efficace ? 136
- Tinder et les apps 140
- Personnalité : Agnès Buzyn, une ministre sur tous les fronts ? 144

AUTRES FAITS MARQUANTS 2019 146

QCM 148

La révision des lois de bioéthique

par Ludovic Sot

Promesse de campagne du candidat Emmanuel Macron, la révision des lois de bioéthique est annoncée comme une mesure phare de l'acte II du quinquennat. Celle-ci porte plusieurs questions qui font débat, mais le gouvernement souhaite pouvoir mener celui-ci dans un contexte plus apaisé que celui de l'adoption de la loi ouvrant le mariage aux personnes de même sexe en 2013.

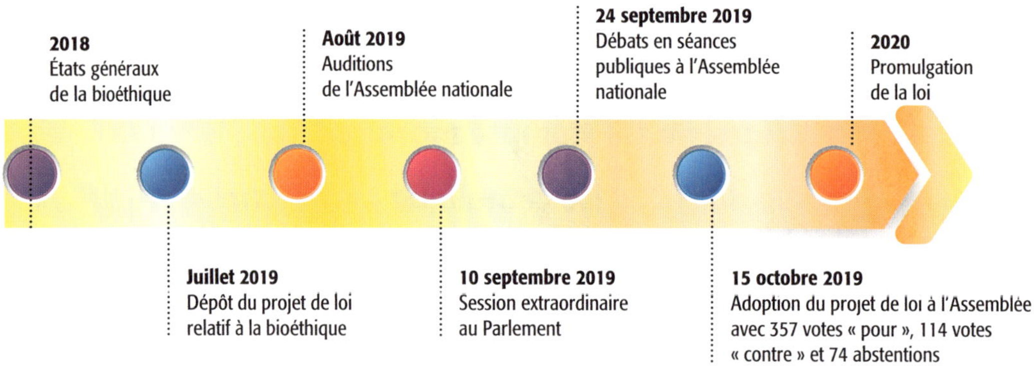

Pourquoi des lois de bioéthique ?

La France s'est dotée de lois de bioéthique pour garantir les droits de l'homme et pour répondre aux avancées importantes de la recherche. En 1994, 2004, 2011 puis 2018 (repoussée à 2019), des lois ont été votées. Ces lois prévoient leur révision de manière périodique pour répondre à l'évolution de la recherche et des technologies. Ce système est original dans la mesure où, théoriquement, lorsqu'une loi est votée, elle n'est pas circonstancielle, mais a pour objectif d'être pérenne.

Cette révision périodique des lois fait elle-même débat. Certains considèrent qu'il faut permettre des révisions au fur et à mesure des avancées. Toutefois, une telle mesure priverait la société de débats de fond réguliers et laisserait ces questions à des professionnels ou à des lobbyistes. Dans les deux cas, leurs préoccupations ne sont pas nécessairement celles du bien commun. Le projet de loi de 2019 prévoit de renouveler le délai maximal de sept ans pour la révision de ces lois.

La PMA pour les femmes seules ou les couples de femmes

La législation de la PMA

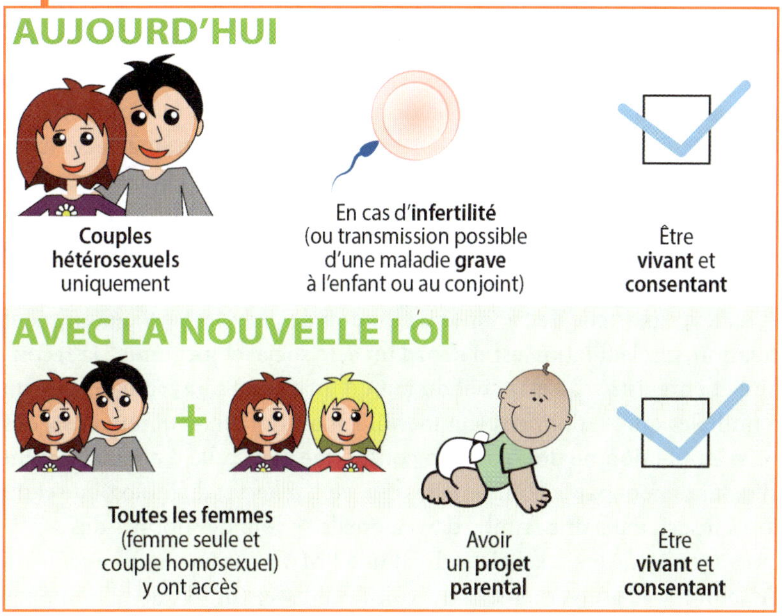

La mesure emblématique, et sans doute celle qui fait le plus débat, est celle de l'ouverture de la procréation médicalement assistée (PMA) aux femmes seules ou aux couples de femmes. Cette mesure, promesse du candidat Emmanuel Macron et de François Hollande avant lui, est portée au nom de l'égalité des droits : un couple de femmes ou une femme seule doivent pouvoir avoir le droit de mettre au monde un enfant. Ce qui pose plusieurs questions : celle du droit *à* l'enfant – vision d'adultes – et celle du droit *de* l'enfant, celui notamment de connaître sa filiation. La médecine a pour objet le soin réparateur assuré par la solidarité. Ici le soin répond non pas à un problème médical, mais à un désir, c'est un changement de paradigme.

L'ouverture de la PMA répond aussi à une réalité : selon différents rapports, entre 2 000 et 3 000 femmes françaises partent chaque année à l'étranger pour tenter une PMA, en particulier en Belgique et en Espagne. Cette situation crée des inégalités de fait, car pour avoir recours à ce type d'intervention il faut payer et être disponible afin de pouvoir se rendre sur place au bon moment. Le projet de loi prévoit le remboursement par la Sécurité sociale de cette technique jusqu'à l'âge de 43 ans. L'ouverture de la PMA à toutes les femmes pose aussi plusieurs questions : celle du diagnostic préimplantatoire qui permet de sélectionner les embryons, mais aussi celle, plus conjoncturelle, de la faisabilité de la mesure. Aujourd'hui les scientifiques s'interrogent sur la capacité à pouvoir honorer de nouvelles demandes. En effet, actuellement en France, un couple hétérosexuel qui souhaite avoir recours à une PMA doit attendre entre douze et dix-huit mois. En élargissant la demande, l'attente sera mécaniquement plus longue. Le gouvernement prévoit, en revanche, de maintenir l'interdiction de recourir à la PMA *post mortem* c'est-à-dire après le décès du père.

Une autre difficulté du projet de loi provient de la levée partielle de l'anonymat pour les donneurs de gamètes. L'objectif est qu'une personne née d'un don de gamètes puisse, lorsqu'elle sera majeure, connaître des éléments sur le géniteur qui a rendu possible sa naissance. Ces éléments peuvent être non identifiants – âge, état de santé au moment du don, caractéristiques physiques, pays de naissance, motivation du don – ou identifiants. Il pourrait alors s'agir de la véritable identité de la personne en question. Jusqu'à présent le don de gamètes en France, comme le don du sang ou le don d'organes, est anonyme et gratuit. Avec cette levée partielle de l'anonymat, la loi entraîne la destruction du stock de gamètes. Cette mesure est mal perçue, notamment chez les femmes qui ont subi des ponctions d'ovocytes, une opération lourde qui, par conséquent, aura été inutile. Le 26 août, la ministre de la Santé a annoncé que le stock de gamètes ne sera détruit que lorsqu'un nouveau stock de gamètes « répondant aux nouvelles exigences » aura été constitué. La levée partielle de l'anonymat du don de gamètes pose notamment la question de la filiation. Or, la filiation est d'abord un acte social et juridique : la reconnaissance volontaire et enregistrée à l'état civil du fait qu'un enfant s'inscrit dans une ou plusieurs lignées familiales qui lui donnent son identité, mais qui lui confèrent aussi des droits et des devoirs. La filiation ne doit pas être confondue avec celle d'engendrement par l'homme, ou d'enfantement par la femme, actes qui, eux, relèvent du biologique et du médical. La filiation s'inscrit dans une famille dans laquelle se sont développés des sentiments, des apprentissages, etc. Ainsi, dans le cadre d'une PMA pour une femme seule ou pour un couple de femmes, le gouvernement prévoit l'établissement d'une filiation par « déclaration anticipée de volonté » établie devant un notaire avant l'accouchement. Ce document sera porté en marge de l'acte de naissance de l'enfant d'un couple de femmes sur lequel pourra être inscrit « mère » et « mère ».

Les autres volets du projet de loi

Le projet de loi prévoit aussi la possibilité de l'autoconservation des gamètes. Cette pratique doit permettre aux personnes de pouvoir avoir un enfant plus tard si elles le souhaitent. Le prélèvement est pris en charge par l'Assurance maladie, mais la conservation est à la charge de la personne. Cette pratique est déjà courante aux États-Unis, mais conduit, là-bas, à des dérives : un certain nombre d'entreprises, notamment des *start-up*, encouragent leurs jeunes employées à avoir recours à cette possibilité afin de pouvoir travailler pleinement et repousser à plus tard leur maternité. Toutefois, les scientifiques rappellent que les taux de réussite de cette opération sont faibles. En ayant recours à cette pratique, seuls 25 à 30 % des interventions aboutissent à la naissance d'un enfant. Ici se pose la question de la loi du marché : la procréation est envisagée en fonction du marché du travail.

Concernant le don d'organes d'un donneur vivant, le projet de loi prévoit de pouvoir étendre les croisements. Jusqu'à présent un donneur D1 pouvait donner à un proche receveur R1. Si les deux personnes n'étaient pas compatibles, il pouvait y avoir un croisement : D1 donnant à un receveur R2 et un donneur D2 donnant à un receveur R1. Cette possibilité est étendue à quatre couples de donneurs receveurs afin de mieux répondre aux demandes croissantes de greffes, notamment du rein. De même, il est prévu que le prélèvement des cellules souches soit rendu possible sur un mineur en faveur de son père ou de sa mère si aucun autre traitement thérapeutique n'est disponible.

Le don croisé d'organes

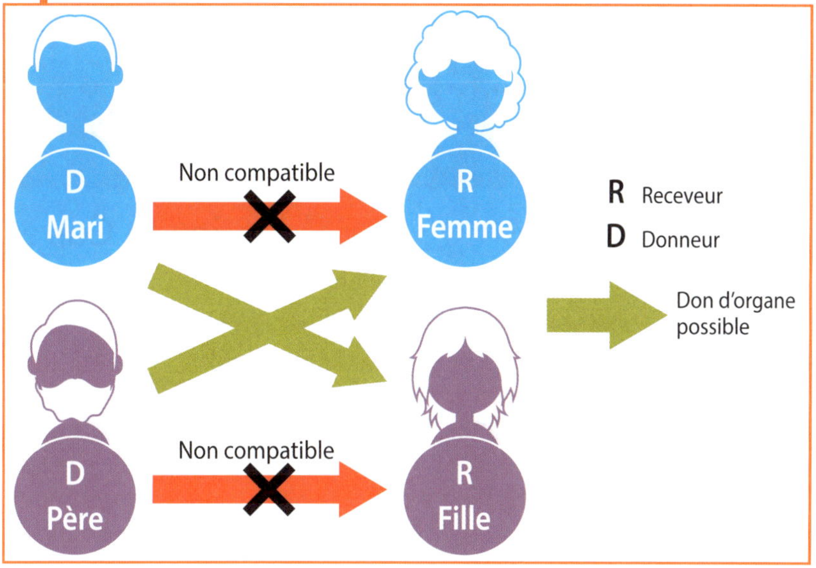

Le projet de loi s'intéresse aussi aux tests génétiques. Ceux-ci ne peuvent être pratiqués que par des médecins, pour des raisons médicales ou scientifiques, avec le consentement exprès de la personne concernée. Ils peuvent être aussi pratiqués sur une personne hors d'état d'exprimer sa volonté, voire décédée, si c'est dans l'intérêt des membres de sa famille (risque de maladie génétique, transmission à un enfant à naître…). En cas de découverte fortuite d'une maladie génétique, le médecin peut désormais en informer le patient.

Les recherches sur l'embryon ou sur les cellules souches embryonnaires sont, elles aussi, toujours très encadrées, même si le projet de loi vise à simplifier le travail des chercheurs tout en préservant un fort contrôle notamment sur les questions éthiques.

De même, le projet de loi s'adapte aux évolutions très importantes concernant les neurosciences, tout en garantissant toujours l'information du patient sur l'utilisation de celles-ci dans le cadre d'un dispositif de soins.

Le projet de loi ne prévoit rien en revanche sur la question de la gestation pour autrui (GPA). Le candidat Emmanuel Macron avait promis la retranscription à l'état civil des enfants nés par GPA à l'étranger. Aujourd'hui, seul le parent biologique est inscrit sur les registres d'état civil français. Le second parent doit passer par une procédure d'adoption. Cette situation ne devrait guère changer. Les opposants à la PMA considèrent pourtant que l'ouverture de la PMA pour toutes au nom de l'égalité conduira à l'ouverture de la GPA.

Le « grand débat national » en France : avancée démocratique ou mascarade ?

par Marion Le Calvez

Le 15 janvier 2019, dans un contexte économique et social très tendu, marqué notamment par le mouvement des Gilets jaunes, le président de la République française lance le « grand débat national ». Cette initiative doit permettre à Emmanuel Macron de « renouer le dialogue » avec les Français. Si certains saluent une expérience inédite de démocratie participative, d'autres formulent de vives critiques à son encontre, tant sur le fond que sur la forme : verrouillage et verticalité du débat, faible représentativité des publics impliqués, manque de pluralisme, faible audience, inefficacité, etc.

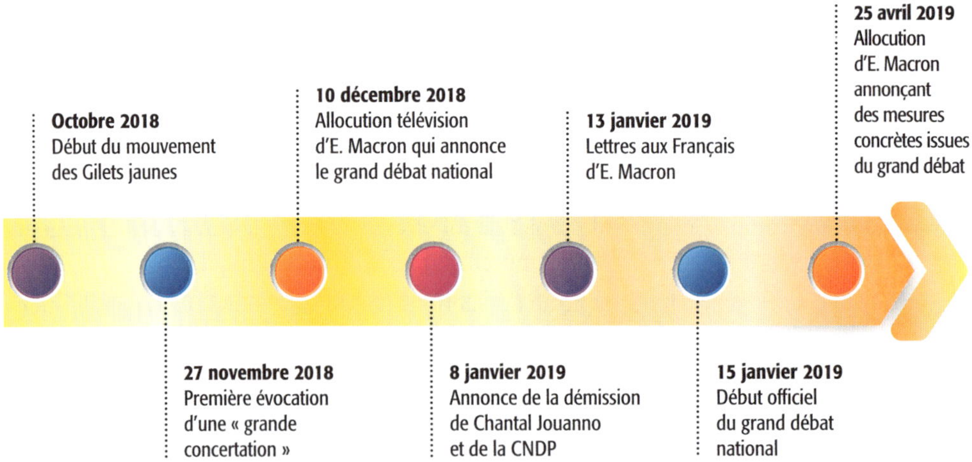

L'organisation d'une grande concertation nationale afin de « *transformer les colères en solutions* »

Dès octobre 2018, le mouvement de protestation des Gilets jaunes rythme la vie politique et sociale française. Face à cette contestation inédite, Emmanuel Macron annonce le

27 novembre, à l'occasion d'un discours prononcé à l'Élysée, l'organisation d'une « grande concertation » de trois mois.

Le 10 décembre 2018, le chef de l'État réaffirme, lors d'une allocution télévisée, sa volonté d'organiser sur l'ensemble du territoire ce qu'il appelle désormais un « grand débat national ». Le contexte est alors extrêmement tendu pour le Président : sa cote de popularité est au plus bas, en témoignent les huées dont il a fait l'objet à l'occasion d'une visite à la préfecture du Puy-en-Velay, le 4 décembre. Avec le grand débat national, Emmanuel Macron entend rétablir le dialogue, recenser les revendications des Français et prouver, notamment aux Gilets jaunes, qu'il est à l'écoute.

Pour organiser concrètement ce débat, l'exécutif se tourne vers la Commission nationale du débat public (CNDP), un organisme indépendant créé en 1995 afin d'informer les citoyens et de permettre la prise en compte de leur opinion lors des grands projets d'aménagement. La CNDP, dirigée par Chantal Jouanno, ancienne ministre de Nicolas Sarkozy, doit assurer l'impartialité et la neutralité du grand débat national. Mais le 8 janvier, Chantal Jouanno abandonne cette mission, fragilisée par une polémique relative à son salaire, mais également par des tensions avec l'exécutif quant aux contraintes imposées par la Commission pour garantir le caractère impartial du débat. Suite à cette démission, cinq personnalités sont chargées, à titre personnel, de garantir l'impartialité et l'indépendance du grand débat.

Début janvier 2019, Emmanuel Macron publie dans la presse régionale, sur les réseaux sociaux et sur le site officiel du gouvernement « une lettre aux Français » afin de cadrer le débat. Le président de la République pose aux Français une trentaine de questions relatives à quatre thèmes majeurs, délimités par l'exécutif : la transition écologique, la fiscalité, l'organisation de l'État, la démocratie et la citoyenneté.

Enfin, l'exécutif annonce que le grand débat national durera deux mois, de mi-janvier à mi-mars 2019.

Les différentes formes du grand débat national

- **Cahiers de doléances** : disponibles dans plus de 15 000 mairies françaises.
- **Débats** : organisés à l'échelle locale autour des quatre grands thèmes délimités par le gouvernement.
- **En ligne** : sur une plateforme créée à cet effet et ouverte dès le 21 janvier 2019.
- **Conférences nationales et régionales** : réunissant des associations et syndicats, mais également des intellectuels et des citoyens tirés au sort.

Du 15 janvier au 15 mars : le déroulement du grand débat national

Le 15 janvier 2019, Emmanuel Macron inaugure officiellement le grand débat en organisant une rencontre avec plus de 600 maires français à Grand-Bourgtheroulde (Eure), une commune normande d'environ 3 700 habitants. Durant plus de six heures, le Président répond aux questions des élus. Ces derniers relaient notamment les revendications des Français, recueillis dès la mi-décembre dans les cahiers de doléances. Le vendredi 18 janvier, Emmanuel Macron poursuit son tour de France en faisant halte à Souillac (Lot). De nouveau, il se livre à un exercice de questions-réponses marathonien devant près de 600 maires réunis. Dans les semaines qui suivent, il réitère l'exercice : d'Evry-Courcouronnes (Essonne) à Gargilesse-Dampierre (Indre), de Bourg-de-Péage (Drôme) à Pessac (Gironde), de Saint-Brieuc (Côtes-d'Armor) à Cozzano (Corse), il participe à seize rencontres-débats au total. Au total, le président de la République débat pendant plus de 84 heures, avec 2 310 élus, près de 1 000 jeunes, 64 intellectuels, 55 enfants, etc.

Parallèlement à ce tour de France du Président, et selon les chiffres officiels publiés par l'Élysée, plus de 500 000 citoyens différents profitent du grand débat national pour s'exprimer sur la plateforme en ligne. En outre, plus de 10 000 réunions locales sont organisées en France. Si la moitié d'entre elles sont impulsées par des élus, l'autre moitié l'est par des associations et des particuliers.

À partir du 15 mars, ces réunions d'initiative locale laissent place à des conférences citoyennes régionales : treize conférences en France métropolitaine (une par région), quatre en outre-mer et une exclusivement réservée aux Français âgés de 18 à 25 ans. Chaque conférence réunit pendant une journée et demie une centaine de participants tirés au sort (*via* la génération aléatoire de numéros de téléphone) pour échanger et pour formuler des propositions collectives autour des quatre grands thèmes du débat.

Début avril, par l'intermédiaire de sociétés spécialisées dans le traitement informatique des données de masse, l'exécutif entame l'analyse des centaines de revendications et propositions récoltées lors des discussions et contributions en ligne. L'objectif est d'impulser des réformes susceptibles de répondre aux attentes des Français et d'apaiser la grogne sociale.

Le 25 avril 2019, à l'occasion d'une conférence de presse retransmise en direct à la télévision et à la radio, le président de la République annonce les premières mesures concrètes issues du grand débat national : la ré-indexation des retraites de moins de 2 000 euros, la multiplication des maisons regroupant les services publics (La Poste, la Caisse d'allocations familiales, l'Assurance maladie, Pôle emploi...) afin de lutter contre la désertion des zones périphériques, l'introduction d'une dose de représentation proportionnelle pour les législatives, la baisse du nombre de parlementaires, la baisse du seuil de participants nécessaires pour déclencher un référendum d'initiative citoyenne (RIC), la suppression de l'ENA...

Le grand débat national : succès ou « grand blabla » ?

À l'heure du bilan, les opinions divergent quant à la réussite ou non de ce grand débat. L'exécutif se félicite du succès de l'initiative, arguant que les Français ont activement participé dans toute la France et ont pu débattre librement autour de thèmes comme l'éducation, la culture, la santé, la fiscalité ou la transition écologique.

Pourtant, plusieurs sondages montrent que les Français, sceptiques dès le mois de janvier, le sont toujours à l'issue du débat : en avril, selon un sondage Elabe, 63 % des Français estiment que l'exécutif ne tiendra pas compte des avis exprimés. Le 15 janvier, déjà, toujours selon l'institut de sondage Elabe, seuls 34 % pensaient que le débat pouvait permettre de sortir de la crise. Ce scepticisme explique sûrement la difficulté rencontrée par les organisateurs des conférences citoyennes régionales pour recruter effectivement les citoyens tirés au sort.

Quant à la participation massive des Français au débat, elle doit être nuancée : une faible proportion de Français a réellement participé malgré l'énorme couverture médiatique dont a bénéficié l'initiative. Les communes choisies par l'exécutif pour le tour de France d'Emmanuel Macron ont été transformées en camp retranché : passants et surtout manifestants ont été tenus à distance par des policiers massivement mobilisés. En outre, le débat a certes offert un espace d'échange inédit, mais il a échoué à mobiliser l'ensemble des Français : le profil des participants était peu représentatif des Français et surtout bien éloigné du profil des Gilets jaunes.

Profil sociologique des participants aux débats locaux

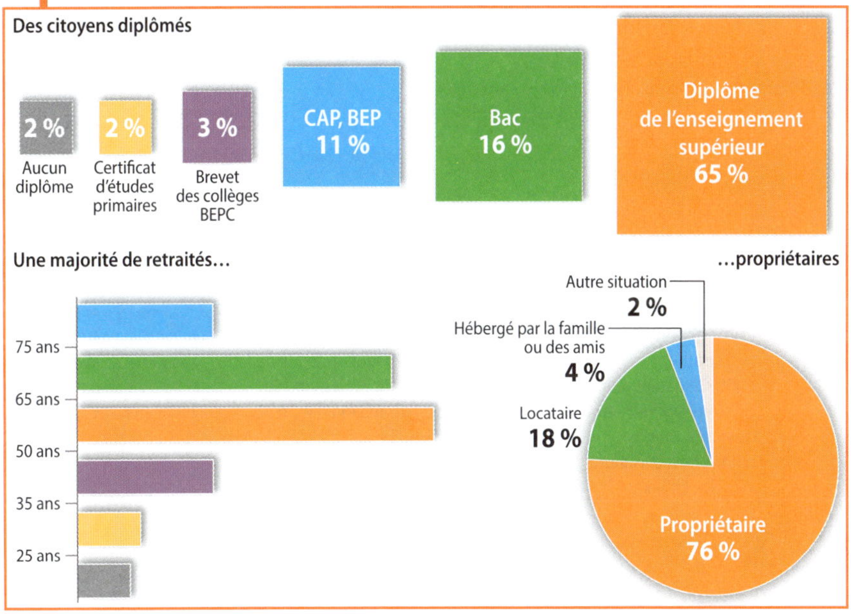

Source : Cevipof.

Enfin, la CNDP d'abord, puis les cinq garants de l'indépendance du débat eux-mêmes ont critiqué le manque d'impartialité de la concertation : l'exécutif a à la fois organisé le débat et participé activement aux discussions. En outre, du fait de la couverture médiatique très importante dont a bénéficié Emmanuel Macron avec le grand débat, l'opposition dénonce également un débat aux allures de monologue, voire même une campagne politique déguisée à l'approche des élections législatives.

Féminicides : un décompte morbide

par Céline Charles

En France, tous les deux jours, une femme est tuée par son conjoint ou ex-conjoint. Les féminicides sont une réalité. Pourtant, le terme n'est pas reconnu en droit pénal français. Comment l'expliquer ? Par ailleurs, un arsenal juridique ambitieux a été élaboré. Pourquoi les femmes ne sont-elles pas alors mieux protégées ?

2010
Ordonnance de protection qui ne nécessite pas de porter plainte. Cette ordonnance permet notamment un éloignement immédiat du partenaire violent

2014-2016
Criminalisation du viol, pénalisation du harcèlement moral et sexuel sur les lieux de travail, stage de responsabilisation pour les conjoints violents…

Octobre 2017
Début de l'affaire Weinstein, nouveau lancement du hashtag #MeToo

2018
Lancement du numéro 3919 et d'un fonds de lutte contre les féminicides d'un million d'euros

Août 2019
Adoption d'un « Code rouge » en Italie reconnaissant quatre nouveaux délits

Septembre 2019
Tribune de l'avocat Pierre Farge dans *Le Monde*

Du fait social au problème politique

Si 2018 a été marqué par le hashtag MeToo, 2019 se caractérise par un terme, celui de « féminicide ». En Amérique latine, il a été institutionnalisé et près de dix-huit pays l'ont introduit dans le droit pénal. Le terme a par ailleurs été repris par des institutions internationales telles que l'ONU et l'OMS. Cette dernière le définit comme le « *meurtre de femmes ou de jeunes filles lié au fait qu'elles sont des femmes* ».

En France, le terme a été introduit dans le vocabulaire en sciences humaines dès 2014 et il est entré dans le dictionnaire *Le Petit Robert* en 2015. Néanmoins, il n'est toujours pas reconnu en droit pénal. En effet, des réticences sont apparues. Certains évoquent une rupture d'égalité en droit. D'autres regrettent que le terme exclue certaines situations comme le meurtre au sein d'un couple homosexuel, par exemple. D'autres encore s'inquiètent d'une focalisation trop importante sur le sexe d'une personne, négligeant d'autres variables comme la classe sociale. Néanmoins, des voix s'élèvent pour une reconnaissance des « féminicides », comme celle de l'avocat Pierre Farge dans une tribune au *Monde* en septembre 2019.

Quoi qu'il en soit, le terme a été fréquemment utilisé en France durant l'année 2019. Comment ce fait social s'est-il invité dans l'arène politique ? Si le mouvement social MeToo a indéniablement contribué à l'émergence d'un débat autour des agressions à l'encontre des femmes et des inégalités qu'elles subissent par rapport aux hommes, c'est l'action de deux associations féministes qui a largement permis d'imposer ce terme dans l'espace public et politique.

À l'occasion de la journée de la femme, le 8 mars 2019, le collectif « Nous toutes ! » a décidé de mettre en lumière le travail des bénévoles dénombrant les féminicides chaque année. Au sein de l'association « Féminicides par compagnons ou ex. », ces bénévoles recherchent dans la presse de tels actes pour accentuer leur visibilité. Le collectif « Nous toutes ! », largement suivi sur les réseaux sociaux, a donc contribué à la publication d'un outil de comptage des féminicides. Le 12 novembre 2019, 132 femmes ont été tuées en France par leur conjoint ou ex-conjoint depuis le début de l'année.

Ce décompte dans les médias a suscité l'intérêt des décideurs et a transformé un fait social en un fait politique. Le 7 juillet 2019, Emmanuel Macron reconnaît sur les réseaux sociaux : « *Mesdames, la République n'a pas su vous protéger* ». Le 3 septembre 2019, sous l'égide de Marlène Schiappa, secrétaire d'État chargée de l'Égalité entre les femmes et les hommes et de la Lutte contre les discriminations, le Grenelle des violences conjugales s'ouvre avec l'objectif de mieux protéger les femmes.

Parmi les 121 femmes tuées en 2018 par leur conjoint ou ex-compagnon, 10 l'ont été suite à des violences volontaires, 26 ont fait l'objet d'un assassinat (meurtre avec préméditation) et 85 ont été victimes d'un meurtre. Dans 43 % des cas, les auteurs de féminicides ou de tentatives de féminicides font l'objet d'une enquête en cours, 31 % font l'objet d'un suivi judiciaire tandis que 25 % ont fait l'objet d'un classement sans suite. La plupart du temps, le féminicide a lieu au domicile conjugal. Ces faits touchent aussi bien la ville que la campagne, les catégories populaires comme les milieux aisés.

Part des féminicides selon le mode opératoire entre janvier 2017 et février 2019

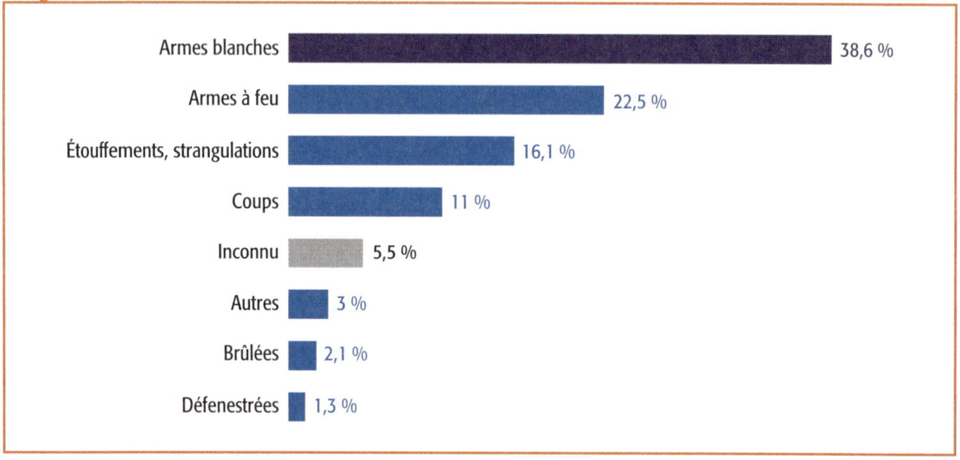

Source : *Libération.*

Part des féminicides selon le statut du couple entre janvier 2017 et février 2019

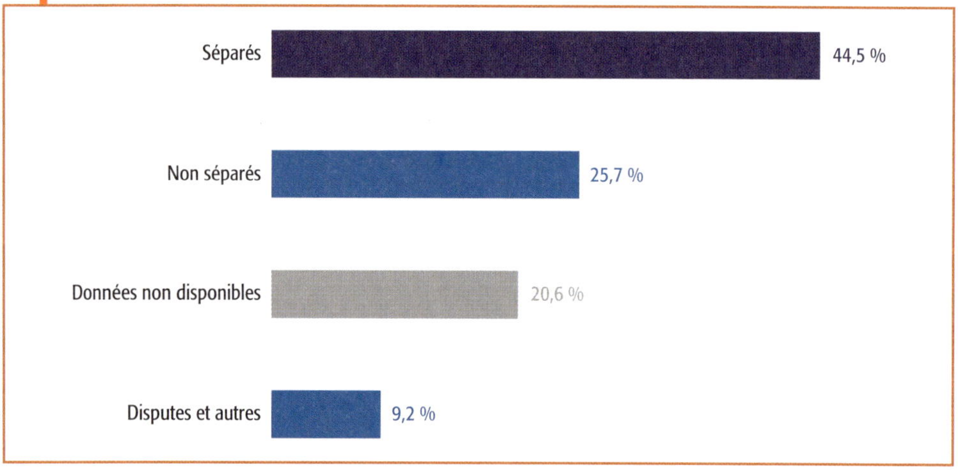

Source : *Libération.*

Un solide arsenal juridique

Il semblerait que la législation française ait déjà pensé à un arsenal propice à protéger les femmes de toutes violences.

« *La France est dans la moyenne des pays européens* », assure Françoise Brié, directrice générale de la Fédération nationale solidarité femmes (FNSF) et membre du groupe d'experts européens chargés de veiller à la mise en œuvre de la Convention d'Istanbul.

Cette dernière a pour objectif de « *protéger les femmes contre toutes formes de violences* ». Elle se présente comme un outil juridique permettant aux pays européens d'agir plus aisément dans certains domaines : prévention de la violence, protection des victimes, poursuite des auteurs et développement de politiques intégrées, globales et coordonnées.

Des femmes pourtant peu protégées

En dépit d'un arsenal juridique relativement complet, les femmes semblent peu protégées. Comment l'expliquer ? Il existe tout d'abord des inégalités dans l'application des dispositifs. Par ailleurs, certains regrettent une réponse pénale insuffisante comme la conservation de l'autorité parentale du père en cas de violences ou de féminicides. Par ailleurs, certains déplorent un manque de formation de la part des personnes qui accueillent en premier lieu la personne qui vient de subir des violences. Le 131e féminicide, survenu en novembre 2019 à Oberhoffen-sur-Moder, a été l'occasion de mettre l'accent sur ce dernier point. La fille de la victime a dénoncé le fait que l'on ait toujours laissé repartir sa mère chez elle en lui conseillant de quitter le domicile conjugal, et ce, sans prendre en compte les difficultés matérielles et émotionnelles qu'impliquait un tel départ.

Au-delà des difficultés d'ordre matériel, les raisons culturelles sont souvent évoquées. La violence découle d'une domination masculine formelle et informelle. L'Italie est à cet égard un exemple significatif. Si aujourd'hui, ce pays semble avoir pris des mesures ambitieuses (adhésion à la Convention d'Istanbul en 2013, reconnaissance du féminicide en 2014, prise en charge à l'égard des orphelins des féminicides en 2018), elle a longtemps crédité l'infériorité des femmes. Certains dictons sont révélateurs d'une telle réalité comme : « *la donna non è gente* » (la femme n'est pas une personne). Jusqu'en 1981, le crime d'honneur était reconnu. Un homme qui avait tué sa femme pour retrouver son honneur sali voyait sa peine largement diminuée. Si Pietro Germi l'a dénoncé dans son film *Divorce à l'italienne* (avec Marcello Mastroianni), cette pratique a considérablement été intériorisée. Par ailleurs, jusqu'en 1996, le viol était considéré comme un crime contre la morale et non contre la personne. Rien d'étonnant alors à ce que la domination masculine prenne la forme d'un féminicide.

La faiblesse de la protection des femmes suscite des réactions un peu partout en Europe. L'Italie a adopté en août 2019 un « Code rouge » qui prévoit la reconnaissance de quatre nouveaux délits : le mariage forcé, les violations des mesures d'éloignement par un conjoint violent, les délits « de déformation de l'apparence de la personne » comme les attaques à l'acide, et le *revenge porn* (révélation publique de contenus à caractère sexuel explicite une fois la rupture prononcée). De même, la France a organisé en septembre un Grenelle des violences conjugales visant à définitivement mettre les femmes à l'abri du danger. Différentes propositions ont émergé :

- améliorer l'accueil des victimes qui viennent déposer une plainte ;
- faire évoluer le secret médical ;
- réquisitionner les armes à feu des auteurs de violences ;
- rendre plus accessible le numéro d'écoute national destiné aux femmes victimes de violences 3991 ;
- supprimer l'autorité parentale des hommes en cas de féminicide ;
- inscrire et définir dans la loi les violences psychologiques.

PARTIE 3

Scandale dans l'Église catholique : les prêtres pédophiles et la culture du silence sur le banc des accusés

par Marion Le Calvez

Depuis trente ans, les révélations d'abus sexuels commis par des clercs se multiplient dans le monde. Outre les abus eux-mêmes, c'est la loi du silence imposée par l'Église pendant des décennies pour étouffer ces affaires et protéger les pédophiles qui fait aujourd'hui scandale. Face aux nombreuses critiques et à la crise de confiance engendrées par ces scandales, les hautes instances de l'Église ont fini par réagir. Pour autant, peu de mesures concrètes existent encore aujourd'hui pour endiguer ce fléau et les victimes peinent à être reconnues en justice.

2001
Jean-Paul II signe le *Motu Proprio Sacramentorum sanctitatis tutella*

2002
Scandale aux États-Unis après l'enquête du *Boston Globe*

2010
Scandale au Brésil après la diffusion en caméra cachée d'une vidéo montrant un prêtre abuser d'un enfant de choeur

2011
Benoît XVI contraint les évêques à coopérer avec la justice civile

2014
création d'une « Commission pontificale pour la protection des mineurs »

2018
Scandale au Chili causé par l'affaire Karadima

2019
Le cardinal Barbarin est jugé à Lyon pour non-dénonciation d'agressions sexuelles

Des révélations en cascade

Depuis les années 1990, au sein de l'Église catholique, les scandales de pédophilie se multiplient. En cause ? Des membres du clergé de toutes nationalités, essentiellement des prêtres, mais également des évêques, des moines, voire des laïcs en mission ecclésiale.

Les révélations d'abus sexuels commis par des prêtres contre des enfants existaient avant les années 1990 mais elles étaient rares et touchaient sensiblement moins l'opinion publique. En effet, selon le sociologue Olivier Bobineau, spécialiste des questions religieuses, l'évolution de la place accordée à l'enfant dans nos sociétés a fait évoluer la perception des actes de pédophilie : ces derniers sont devenus intolérables, y compris lorsqu'ils sont commis par des hommes d'Église. En conséquence, la parole se libère et les affaires se multiplient.

Les premières affaires dites « de pédocriminalité » impliquant l'Église catholique éclatent à la fin des années 1980 aux États-Unis et au Canada. En 1993, un procès retentissant a lieu aux États-Unis contre un prêtre pédophile, Edward Pipala, condamné pour le viol d'une dizaine de jeunes garçons. Dans les années 1990 au Canada, des milliers d'Amérindiens portent plainte contre le gouvernement et l'Église pour les abus sexuels subis dans des pensionnats anglicans chargés de leur « assimilation ». En 2002, aux États-Unis, une enquête du *Boston Globe* révèle les abus sexuels commis par 87 prêtres du diocèse de Boston et dans ses environs. L'affaire est mondialement médiatisée et participe à la libération de la parole.

Les scandales de pédophilie dans l'Église au XXIe siècle

Pays	Année de la condamnation	Faits
France	2000	L'abbé Bissey est condamné à 18 ans de prison ferme pour viols et agressions sexuelles sur onze mineurs commis entre 1987 et 1996.
	2020	Le père Preynat reconnaît des abus sexuels contre de jeunes scouts lyonnais dans les années 1970-1980 : il attend toujours son procès civil qui devrait avoir lieu au début de l'année 2020.
Irlande	2009	La publication du rapport Ryan (rédigé par le juge Sean Ryan après neuf ans d'enquête) révèle que près de 2 000 enfants ont été victimes d'abus sexuels, à partir des années 1940, dans des institutions religieuses de tout le pays.
Brésil	2010	Des images tournées en caméra cachée dans une église du nord-est du Brésil montrent le prêtre Luiz Marques Barbosa, âgé de 82 ans, imposant une fellation à un enfant.
Allemagne	2017	Des centaines de jeunes choristes du chœur mondialement connu de Ratisbonne, les Regensburger Domspatzen, ont subi des abus sexuels entre 1945 et 1992.

Juger les coupables, briser la loi du silence : l'Église sur le banc des accusés

Les procès retentissants, comme celui d'Edward Pipala, font sortir du silence des centaines de victimes et agissent comme un révélateur. Pour autant, la justice peine encore à traquer les coupables. Et pour cause, face à ces scandales, deux justices se font face : la justice civile d'un côté, et la justice ecclésiastique de l'autre. L'Église possède, en effet, son propre droit canon et sa propre justice, compétente pour traiter les affaires concernant un clerc. Sauf que pendant des décennies, cette justice divine, qui cohabite avec la justice des hommes, n'a pas fait son travail. Face aux soupçons de pédophile, les autorités ecclésiastiques se sont le plus souvent contentées d'ignorer ou de déplacer le prêtre mis en cause, permettant donc aux abus de se perpétuer. Si les révélations d'abus sexuels commis par des prêtres suscitent aujourd'hui une crise majeure au sein de l'Église, ce n'est pas seulement du fait des agressions insupportables subies par les victimes, mais c'est également à cause de leur dissimulation, pendant des décennies, par une institution complice des faits.

Or, depuis les années 1990, cette culture du silence est régulièrement dénoncée par les victimes et par les autorités civiles. Ainsi, derrière le procès Bissey, prêtre français jugé en 2000 pour viols et agressions sexuelles sur onze mineurs, c'est aussi le procès d'une hiérarchie ecclésiastique complice qui se joue. Dans cette affaire, la justice civile ne se contente pas de condamner le prêtre pédophile René Bissey à dix-huit ans de prison, elle condamne également l'évêque de Bayeux, Mgr Pierre Pican, à trois mois de prison avec sursis pour non-dénonciation de crime pédophile. C'est une première en Europe. Et c'est aussi la première fois, depuis la Révolution française, qu'un évêque français est condamné par la justice civile. À la fin des années 2000, toujours en France, l'affaire Preynat devient rapidement l'affaire Barbarin. Responsable du diocèse de Lyon et primat des Gaules depuis 2002, le cardinal Barbarin connaissait les agissements du père Preynat depuis 2007, mais a pourtant attendu 2015 pour en informer le Saint-Siège. En 2019, il est condamné à six mois de prison avec sursis par le tribunal correctionnel de Lyon pour non-dénonciation d'abus sexuels.

En 2002, aux États-Unis, l'immense scandale provoqué par l'enquête du *Boston Globe* est autant alimenté par le nombre ahurissant de prêtres violeurs concernés (87), que par le silence complice de l'Église. Pendant des années, l'institution, notamment l'archevêque de Boston, le cardinal Law, a systématiquement couvert les prêtres et fait taire les victimes. En 2018, toujours aux États-Unis, c'est cette même loi du silence qui suscite de nouveau un scandale d'ampleur mondiale quand une enquête du procureur général de Pennsylvanie dévoile les abus sexuels commis par près de 300 clercs sur plus de 1 000 mineurs durant 70 ans. Si l'enquête fait l'effet d'une bombe, c'est qu'elle révèle la connaissance que les autorités épiscopales de Pennsylvanie, mais également des responsables au Vatican avaient de ces actes. Pour protéger l'institution, la hiérarchie ecclésiastique a donc, là encore, choisi de laisser ces abus se perpétuer. Elle a également entravé, de fait, toute justice civile puisqu'en Pennsylvanie, comme dans la plupart des affaires d'abus sexuels qui sont révélées ces derniers temps, les faits sont prescrits et une partie des clercs coupables sont décédés.

En 2018, au Chili, cette loi du silence a fait chanceler l'ensemble du clergé, jusqu'à la papauté elle-même. Le scandale naît, là encore, des révélations d'abus sexuels commis par plusieurs clercs, notamment le prêtre Fernando Karadima, mais également du silence complice de l'Église chilienne et du Vatican.

La papauté prône la tolérance zéro et entend briser la culture du silence

Face à ces scandales en cascade et à la crise de confiance qu'ils engendrent auprès des fidèles, l'Église finit par réagir.

L'année 2001 constitue, à cet égard, un tournant. Au mois d'avril, le pape Jean-Paul II signe le *Motu Proprio* (équivalent d'un décret) intitulé *Sacramentorum sanctitatis tutella* qui contraint les évêques à faire remonter systématiquement à Rome toutes les affaires d'abus sexuels commis dans l'Église. Jusque-là, tout était géré dans les diocèses.

L'attitude de l'Église change plus radicalement à partir du pontificat de Benoît XVI. Ce dernier, élu en 2005, prône la tolérance zéro. Il est ainsi le premier pape à rencontrer des victimes d'abus sexuels et à exprimer sa « honte » face aux affaires de pédophilie qui ébranlent l'Église catholique. Il insiste également sur la formation des clercs et incite fermement les évêques, en 2011, à coopérer avec les autorités civiles.

Élu en 2013, le pape François poursuit les efforts entrepris par son prédécesseur. Premier pape à dénoncer le silence complice de l'Église, il annonce en 2014 la création d'une Commission. En 2018, le pape François reçoit à Rome trois victimes du prêtre chilien Karadima puis convoque 32 évêques chiliens soupçonnés d'avoir couvert les agissements du prêtre pédophile, entraînant la démission de ces derniers. En 2019, le pape François poursuit son combat : il réduit à l'état laïc un cardinal américain, Theodore McCarrick, accusé d'abus sexuels sur mineurs. C'est la première fois dans l'histoire de l'Église catholique, qu'un cardinal est défroqué pour des actes pédophiles.

Malgré ces initiatives, la culture du silence imposée pendant des décennies peine à être contrée. La Commission pontificale pour la protection des mineurs, créée par le pape François, fait face, en 2016 et en 2017, aux démissions successives de deux de ces membres pour son manque d'efficacité. En février 2019, le sommet mondial sur « la protection des mineurs dans l'Église » organisé par le pape est certes une occasion historique de donner la parole aux victimes mais il affronte de vives critiques du fait de l'absence de mesures concrètes mises en place à cette occasion.

Le logement insalubre en France et le cas de la ville de Marseille

par Louise Cormier

Le 5 novembre 2018, un immeuble s'effondre rue d'Aubagne et huit habitants y trouvent la mort. La rue d'Aubagne est située dans le quartier de Noailles, l'un des plus pauvres d'Europe, en plein centre de la métropole. À Noailles, un habitant sur deux vit sous le seuil de pauvreté et la plupart ont le choix entre les marchands de sommeil du centre-ville ou les logements sociaux isolés et ségrégués des quartiers nord. Suite à ce drame, une mobilisation importante s'est mise en place notamment autour du « Collectif du 5 novembre », et plus de 20 000 personnes ont manifesté dans le centre-ville de Marseille.

Un état de dégradation avancée, des copropriétés parfois paupérisées et une faible intervention de la puissance publique

Les premières explications de ce drame se trouvent dans la dégradation avancée du bâti du centre-ville, notamment dans le quartier de Noailles. Selon Éric Baudet Claudeville, juriste spécialiste de l'habitat, de nombreux travaux de réhabilitation « *ont été faits à l'économie et ont abouti à faire du "cache misère" en masquant ces murs décrépis par du "placo" plutôt que de refaire les joints et les enduits qui les tenaient* ». Le cas de figure le plus fréquent est celui des copropriétés paupérisées et des marchands de sommeil, qui ont le devoir de garantir la santé et la sécurité des occupants, mais pour qui la réhabilitation est financièrement impossible ou, en tout cas, ne permettrait pas d'extraire la rente attendue par les loyers. Marseille étant une grande métropole, elle n'échappe pas à la crise du logement. Aussi, certains propriétaires « marchands de sommeil » profitent de familles qui n'ont pas les moyens d'aller ailleurs (et non éligibles au logement social si elles n'ont pas la nationalité française) : elles sont alors forcées d'habiter dans des logements insalubres, avec des loyers relativement élevés et garantis en grande partie par les APL dans des immeubles en état de dégradation avancée, et dont la valeur réelle est très faible. Dans ces cas-là, les collectivités et l'État disposent de moyens juridiques pour forcer les propriétaires à engager des travaux, voire à les réaliser eux-mêmes en faisant payer les propriétaires après coup. Mais les collectivités ne disposent pas toujours de fonds propres pour reloger les habitants et réaliser ces travaux, sans compter que ce montant dépasse parfois la valeur de l'immeuble… auquel cas il vaut mieux le démolir. Par ailleurs, les moyens juridiques existants sont à la fois complexes, souvent interdépendants et répartis entre beaucoup de collectivités. Le rapport Nicol avait déjà pointé les difficultés liées à la multiplicité des acteurs du traitement de l'habitat indigne : les communes qui prennent les arrêtés de mise en péril, la préfecture les arrêtés d'insalubrité et la CAF qui verse les APL et peut les suspendre en cas de danger.

Des collectivités à la peine pour endiguer l'habitat insalubre

Si le cas de Marseille est particulièrement prégnant, le logement insalubre est un phénomène présent sur tout le territoire, souvent lié au déséquilibre entre l'offre et la demande du marché de l'immobilier. D'après le dernier rapport de la Fondation Abbé Pierre, il y a en France entre 400 000 et 600 000 logements potentiellement indignes (dont 40 000 à Marseille), 4 millions de personnes mal logées et plus de 12 millions en situation de fragilité par rapport au logement dans des formes très diverses (intoxication au plomb, plafond qui s'effondre…). Selon Christophe Robert, délégué général de la fondation Abbé Pierre, il est essentiel que la puissance publique intervienne à la fois vite, lourdement si besoin avec le droit de préemption, pour ensuite faire du logement social, avec un travail d'accompagnement social des ménages déplacés.

Cependant, beaucoup de collectivités manquent de moyens face à ces problèmes, et proposent parfois d'engager des programmes immobiliers avec des acteurs privés, qui cherchent en théorie plus de rentabilité aux projets que les acteurs publics. Dans le cas du quartier de Noailles, sa centralité représente une manne financière importante à condition que les ménages pauvres qui y vivent partent définitivement. Aussi, avec le programme « Euromed 2 » – un large projet de rénovation urbaine du centre-ville –, les immeubles du quartier sont progressivement « déconstruits ». Derrière les objectifs affichés et vagues de « centre-ville mixte » et derrière des éléments de langage politiquement corrects, le processus s'impose aux habitants sans qu'ils aient été consultés, ils sont relogés sans vraiment savoir s'ils pourront revenir dans leurs lieux d'habitation.

Carte des territoires concentrant plus de 500 logements en copropriété en difficulté

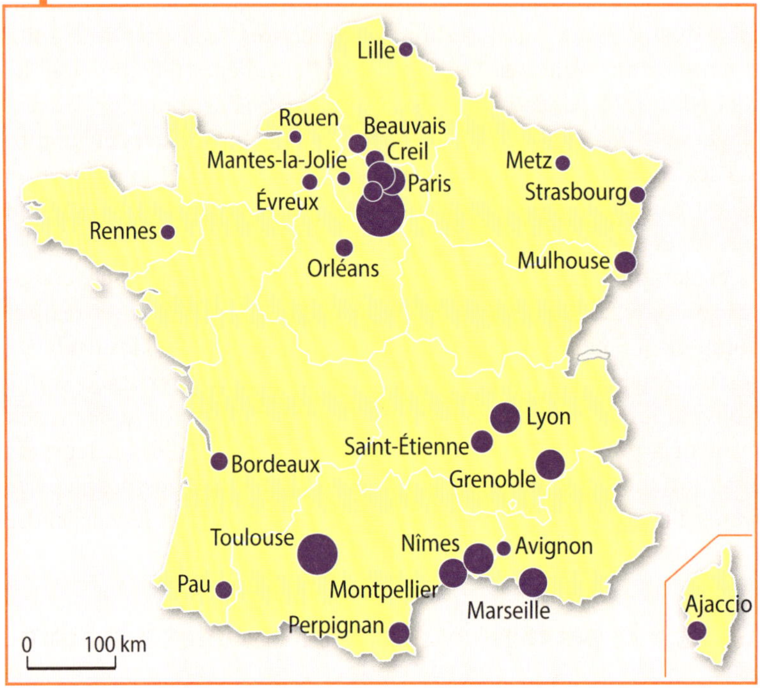

Source : Recensement effectué par les préfets de région en 2018.

Quelles perspectives face à la crise du logement ?

En 2019, près de 2 millions de demandes de logements sociaux restent non pourvues et les bailleurs sociaux détiennent environ 4,9 millions de logements, avec moins de 10 % des occupants qui déménagent chaque année. Dans les territoires où le marché de l'immobilier est tendu comme en Île-de-France, la mobilité est encore plus faible et il faut attendre huit ans en moyenne pour en obtenir un. De plus, les 750 offices HLM en France n'ont jamais atteint les objectifs de 150 000 logements construits par an fixés par les derniers gouvernements, voire ne parviennent pas à entretenir le parc existant.

Face à cette situation, la loi ELAN (loi du 23 novembre 2018 portant évolution du logement, de l'aménagement et du numérique) soutient une « *mission portant sur la diversification des sources de financement du secteur du logement social* », notamment à travers un dispositif d'accession sociale qui consiste à vendre des logements sociaux à des prix préférentiels aux locataires occupants. Ce dispositif existe depuis les années 1960, mais fonctionnait peu : sur 100 000 HLM mis sur le marché, 8 000 étaient vendus chaque année en moyenne. La loi oblige les bailleurs à le faire, ainsi que de regrouper ceux qui détiennent moins de 12 000 logements pour mutualiser leurs moyens et faciliter la construction. L'idée défendue dans la loi est de vendre une partie du patrimoine pour construire de nouveaux logements.

Cependant, de nombreux experts et représentants dénoncent un processus de marchandisation du logement social, car le gouvernement fait de la vente des HLM existants un outil de financement des bailleurs sociaux, en plus de la réduction du loyer de solidarité (RLS) qui siphonne leurs fonds propres. Marie-Noëlle Lienemann, sénatrice, vice-présidente de l'Union sociale pour l'habitat et présidente de la Fédération des Coop'Hlm, explique que cette loi intervient également dans une tendance générale du retrait de l'État dans le modèle historique du financement des logements sociaux, comme cela a été le cas pour plusieurs voisins européens comme l'Allemagne et l'Angleterre depuis vingt ans. Le gouvernement a décidé de retirer chaque année 1,5 milliard de ses dotations aux logements sociaux. Historiquement, le modèle français du logement social repose sur l'épargne populaire, car la Caisse des dépôts et consignations, le bras financier de l'État, centralise jusqu'à 60 % l'argent collecté par les banques grâce au Livret A et au Livret de développement durable. Puis la CDC prête aux bailleurs pour qu'ils achètent des terrains et construisent des logements, avec la possibilité de rembourser sur des durées de cinquante ans, voire plus, avec l'argent des loyers « modérés ». Mais ces prêts doivent être complétés par des subventions et des fonds propres pour que les loyers puissent rester accessibles. Aussi, vendre 1 % du parc chaque année doit, selon la loi ELAN, permettre aux bailleurs de financer la construction de plus de logements sociaux sans subvention de l'État, voire de dégager des profits comme des promoteurs classiques.

Les effets de ces politiques de financiarisation du logement social et du désengagement public, si l'on regarde les expériences allemandes et britanniques, sont à l'inverse de l'intention d'aider les ménages les plus pauvres : baisse de production des logements sociaux, réduction du parc de l'habitat social, difficulté d'accès au logement des ménages pauvres et des personnes aux revenus modestes, dégradation de l'habitat, hausse des sans-abri… ainsi que le constate Jean-Luc Vidon, président de l'Aorif, qui fédère les bailleurs franciliens. Le député LREM Richard Logier, rapporteur de la loi ELAN, explique qu'elle devrait permettre de garantir de la mixité sociale puisque des ménages peu aisés peuvent devenir propriétaires d'un logement en dessous du prix du marché, notamment dans les villes où l'immobilier est le plus tendu du fait d'un fort déséquilibre entre l'offre et la demande. Cependant, on observe que les occupants qui décident d'acheter leur logement social le revendent très vite, déménagent et réalisent une plus-value et qu'alors leur logement rejoint le parc privé et donc les prix du marché. *In fine*, dans les endroits où les logements sociaux sont les plus nécessaires pour garantir une mixité sociale et une mixité d'usage, la loi ELAN pourrait encourager la spéculation immobilière sur des immeubles, construits initialement grâce à l'épargne populaire, et l'augmentation des prix de l'immobilier en général, ce qui aggraverait encore le problème des logements insalubres à l'avenir.

Du cas Vincent Lambert à l'affaire Vincent Lambert

par Élodie Grémaud

L'affaire Vincent Lambert est à la fois une affaire de famille, une affaire de justice et une affaire politique.

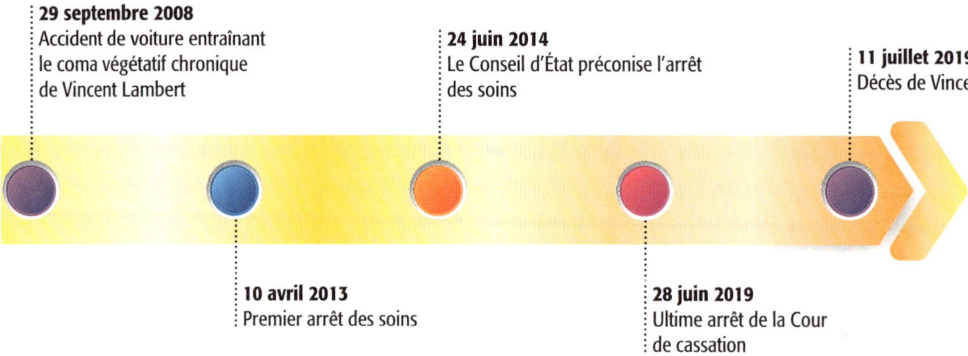

Les débuts de l'affaire

Vincent Lambert entre dans un coma végétatif chronique à la suite d'un accident de voiture. Pendant trois ans, les médecins font tout pour le réanimer. En 2011, il est déclaré en état de conscience minimale, c'est-à-dire qu'il émet des « signes de conscience fluctuants, mais reproductibles ». On appelle aussi cet état « pauci-relationnel ». Aucune amélioration n'est envisageable. L'affaire commence en 2013 quand un arrêt des traitements est envisagé par le CHU de Reims en accord avec Rachel Lambert, l'épouse de Vincent Lambert. Ce dernier n'avait pas laissé de « directives anticipées ».

Que dit la loi sur la fin de vie ?

La loi Leonetti, du nom du député, du 22 avril 2005 a pour but d'éviter l'acharnement thérapeutique sur les malades en fin de vie, c'est-à-dire les malades atteints d'une affection grave et incurable en phase avancée ou terminale. Il ne s'agit pas d'euthanasie, car les médecins n'ont pas le droit de provoquer la mort d'un patient. Cette loi a été complétée en 2016, pendant l'affaire Vincent Lambert, par la loi Claeys-Leonetti, loi de convergence écrite collégialement par un député de gauche (Claeys) et un autre de droite (Leonetti). La loi précise les directives anticipées qui sont des consignes pour faire connaître les souhaits de fin de vie comme :

- limiter ou arrêter les traitements en cours ;
- être transféré en réanimation ;
- être mis sous respiration artificielle ;
- subir une intervention chirurgicale ;
- être soulagé des souffrances même si cela a pour effet de mener au décès.

Ces directives s'imposent au médecin sauf si elles sont « inappropriées » ou « non conformes à la situation médicale ». N'importe quelle personne majeure, en bonne santé, malade ou handicapée peut écrire ces directives. Si la personne n'est pas capable d'écrire, il faut deux témoins, et pour une personne sous tutelle, il faut l'autorisation d'un juge ou d'un conseil de famille. Des modèles de lettres ont été créés par les autorités sanitaires, mais les directives peuvent être rédigées sur un papier libre daté et signé. Ces directives sont conservées dans un registre national et ne sont utilisées que si le malade ne peut plus s'exprimer.

Selon le CCNE (Comité consultatif national d'éthique), seuls 13 % des Français ont formulé par écrit leurs volontés sur leur fin de vie.

La loi donne le droit également à une « sédation profonde et continue » jusqu'au décès. C'est une mise en œuvre collégiale et elle s'accompagne d'un arrêt des traitements de maintien de vie, dont l'hydratation et l'alimentation, considérées par la loi comme des traitements et non plus comme des soins.

Les rebondissements juridiques

Les membres de la famille de Vincent Lambert s'affrontent devant les tribunaux. L'épouse de Vincent Lambert ainsi que plusieurs frères et sœurs de ce dernier appuient la décision des médecins d'une non-obstination déraisonnable et donc d'un arrêt des traitements. De leur côté, les parents de Vincent Lambert, au nom du droit à la vie, s'opposent à l'arrêt des traitements.

Le 10 avril 2013, les médecins du CHU de Reims pour lesquels les soins sont devenus « *une obstination déraisonnable* », en accord avec l'épouse de Vincent Lambert, qui ne souhaite pas un maintien de vie artificiel, arrêtent les soins. Les parents, qui affirment ne pas avoir été informés de cette décision, saisissent alors en référé le tribunal administratif de Châlons-en-Champagne. Le tribunal note que l'hôpital aurait dû informer l'ensemble de la famille. L'alimentation et l'hydratation reprennent le 11 mai 2013.

Le 11 janvier 2014, l'hôpital informe l'ensemble de la famille d'un nouvel arrêt des soins, toujours en accord avec l'épouse de Vincent Lambert. Les parents saisissent de nouveau le tribunal administratif, qui annule de nouveau la décision, car le cas de Vincent Lambert n'entrerait pas dans le cadre de la loi Leonetti de 2005. Le tribunal estime que Vincent a un « handicap » et non « une affection grave et incurable » et qu'il reste un espoir de guérison.

L'hôpital et l'épouse de Vincent Lambert font appel au Conseil d'État (pour son rôle de juge administratif suprême qui juge les litiges entre les particuliers et les personnes publiques) pour savoir si ce cas relève ou non de la loi Leonetti. Pour trancher, le Conseil d'État s'appuie sur deux éléments principaux :

- la volonté du patient, or Vincent Lambert n'a pas rédigé de directives anticipées, mais les témoignages de l'épouse et d'un frère insistent pour dire qu'il ne voulait pas vivre ainsi ;
- un nouvel examen médical qui indique que Vincent Lambert n'est plus en état de « conscience minimale », mais en « état végétatif », c'est-à-dire que sa conscience est absente et que ses réactions ne sont que des réflexes.

Le 24 juin 2014, le Conseil d'État préconise l'arrêt des soins, dans le cadre de la loi Leonetti.

Les parents saisissent alors la Cour européenne des droits de l'homme (CEDH) pour suspendre la décision du Conseil d'État. Cette juridiction du Conseil de l'Europe est chargée de veiller au respect de la Convention européenne de sauvegarde des droits de l'homme et des libertés fondamentales (convEDH). La Cour autorise également l'arrêt des soins le 5 juin 2015.

Après une nouvelle tentative d'arrêt des soins, les parents portent alors plainte contre l'hôpital et les médecins. Ces derniers ne relancent pas l'arrêt des soins tant qu'un tuteur n'a pas été désigné. Aussi en 2016, l'épouse de Vincent Lambert est désignée comme tutrice par le juge des tutelles, et elle est confirmée par la Cour de cassation.

Une nouvelle procédure d'arrêt des soins est lancée en avril 2018 et le Conseil d'État rejette de nouveau le recours des parents, comme en 2014. Alors, les parents saisissent un comité de l'ONU, le Comité des droits des personnes handicapées (CDPH), qui demande une suspension de la procédure de l'arrêt des soins pour étudier le dossier. Or, cette demande n'est pas contraignante, et les autorités françaises refusent de suspendre l'arrêt des soins. Le 20 mai 2019, la cour d'appel de Paris, saisie par les parents, ordonne, contre toute attente, la reprise des traitements, car elle choisit de donner un caractère obligatoire à la demande du CDPH.

La fin de la bataille judiciaire se termine finalement le 28 juin 2019. Le gouvernement français s'est pourvu en cassation contre la décision de la cour d'appel. La Cour de cassation (juridiction la plus élevée de l'ordre judiciaire, elle contrôle l'exacte application du droit par les tribunaux et les cours d'appel) casse l'arrêt de la cour d'appel. Alors le 2 juillet, la procédure d'arrêt des soins est relancée et les parents de Vincent Lambert annoncent qu'ils ne déposeront plus de recours. Vincent Lambert s'éteint le 11 juillet 2019 à l'âge de 42 ans.

Et ailleurs ?

Les lois sur la fin de vie et sur l'euthanasie ne sont pas uniformisées en Europe. Dans certains pays, tout ce qui s'apparente de près ou de loin à l'euthanasie est interdit comme en Grèce, en Irlande ou en Pologne. En revanche, l'euthanasie et l'accompagnement vers la mort sous certaines conditions sont autorisés dans des pays tels que la Belgique et les Pays-Bas.

Législation sur l'euthanasie en Europe

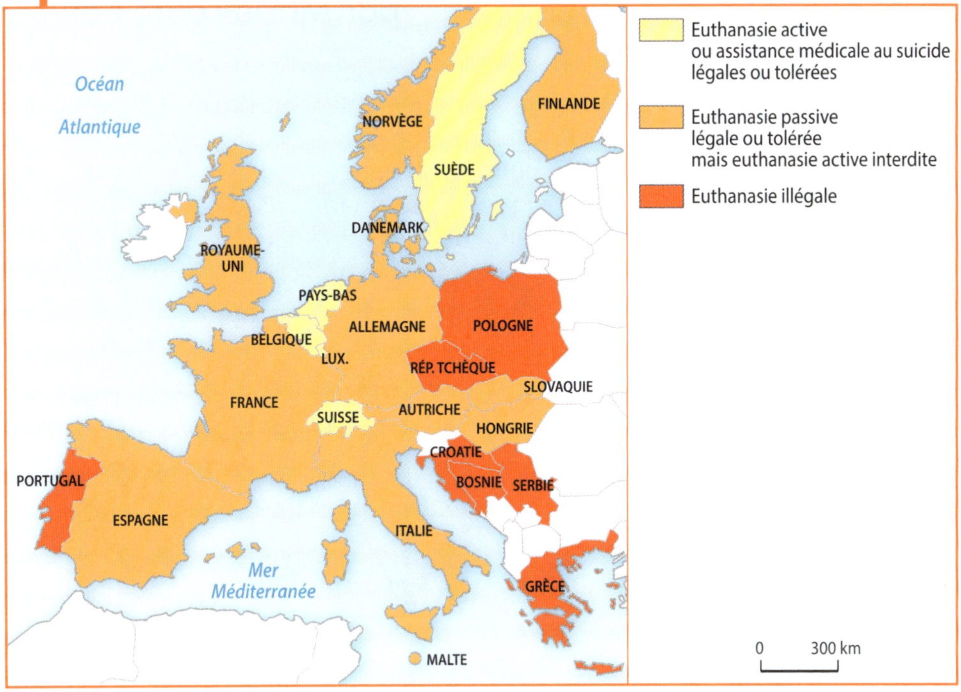

Fin du remboursement de l'homéopathie !

par Marie-Laure Boursat

Le gouvernement français, par la voix de son ministre des Solidarités et de la Santé, Agnès Buzyn, a pris la décision, le 10 juillet 2019, de dérembourser l'homéopathie. Cette mesure, qui entrera en vigueur le 1er janvier 2021, divise l'opinion. Si la communauté scientifique ne reconnaît pas l'efficacité de l'homéopathie, cette pratique est pourtant répandue en France depuis plus de 180 ans. La décision du gouvernement a donc divisé l'opinion.

1835
Père de l'homéopathie, le Dr Samuel Hahnemann exerce alors à Paris

1932
Naissance en France des laboratoires Boiron, leader mondial de l'homéopathie

1965
Remboursement de l'homéopathie à hauteur de 30 %

1984
Remboursement de l'homéopathie à hauteur de 65 %

10 juillet 2019
La minitsre des Solidarités et de la Santé annonce le déremboursement de l'homéopathie

2020
Année de transition : remboursement partiel à 15 %

1er janvier 2021
Déremboursement total de l'homéopathie

Qu'est-ce que l'homéopathie ?

L'homéopathie est une médecine douce pratiquée dans le monde entier par des médecins, des naturopathes et d'autres professionnels de santé.

Le mot « homéopathie » dérive des mots grecs « *homoios* », qui signifie semblable, et « *pathos* », qui veut dire maladie. Le principe de l'homéopathie est en effet de soigner le mal par le mal. Si une substance médicinale administrée à grande dose provoque des symptômes chez un individu sain, cette même substance, une fois diluée, doit pouvoir guérir un individu malade présentant ces mêmes symptômes.

L'homéopathie repose sur le principe de la dilution infinitésimale. Elle consiste à diluer si fortement une substance que le principe actif n'est plus repérable.

Principe de la dilution infinitésimale

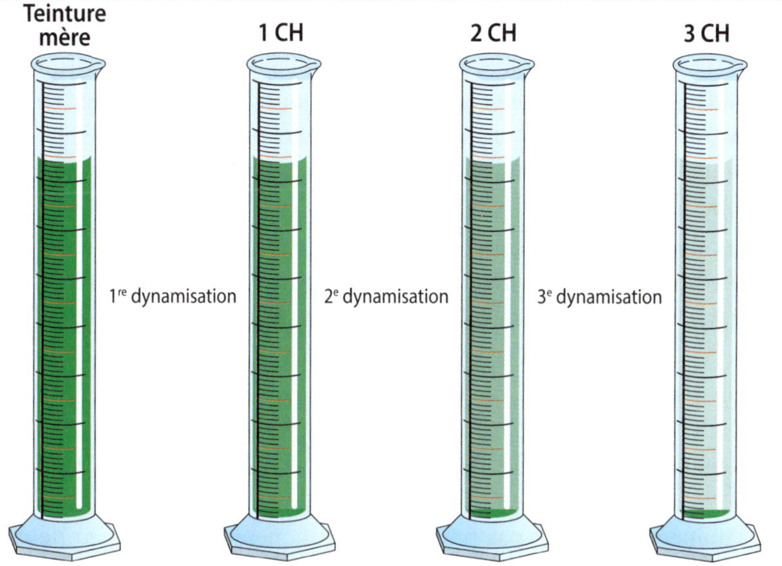

Système centésimal 1 CH = dilution au 1/100

L'homéopathie s'oppose à l'allopathie, la médecine qui emploie des médicaments produisant des effets contraires à ceux que produit la maladie.

Contrairement à l'allopathie, l'homéopathie n'a pas d'effets secondaires.

Le fondateur de l'homéopathie est un médecin allemand, Samuel Hahnemann, venu s'installer en France en 1835. Il exerça près de dix ans dans les beaux quartiers de Paris, où il recevait une clientèle fortunée.

Si on trouvait quelques médecins homéopathes à la campagne au XIXe siècle, ce sont essentiellement les élites sociales et culturelles qui se soignaient ainsi.

La démocratisation de l'homéopathie

L'homéopathie est longtemps restée une pratique minoritaire. Ce n'est qu'au début du XXe siècle, avec la création de laboratoires spécialisés, qu'elle commence à se répandre.

Boiron, leader français de l'homéopathie : chiffres et dates clés

1932 Création à Paris

1er fabricant mondial de médicaments homéopathiques

604,212 millions d'euros : chiffres d'affaires en 2018

60 % de leur chiffre d'affaires est réalisé en France

4 sites de production en France

Les Laboratoires Boiron vendent leurs produits dans **50 pays**

Le remboursement de l'homéopathie, progressif en France au cours du XXe siècle, popularise son usage en le rendant accessible au plus grand nombre.

En 1938, l'homéopathie est remboursée en France par les assurances sociales. Elle est officiellement reconnue depuis 1965, date à laquelle elle fait son apparition à la Pharmacopée Française. Elle est alors partiellement remboursée par la Sécurité sociale. En 1984, Georgina Dufoix, ministre de la Santé sous Mitterrand, décide de rembourser l'homéopathie à hauteur de 65 %. C'est le taux de remboursement le plus élevé pour les traitements homéopathiques.

Depuis 1984, le taux de remboursement des traitements homéopathiques n'a cessé de diminuer. La décision de déremboursement prise en juillet 2019 par la ministre de la Santé, Agnès Buzyn, met fin à près de 80 ans de remboursement de l'homéopathie.

Le débat sur l'efficacité de l'homéopathie

La décision de dérembourser l'homéopathie en France à partir de 2021 relance le débat sur l'efficacité de l'homéopathie.

L'efficacité de l'homéopathie n'est pas prouvée scientifiquement. Le niveau de dilution est tel que le principe actif des substances traitées disparaît. C'est pourquoi, la Haute Autorité de santé s'est prononcée pour le déremboursement de l'homéopathie au motif que « *les médicaments homéopathiques n'ont pas démontré scientifiquement une efficacité suffisante pour justifier d'un remboursement* ».

Le durcissement du corps médical à l'encontre de l'homéopathie et des médecins homéopathes a également pesé sur la décision de la Haute Autorité de santé. Une pétition signée par 124 professionnels de santé du collectif FakeMed demandait non seulement le déremboursement des médicaments homéopathiques, mais aussi la radiation des homéopathes de l'ordre des médecins.

Les détracteurs de l'homéopathie parlent d'effet placebo. L'effet placebo se définit comme un mécanisme d'autosuggestion capable de soulager des symptômes ressentis grâce à la production d'endorphines par le cerveau du patient. Plus le patient a confiance en son médecin, plus le mécanisme placebo est efficace.

De nombreux médecins défendent néanmoins l'homéopathie. Ils prônent une approche de la médecine plus globale. Elle nécessite des consultations plus longues, au cours desquelles le médecin peut se faire une vision du patient en tant que tout indivisible.

Certains médecins pensent que l'allopathie et l'homéopathie sont complémentaires. L'homéopathie peut prendre en charge seulement les maladies dites fonctionnelles (fatigue, lombalgie, dépression, insomnie, anxiété) tandis que l'allopathie prend en charge les maladies organiques classiques.

Qu'importe les positions du corps médical, cette médecine douce est très répandue en France.

Les Français et l'homéopathie

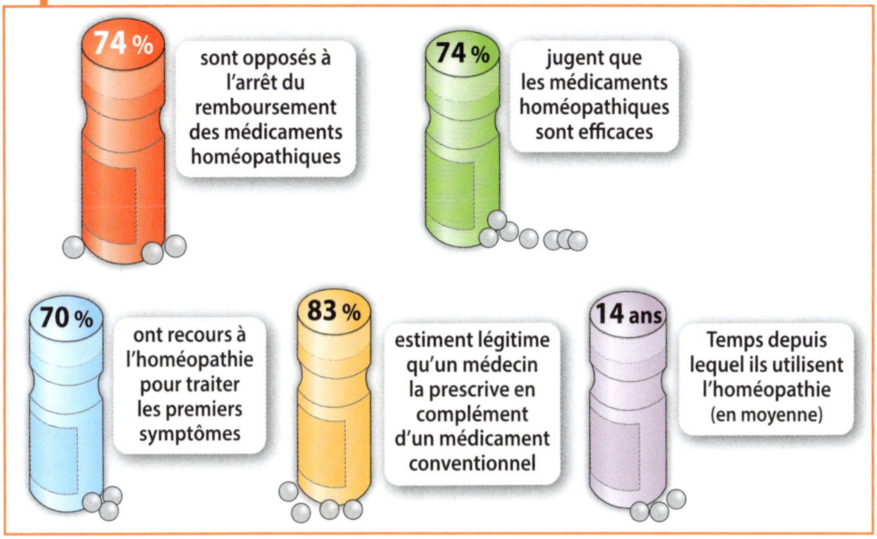

Source : Ipsos.

La réduction des dépenses publiques

Le gouvernement a tranché le débat, avec un argument supplémentaire, celui de réduire toutes les dépenses publiques, dont les dépenses de santé. Le déficit de la Sécurité sociale est un cheval de bataille du gouvernement. Or, après un déficit de 5 milliards d'euros en 2017, puis un léger déficit de moins de 300 millions d'euros en 2018, l'année 2019 devrait avoir un budget enfin équilibré. Mais le rapport annuel de la commission des comptes de la Sécurité sociale (CCSS), publié en juin 2019, a revu les prévisions à la baisse. Le déficit se creuserait.

Le coût annuel de l'homéopathie pour la Sécurité sociale est modeste : il n'est que de 126,8 millions d'euros en 2018, ce qui représente moins d'1 % du total des remboursements. Cette somme relativement petite est insuffisante pour résoudre le déficit.

Un déremboursement total programmé

La décision du gouvernement de dérembourser entièrement l'homéopathie a été actée en juillet 2019, avec une période de transition : jusqu'au 31 décembre 2019, maintien du remboursement à hauteur de 30 %, ce remboursement passera à 15 % en 2020 puis à 0 % à partir du 1er janvier 2021.

Le déremboursement de l'homéopathie est une mesure plus symbolique que réellement efficace sur le plan de la maîtrise des dépenses publiques de santé. D'autres pays ont précédé la France dans cette décision : l'Australie en 2015, le Canada en 2016 et l'Angleterre depuis 2017. Dans cet affrontement médical, reste à voir si l'Ordre des médecins français continuera à reconnaître les praticiens homéopathes et si les facultés de médecine proposeront encore des formations sur l'homéopathie, en considérant cette approche davantage complémentaire que concurrente de la médecine classique…

Encadrement des loyers : un dispositif efficace ?

par Gérard Blandin

Depuis le 1er juillet 2019, l'encadrement des loyers est de nouveau en vigueur à Paris. Pour les contrats de location signés ou renouvelés à partir de cette date, les loyers doivent se situer entre deux bornes fixées par un arrêté. Déjà mis en place le 1er août 2015 dans la capitale, puis annulé deux ans plus tard par le tribunal administratif, ce dispositif est-il vraiment efficace pour agir contre les loyers excessifs et contenir les hausses abusives ?

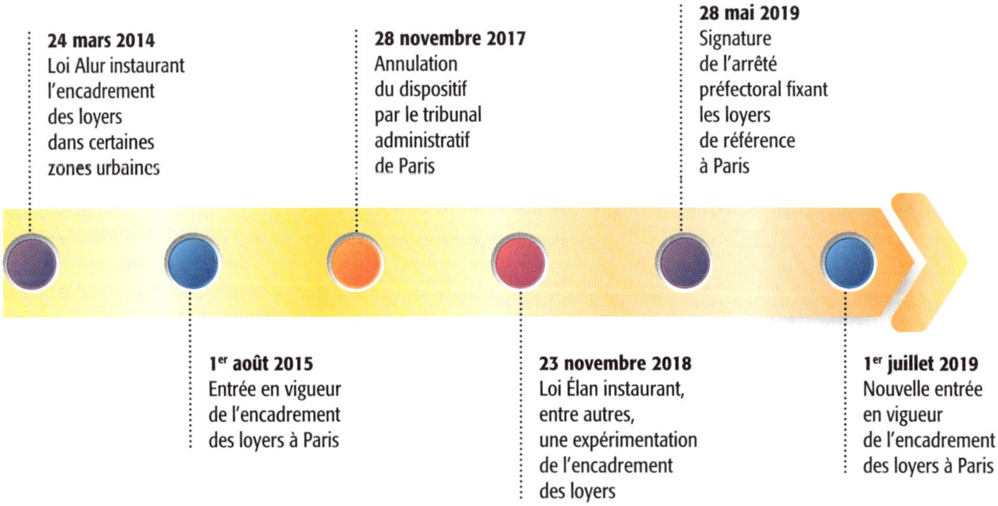

Limiter la hausse des loyers et mettre fin aux abus

Le logement est une préoccupation majeure des Français qui y consacrent plus de 20 % de leurs revenus en moyenne. Et, parmi les locataires du parc privé, un ménage sur cinq y dédie même plus de 40 % de ses revenus. Or, dans les zones tendues, le déséquilibre entre l'offre et la demande a généré une hausse très importante des loyers. À Paris, par exemple, celle-ci s'est élevée à 40 % entre 2001 et 2009 et à 22,6 % entre 2009 et 2019, selon l'Observatoire des loyers de l'agglomération parisienne (OLAP). D'où la décision des pouvoirs publics de réguler ce marché.

Plébiscité par les Français, critiqué par certaines fédérations professionnelles, telles la FNAIM et l'UNIS, l'encadrement des loyers a donc fait son retour à Paris, le 1er juillet 2019. Instaurée quatre ans plus tôt par la loi pour l'accès au logement et un urbanisme rénové, dite loi Alur ou Duflot II, cette mesure avait été annulée le 28 novembre 2017 par le tribunal administratif. La raison ? Ce dispositif devait concerner l'intégralité de l'agglomération parisienne et non la seule capitale (en juin 2019, contre toute attente, le Conseil d'État validera l'encadrement annulé en 2017). Le législateur l'a alors remplacé par une expérimentation de même nature sur une durée de cinq ans, qui figure à l'article 140 de la loi portant évolution du logement, de l'aménagement et du numérique, dite loi Élan, du 23 novembre 2018.

Évolution des loyers de marché et de relocation

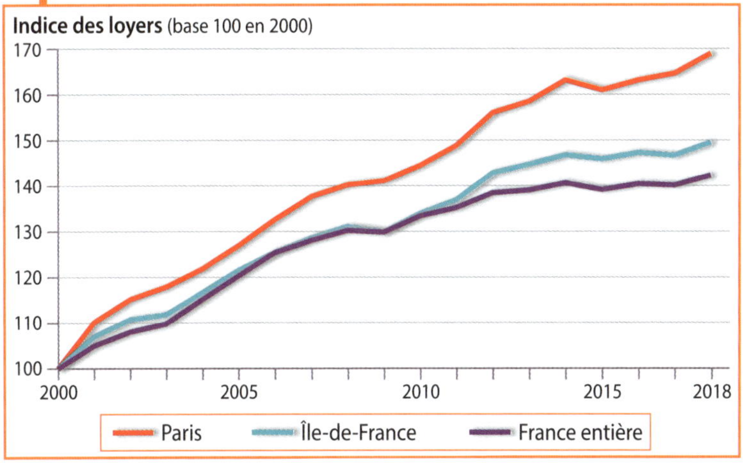

Source : Clameur.

Le dispositif tient compte de la diversité du parc locatif

De manière cohérente, le dispositif d'encadrement des loyers tient compte de la diversité du parc locatif. La capitale a été découpée en quatorze zones géographiques, composées à partir des quatre-vingts quartiers (chaque arrondissement compte quatre quartiers administratifs). Pour chacune des zones, les loyers ont été structurés par époque de construction (avant 1946, de 1946 à 1970, de 1971 à 1990 et après 1990) et par la taille du logement (studio, deux, trois, quatre pièces et plus).

Au total, pour chaque type d'appartement, trois indicateurs sont fixés par un arrêté préfectoral, en date du 28 mai 2019, et résultent des données fournies par l'OLAP : un loyer de référence médian, un loyer majoré et un loyer minoré. Ils sont tous exprimés hors charges et en euros par mètre carré de surface habitable.

Le premier, plus pertinent qu'une moyenne, coupe l'échantillon des loyers en deux parties égales. Le deuxième, qui a donc valeur de plafond, ne peut excéder le loyer médian majoré de 20 %. Au-delà, les loyers sont considérés comme anormalement élevés ; le locataire peut alors demander une révision du loyer de manière amiable ou saisir la commission départementale de conciliation. Enfin, le troisième, qui a valeur de plancher, est égal au loyer médian diminué de 30 %. En deçà, les loyers peuvent être considérés comme sous-évalués et sont renégociables par le bailleur sous certaines conditions (les logements HLM, ceux conventionnés APL, ou encore ceux soumis au régime de la loi de 1948 ainsi que les locations saisonnières ne sont pas concernés).

Pour un deux-pièces non meublé d'avant 1946, situé à Montparnasse, par exemple, le loyer de référence mensuel, hors charges, s'élève ainsi à 24,20 € le mètre carré, avec un plancher à 16,90 € et un plafond à 29 €. Si l'appartement développe une surface de 50 m^2, le loyer mensuel, hors charges, sera donc compris entre 845 et 1 450 € en fonction des qualités propres du bien (état, confort, vue, etc.). Pour tenir compte du caractère meublé, une majoration de l'ordre de 12 % est appliquée aux loyers de référence des logements loués vides.

Important, pour des biens présentant des caractéristiques particulières de localisation ou de confort, il est possible de déroger au plafond et d'appliquer un complément de loyer. Il s'agit de biens d'exception possédant, par exemple, un jardin privatif, une grande terrasse ou une vue imprenable sur un monument historique. Pas question donc d'appliquer un complément de loyer pour un étage élevé avec un simple balcon. Car, là aussi, le locataire pourra exercer un recours.

Le dispositif se superpose avec le plafonnement des augmentations de loyers

Ce dispositif concerne tous les contrats de location signés à partir du 1er juillet 2019 (première location, relocation, renouvellement de bail), mais ne s'applique pas aux baux en cours, ni aux tacites reconductions. En outre, il se superpose avec le plafonnement des augmentations de loyers à la relocation, en vigueur depuis le 1er août 2012, dans vingt-huit agglomérations jugées tendues, comme Bordeaux, Lille, Lyon, Montpellier, Nantes, Paris et Toulouse. Dans ces zones, un bailleur ne peut plus augmenter le loyer dans une proportion supérieure à l'indice de référence des loyers (IRL), publié chaque trimestre par l'Insee. Ce dispositif vaut pour un changement de locataire, comme pour un renouvellement de bail.

En conséquence, les loyers parisiens doivent être fixés dans une double limite : d'abord, en fonction du loyer appliqué à l'ancien locataire, puis dans la limite des valeurs fixées par l'arrêté préfectoral. En cas de non-respect par le bailleur du loyer de référence majoré, la loi ÉLAN prévoit des sanctions qui peuvent aller jusqu'à 5 000 € pour une personne physique et 15 000 € pour une personne morale.

Avec ce dispositif, les bailleurs sont donc fortement incités à modérer leurs prétentions. Et les locataires sont davantage informés du niveau des loyers des logements équivalents au leur, grâce aux données des observatoires et au fait que les loyers de référence figurent dans le bail.

Un effet réel, mais modéré sur les loyers de relocation

Ce dispositif est-il vraiment efficace ? Dans une étude publiée en décembre 2018, l'OLAP a étudié l'impact de l'encadrement des loyers du 1er janvier au 27 novembre 2017 par rapport aux loyers des deux années passées. « *La comparaison des trois bilans annuels effectués fait apparaître une tendance à la baisse de la part des emménagements au-dessus du plafond ainsi que des compléments de loyer de moins en moins élevés. La part des dépassements [principalement des petites surfaces de moins de 20 m²] est en effet passée de 26 % en 2015 à 23 % en 2016 et 21 % en 2017 et les compléments de loyer de 186 € en 2015 à 165 € en 2016 et 134 € en 2017* », selon les auteurs de l'étude, Geneviève Prandi et Gaëlle Coz. « *Même si on ne peut exclure une certaine saisonnalité des relocations et donc que les trois années ne sont pas strictement comparables, l'objectif d'élimination des excès semble en partie atteint avec une baisse d'environ 50 € des compléments de loyer en deux ans* ». Autrement dit, le dispositif a eu un effet réel, mais modéré sur les loyers de relocation.

D'ailleurs, suite à l'annulation du dispositif fin 2017, l'association de défense des consommateurs CLCV a reconduit son étude sur les loyers parisiens en 2018 afin d'en mesurer l'impact. « *Alors que nous avions toujours eu une application majoritaire de la loi ALUR depuis 2015, il s'agit de la première année où le taux d'annonces conformes est inférieur à la moyenne avec seulement 48 %, contre 61 % en 2017, soit une chute de 13 points ! Ce net recul ne peut être le fruit du hasard* », déplore la CLCV.

Certes, l'encadrement peut engendrer des effets pervers comme le report ou l'abandon de travaux d'amélioration des logements, voire la renonciation à la location du bien, mais il exerce, à l'évidence, une fonction de régulation auprès des bailleurs. C'est d'ailleurs pourquoi plusieurs établissements publics territoriaux, regroupant des communes situées au nord et à l'est de la capitale, ainsi que la métropole de Lille, ont déposé leur dossier auprès de l'État afin de mettre en œuvre ce dispositif.

Tinder et les apps

par Louise Cormier

Tinder et les autres applications de rencontres, comme tous les phénomènes viraux, cristallisent les polémiques, les certitudes, les désaccords et les grandes théories sur la nature humaine. Pourquoi ces applications sont-elles devenues un phénomène sociétal si massif ? Quelles sont leurs origines et évolutions ? Quelles sont les conséquences sur les comportements de séduction et de reproduction ? Quel est le rôle des pouvoirs publics ?

Avril 1995
Lancement du premier site de rencontres avec le domaine Match.com, leader du secteur

Années 2010
Selon plusieurs statistiques, les jeunes générations « millennials » feraient moins l'amour que leurs parents

2012
Sortie aux USA de Tinder, application de rencontres sur smartphone

2018
Avec 810 millions de CA, Tinder est l'une des applis les plus rentables de l'App Store

Tinder : un succès immense dans la lignée des sites de rencontres et décuplé par une interface instinctive et ludique

Outre la facilité de son utilisation, le succès de Tinder s'explique par son adéquation avec les besoins de plusieurs millions de personnes. Sortie en 2012 aux États-Unis et en 2013 en France, l'application domine aujourd'hui le marché des rencontres « amoureuses » en ligne. Elle compte environ 50 millions d'utilisateurs dans le monde, dont 4,1 millions paient pour avoir accès à des fonctions supplémentaires. Avec 810 millions de dollars de chiffre d'affaires en 2018, Tinder est l'une des applications les plus rentables de l'App Store. En 2018, aux États-Unis, un mariage sur trois commence avec une rencontre en ligne.

Application Tinder sur l'App Store

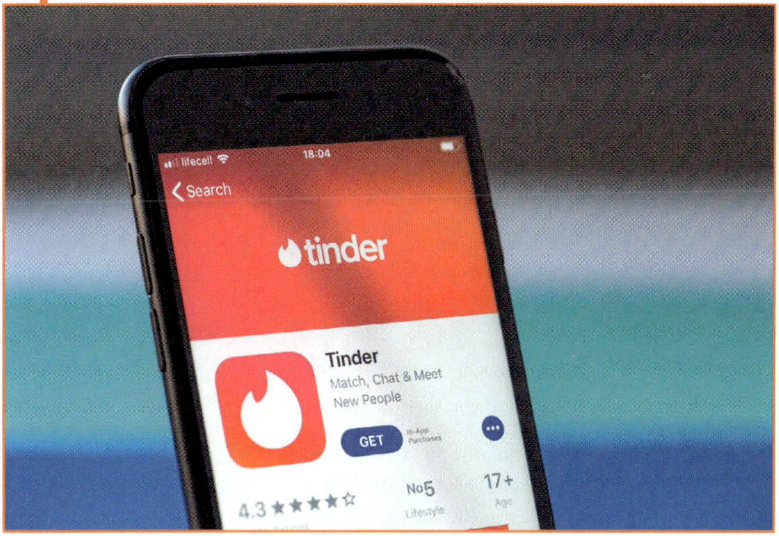

Crédit : bloomicon/Adobe Stock.

Son interface sur smartphone est ludique et rapide à installer. Le mécanisme du « *swipe* » (balayage de l'écran) pour passer d'un profil à l'autre et potentiellement « matcher » est très intuitif : le *swipe* à droite signifie « *j'accepte d'être mis en contact avec cette personne* ». Si l'autre *swipe* à droite aussi : « *it's a match* ! ». En revanche, « *swiper* » à gauche signifie « *je ne souhaite pas être mis en contact avec cette personne* ».

Face à ce rapide succès, les réactions vont d'un extrême à l'autre : certains voient dans l'application l'incarnation de la libération des mœurs, voire de la révolution sexuelle, notamment encouragée depuis 2018 par les conséquences de l'affaire Weinstein. D'autres voient, au contraire, une remise en cause du patriarcat, une marchandisation de la sexualité et une dégradation morale, en partie rattachée à un mouvement général de la montée de l'individualisme et d'une phobie de l'engagement.

Les rencontres en ligne : ni une révolution sexuelle, ni une marchandisation de la sexualité, ni même une décadence morale

Dans les chiffres, les sites de rencontres semblent avoir pris une telle ampleur qu'ils ont largement pris place dans nos relations sexuelles et amoureuses, voire sont devenus une norme. En 2018, d'après une enquête de l'IFOP auprès d'un échantillon représentatif, 33 % des Français et 21 % des Françaises se sont déjà connectés à des sites ou applications de rencontres. Les sites de rencontres ne sont pas, contrairement à certains clichés, réservés aux retardataires du « mercato de l'amour » et aux « brebis galeuses ».

Utilisateurs de Tinder parmi les mobinautes âgés de plus de 18 ans

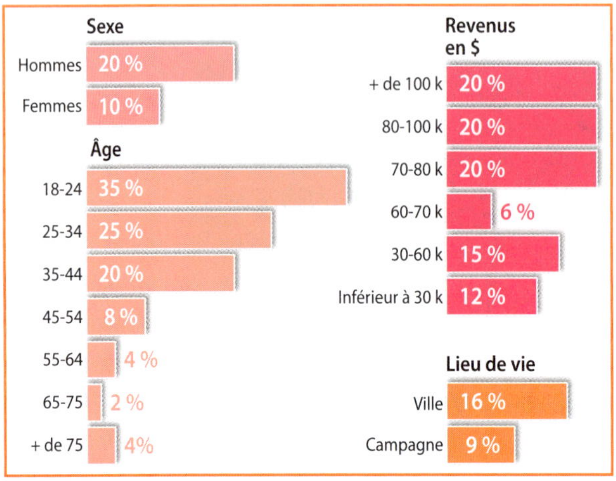

Sondage réalisé aux États-Unis sur un échantillon de 2 000 individus en 2019.
Source : we are Flint.

L'application interroge, voire scandalise, certains membres de la génération pré-Internet affolés par une banalisation, une artificialisation ou une « marchandisation » de la sexualité passant d'abord par le virtuel, et qui détériorerait les liens affectifs réels. Le vrai bouleversement de Tinder, d'après la sociologue Marie Bergström, réside dans la « privatisation de la rencontre » : les rencontres se déroulent de plus en plus en dehors des cercles de sociabilité traditionnels que sont la famille, le voisinage, les loisirs et les « bals ». Les caractéristiques des sites de rencontres sont finalement proches de celles de l'ancien courtage matrimonial. Elles favorisent l'homogamie, c'est-à-dire le rapprochement entre personnes d'un même groupe social. Les réserves de la génération pré-Internet sont également à mettre en perspective avec l'histoire de la sexualité et de l'amour : ce n'est qu'au XIXe siècle que le romantisme a instauré l'amalgame entre le sexe et l'amour, sacralisant le sexe et la propriété réciproque du corps de l'autre.

Les applications de rencontres sont fondées sur les croyances et pratiques de leurs concepteurs, souvent des hommes occidentaux. Aussi, Tinder et les apps prolongent dans la sphère virtuelle les normes qui régulent les relations hétérosexuelles. Sur Tinder, les femmes, beaucoup moins nombreuses que les hommes, imposent leurs attentes aux hommes. Pour les hommes, il s'agit de montrer leur intérêt, mais pas trop. Dans les milieux sociaux favorisés, le fait de n'être pas trop explicite est capital, d'après la sociologue Marie Bergström. Les femmes, de leur côté, sont plutôt dans la retenue sexuelle, elles ne doivent pas paraître trop « faciles » ou « animales ». Finalement, la distance virtuelle conserve voire renforce les normes, en particulier sur Tinder où l'on ne peut montrer de soi que des photographies.

Un phénomène qui n'est pas sans conséquence sur les modes de séduction et sur notre vision de la sexualité

Dans une enquête de 2018, la journaliste Kate Julian constate que les jeunes générations font moins l'amour que leurs prédécesseurs au même âge. Plusieurs facteurs expliquent ce recul : une pression sociale trop importante autour de l'amour, du sexe, de la réussite, ainsi qu'une exigence trop élevée de perfection. La massification des profils sur les sites et les applications de rencontres peut accentuer l'exigence que chacun s'impose. Cette exigence peut créer des décalages et des craintes de décalage importants avec la réalité. D'après une étude *UFC-Que Choisir*, sur 27 contacts établis en moyenne sur les sites de rencontre en France, seulement cinq aboutissent à une rencontre physique, deux à une relation et une à une « vraie histoire ».

Selon Kate Julian, les normes proposées par les médias sont celles de l'injonction à l'amour et à une sexualité épanouie, parties intégrantes d'une vie parfaite. Le sexe est perçu comme un élément essentiel et directement lié à la bonne santé de l'amour. Une autre forme de pression qui s'applique est celle des « parents hélicoptères », obsédés par la réussite de leurs enfants et la stabilité de leur vie, et donc pour qui le développement émotionnel des individus n'est pas une priorité face à la « réussite » professionnelle et financière. Depuis 2000, le nombre des 18-29 ans habitant dans le foyer parental s'accroît. Selon l'INSEE, en 2013, près d'un adulte sur deux de cette tranche d'âge habite chez ses parents une partie de l'année. En conséquence, les jeunes générations peuvent manquer d'occasions pour apprendre à flirter et à se séduire en face à face. Or, ces occasions sont essentielles pour l'estime de soi, mais aussi pour l'empathie et la compréhension des situations sociales en général.

De façon générale, l'éducation à la sexualité est le parent pauvre des programmes scolaires, alors que nos sociétés sont pourtant extrêmement sexualisées avec la pornographie très accessible, les publicités, le marketing, le cinéma, etc. Tous ces symboles et signaux liés à la sexualité ont besoin d'être déchiffrés, déconstruits, analysés et critiqués par de jeunes générations toujours plus exposées. Des solutions d'éducation, en dehors de toute morale qui condamne la sexualité en soi, doivent être mises en place pour calmer l'angoisse des jeunes à l'idée de ne pas être assez bien pour les standards affichés dans les applications de rencontres et les réseaux sociaux en général. Depuis 50 ans, les cas de dépression chez les jeunes augmentent continuellement et, pour la psychiatre Marie Rose Moro, les attentes très fortes qui pèsent sur eux l'expliquent en grande partie. Si la reconnaissance en ligne semble plus facile à obtenir avec le simple « *like* » ou « *match* », le revers de la médaille est tout aussi violent et peut aboutir à un silence radio éternel.

Seules de sérieuses politiques publiques d'éducation à la sexualité, comme celles contre le tabagisme aux USA, par exemple, mais également la déconstruction des normes sexistes de performance et le développement d'espaces publics de rencontres pourraient permettre aux sites de rencontres de n'être pas seulement des plateformes de prolongation voire d'accentuation des normes genrées, mais bien de contribuer à l'autonomie, à la confiance et au bonheur de chacun.

Personnalité : Agnès Buzyn, une ministre sur tous les fronts ?

par Élodie Grémaud

Le 17 mai 2017, Agnès Buzyn est nommée ministre des Solidarités et de la Santé. Ministre discrète, mais tenace, elle se décrit comme une technicienne et non comme une femme politique. Sans expérience politique, comment est-elle devenue ministre et comment gère-t-elle les nombreuses réformes dont elle a la charge ?

- **2004**
  Nomination comme professeure des universités
- **Mars 2016**
  Nomination à la présidence du collège de la Haute Autorité de santé
- **17 mai 2017**
  Nomination comme ministre des Solidarités et de la Santé
- **1er janvier 2018**
  Entrée en vigueur de la loi sur les onze vaccins obligatoires
- **Septembre 2019**
  Annonces pour améliore les services des urgences des hôpitaux

Une experte à la tête de la Santé

Issue d'une famille de médecins, Agnès Buzyn est elle-même une hématologue de renom. Elle est notamment responsable de l'unité de soins intensifs d'hématologie adulte et de greffe de moelle à l'hôpital Necker, et professeure de médecine à l'université Pierre-et-Marie-Curie. Agnès Buzyn occupe ensuite des postes à responsabilité dans des organismes de santé publics : elle est nommée présidente du conseil d'administration de l'Institut de radioprotection de la sûreté nucléaire (IRSN) de 2008 à 2013, puis présidente de l'Institut national du cancer (INCA) depuis 2011. C'est sous son mandat qu'est lancé le troisième plan de lutte contre le cancer. En 2016, elle est la première femme nommée à la Haute Autorité de santé (HAS).

Malgré ce prestigieux *curriculum vitæ*, la légitimité de sa nomination comme ministre des Solidarités et de la Santé a pu être contestée. Il lui est notamment reproché d'avoir travaillé avec le groupe pharmaceutique Novartis, dont l'image est entachée par plusieurs scandales de corruption. Nommée ministre, Agnès Buzyn entre par ailleurs en conflit d'intérêts avec son mari Yves Lévy, directeur de l'Institut national de la santé et de la recherche médicale (INSERM), sous la tutelle du ministère. Ce dernier décide finalement de ne pas renouveler son mandat.

Une ministre en charge de nombreux dossiers

Dès sa nomination, Agnès Buzyn fait passer une loi contestée sur les vaccins : depuis le 1er janvier 2018, onze vaccins, au lieu de trois, sont obligatoires pour les jeunes enfants.

Depuis qu'Agnès Buzyn est arrivée au gouvernement, l'hôpital public est en crise. En septembre 2019, plus de 250 services d'urgences sont en grève. Le plan « Ma santé 2022 » a pour objectifs d'organiser de façon plus rationnelle la médecine de ville et de mettre en place sur tout le territoire un maillage d'hôpitaux publics. Mais ce projet ambitieux ne répond pas dans l'immédiat à la crise des urgences. Aussi la ministre a-t-elle annoncé douze mesures le 9 septembre 2019, dont les principales sont la mise en place d'un service d'accès aux soins (SAS), accessible par téléphone et en ligne, et un renforcement des consultations sans rendez-vous. Est-ce suffisant pour convaincre les personnels urgentistes en grève, dont le mouvement est soutenu par une grande partie de l'opinion ? Une hausse des salaires est également à l'étude, mais toutes les annonces n'ont pas encore été faites.

Agnès Buzyn a également en charge la loi sur la bioéthique, qui comprend l'ouverture de la procréation médicalement assistée (PMA) à toutes les femmes, la fin de l'anonymat du don de sperme et l'allégement des demandes d'autorisation pour les recherches sur les cellules souches embryonnaires. Sur le dossier de la PMA, la ministre a le soutien de la gauche. Le 27 septembre 2019, le projet de loi est voté à l'Assemblée nationale.

Sur le dossier de la réforme des retraites, elle est aidée par Jean-Paul Delevoye, haut-commissaire à la réforme des retraites. Une « concertation citoyenne » est lancée pour trouver des solutions afin d'équilibrer le système, mais de nombreux conflits sociaux sont déjà annoncés.

AUTRES FAITS

janv.

3 janvier 2019 Selon les chiffres publiés par le Haut-Commissariat de l'ONU aux réfugiés (HCR), plus de 2 260 personnes sont mortes en tentant de traverser la Méditerranée en 2018.

12 Janvier Le 9e arrondissement de Paris est touché par une très violente explosion. Survenue au rez-de-chaussée d'un immeuble de la rue de Trévise dans la matinée, l'explosion due au gaz a causé la mort de 4 personnes, dont 2 pompiers, et en a blessé plus de 50.

18 janvier L'affaire Benalla se poursuit. L'ex-chargé de mission d'Emmanuel Macron a été mis en examen après une garde à vue de 24 heures pour s'expliquer sur les conditions de délivrance de deux passeports diplomatiques utilisés à de nombreuses reprises depuis le mois d'août, donc après son licenciement de juillet 2018.

fév.

11 février En France, une affaire de cyberharcèlement ébranle les milieux journalistiques. Une trentaine de journalistes parisiens en vue, mais aussi des informaticiens, graphistes et publicitaires sont accusés d'avoir pris pour cible, au début des années 2010, de nombreuses personnes sur les réseaux sociaux, majoritairement des femmes, par l'intermédiaire d'un groupe Facebook privé nommé « La Ligue du LOL ».

avril

3 avril À Brunei, une réforme du code pénal fait de l'homosexualité un crime désormais passible de la peine de mort. Cette décision a été vivement critiquée par Amnesty International.

11 avril Le lanceur d'alerte australien Julian Assange, fondateur de WikiLeaks, est arrêté en Angleterre où il était réfugié depuis 2012 dans l'ambassade d'Équateur. Ce 11 avril, le président équatorien Lenin Moreno a subitement suspendu son droit d'asile, permettant à la police britannique de pénétrer dans l'ambassade. Les États-Unis réclament désormais son extradition afin de pouvoir le juger.

mai

14 mai Aux États-Unis, l'État de l'Alabama adopte la loi anti-IVG la plus stricte du pays. Désormais, dans cet État du sud-est des États-Unis, les médecins pratiquant illégalement une IVG, y compris pour des cas de viol et d'inceste, s'exposent à une peine de prison de 10 à 99 ans.

juin

2 juin Deux nouveaux djihadistes français sont condamnés à mort en Irak, portant à 9 le nombre de Français condamnés à mort en Irak en raison de leur appartenance à Daech. Ces condamnations placent la France dans une situation délicate : les autorités restent farouchement opposées au rapatriement des djihadistes français sur le sol national tandis que les associations de défense des droits de l'homme condamnent avec véhémence l'usage de la torture et de la peine de mort.

juil. **29 juillet** À Nantes, le corps de Steve Maia Caniço a été repêché dans la Loire, plus d'un mois après sa disparition. Le jeune homme de 24 ans avait disparu durant la nuit de la Fête de la musique à la suite d'une charge de la police décrite comme extrêmement violente par plusieurs témoins. L'intervention de la police a rapidement suscité la controverse, tout comme le délai écoulé avant que des recherches ne soient impulsées pour retrouver le corps de Steve.

août **10 août** Aux États-Unis, Jeffrey Epstein est retrouvé mort, pendu, dans sa cellule de la prison de Manhattan. Ce milliardaire de 66 ans était incarcéré depuis le début du mois de juillet pour exploitation sexuelle de jeunes filles mineures. Cette mort plonge les États-Unis dans une véritable crise politique : Jeffrey Epstein a en effet longtemps été proche de personnalités puissantes telles que Bill Clinton, Donald Trump ou encore des membres la famille royale britannique.

sept. **13 septembre** En France, l'ancien maire de Levallois-Perret, Patrick Balkany, est placé en détention à la prison de la Santé (Paris). Il avait été condamné en mai dernier à quatre ans de prison ferme et à dix ans d'inéligibilité pour fraude fiscale. Sa femme et première adjointe à l'époque, Isabelle Balkany, a été condamnée à trois ans de prison ferme sans mandat de dépôt.

oct. **3 octobre** Des manifestations d'enseignants et de directeurs d'école sont organisées dans toute la France pour rendre hommage à Christine Renon, une directrice d'école de Pantin qui s'est donné la mort le samedi 21 septembre sur son lieu de travail après avoir rédigé une lettre dénonçant ses conditions de travail.

nov. **1er novembre** En France, la réforme de l'assurance chômage, défendue par Muriel Pénicaud, la ministre du Travail, entre en vigueur ce jour. Cette réforme, censée accélérer le retour à l'emploi, durcit fortement les règles pour les chômeurs.

6 novembre En France, le premier ministre Édouard Philippe dévoile les vingt mesures principales de sa politique migratoire.

12 novembre En France, à Lyon, un étudiant de 22 ans s'immole par le feu afin d'alerter l'opinion sur les conditions de vie précaires de nombreux étudiants. Dans les jours qui suivent, des milliers de manifestants se réunissent devant leurs facs pour dénoncer cette situation.

QCM

Pour chaque question, une seule réponse est correcte.

1 Aujourd'hui, la PMA pour les couples de femmes ou les femmes seules est :

- ❍ **a.** Totalement interdite en France comme à l'étranger
- ❍ **b.** Interdite en France mais un enfant né d'une PMA à l'étranger peut être reconnu par sa mère
- ❍ **c.** Autorisée

2 La révision des lois de bioéthique en 2019 autorise :

- ❍ **a.** La PMA pour les couples hétérosexuels
- ❍ **b.** La PMA pour toutes les femmes
- ❍ **c.** La GPA

3 La filiation pour un enfant né d'une PMA dans un couple de femmes ou pour une femme seule :

- ❍ **a.** Est établie au préalable chez un notaire
- ❍ **b.** N'est pas possible car il faut un père et une mère
- ❍ **c.** Est établie directement par déclaration à l'état civil

4 En France, le don de gamètes :

- ❍ **a.** Est anonyme et gratuit
- ❍ **b.** Peut désormais n'être que partiellement anonyme
- ❍ **c.** doit permettre de connaître l'identité du donneur par le receveur et par les enfants à naître

5 Le grand débat national démarre officiellement le :

❍ **a.** 15 octobre 2018 ❍ **b.** 15 janvier 2019 ❍ **c.** 15 mars 2019

6 L'indépendance et l'impartialité du débat sont garanties par :

❍ **a.** La CNDP ❍ **b.** La CNIL ❍ **c.** Cinq personnalités

7 Emmanuel Macron annonce ses premières mesures concrètes issues du grand débat national à l'occasion d'une conférence de presse prononcée le :

❍ **a.** 25 avril 2019 ❍ **b.** 15 avril 2019 ❍ **c.** 12 mai 2019

8 **Le grand débat national est lancé par Emmanuel Macron pour :**
- ❍ **a.** Répondre à l'urgence climatique
- ❍ **b.** Répondre à la crise des Gilets jaunes
- ❍ **c.** Rendre plus consensuelle sa réforme des retraites

9 **En novembre 2019, la France compte :**
- ❍ **a.** 112 féminicides
- ❍ **b.** 122 féminicides
- ❍ **c.** 132 féminicides

10 **Le dictionnaire *Le Petit Robert* a intégré le terme « féminicide » en :**
- ❍ **a.** 2012
- ❍ **b.** 2014
- ❍ **c.** 2015

11 **Quelle association décompte le nombre de féminicides en France ?**
- ❍ **a.** Nous toutes
- ❍ **b.** Féminicides par compagnons ou ex.
- ❍ **c.** Féminicides France

12 **Dans quel film, Marcelo Mastroianni joue-t-il le rôle d'un mari cherchant à tuer sa femme en la poussant dans les bras d'un amant ?**
- ❍ **a.** *Jugement à l'italienne*
- ❍ **b.** *Romance à l'italienne*
- ❍ **c.** *Divorce à l'italienne*

13 **Quel pape signe le *Motu Proprio Sacramentorum sanctitatis tutella*, qui contraint les évêques à faire remonter systématiquement à Rome toutes les affaires d'abus sexuels ?**
- ❍ **a.** Jean-Paul II
- ❍ **b.** Benoît XVI
- ❍ **c.** François

14 **En 2019, le Cardinal Barbarin est condamné à six mois de prison avec sursis pour non dénonciation d'abus sexuels. Dans quel diocèse officiait-il ?**
- ❍ **a.** Le diocèse de Grenoble
- ❍ **b.** Le diocèse de Dijon
- ❍ **c.** Le diocèse de Lyon

15 **Quel journal révèle en 2002 une affaire d'abus sexuels impliquant plus de 80 prêtres protégés pendant des décennies par l'Église ?**
- ❍ **a.** *New-York Times*
- ❍ **b.** *Boston Globe*
- ❍ **c.** *The Washington Post*

PARTIE 3

16 **En 2018, le pape François essuie de nombreuses critiques après avoir célébré une messe aux côtés d'évêques accusés de non dénonciation d'abus sexuels. Dans quel pays cette messe a-t-elle été célébrée ?**

❍ **a.** Le Canada ❍ **b.** Le Brésil ❍ **c.** Le Chili

17 **Le rapport qui avait alerté en 2015 de la dégradation du bâti marseillais porte le nom de son auteur(e) :**

❍ **a.** Samia Ghali ❍ **b.** Christian Nicol ❍ **c.** Jean-Claude Gaudin

18 **Le quartier de Marseille qui a vécu l'effondrement d'un immeuble le 5 novembre 2018 est situé :**

❍ **a.** En centre-ville
❍ **b.** Dans les quartiers nord
❍ **c.** En périphérie de la métropole

19 **En France le nombre de logements potentiellement indignes se situe entre :**

❍ **a.** 400 000 et 600 000
❍ **b.** 12 et 13 millions
❍ **c.** 55 000 et 60 000

20 **En France, le logement social est fondé sur le modèle de financement suivant :**

❍ **a.** Centralisation jusqu'à 60 % de l'argent collecté par les banques grâce au Livret A et au Livret de développement durable
❍ **b.** Un mélange de la taxe d'habitation, de la taxe foncière et de l'impôt sur la fortune
❍ **c.** Le mécénat

21 **Comment s'appelle la loi de 2016 sur les malades en fin de vie ?**

❍ **a.** La loi Lambert
❍ **b.** La loi Clayes-Leonetti
❍ **c.** La loi Touraine

22 **Comment appelle-t-on les consignes laissées pour les souhaits de fin de vie ?**

❍ **a.** Des consignes anticipées
❍ **b.** Des souhaits anticipés
❍ **c.** Des directives anticipées.

23 **En quelle année l'affaire « Vincent Lambert » a-t-elle débuté avec le premier arrêt des soins ?**

❍ **a.** 2008 ❍ **b.** 2010 ❍ **c.** 2013

24 Quelle fin de vie est autorisée en France ?
- ❍ **a.** L'euthanasie active
- ❍ **b.** L'euthanasie passive
- ❍ **c.** L'assistance médicale au suicide

25 Le déremboursement total de l'homéopathie en France entre en vigueur au :
❍ **a.** 1er janvier 2020 ❍ **b.** 1er janvier 2021 ❍ **c.** 1er janvier 2022

26 Le père de l'homéopathie est :
- ❍ **a.** Robert Schuman
- ❍ **b.** Robert Zimmerman
- ❍ **c.** Samuel Hahnemann

27 L'entreprise leader mondial de l'homéopathie est :
❍ **a.** Boiron ❍ **b.** Weleda ❍ **c.** Naturalia

28 La part du coût des médicaments homéopathiques remboursés dans le coût global des médicaments remboursés par la Sécurité sociale était en 2018 de :
❍ **a.** Moins de 1 % ❍ **b.** Environ 5 % ❍ **c.** Environ 15 %

29 L'encadrement des loyers est de nouveau en vigueur à Paris depuis le :
❍ **a.** 1er janvier 2019 ❍ **b.** 1er mars 2019 ❍ **c.** 1er juillet 2019

30 La réinstauration du dispositif d'encadrement des loyers à Paris a été permise par :
❍ **a.** La loi ELAN ❍ **b.** La Loi Duflot ❍ **c.** La loi ALUR

31 Les loyers de référence résultent des données fournies par :
- ❍ **a.** Le ministère de la Cohésion des Territoires
- ❍ **b.** L'Agence nationale pour l'information sur le logement
- ❍ **c.** L'Observatoire des loyers de l'agglomération parisienne

32 Le loyer majoré, qui a valeur de plafond, ne peut excéder le loyer médian de plus de :
❍ **a.** 10 % ❍ **b.** 20 % ❍ **c.** 30 %

33 Une des applications les plus rentables de l'Apple Store, Tinder compte aujourd'hui :
- ❍ **a.** 150 millions d'utilisateurs dont 20 millions d'utilisateurs payants pour un chiffre d'affaires de 2,4 milliards de dollars en 2018
- ❍ **b.** 400 millions d'utilisateurs dont 100 millions d'utilisateurs payants pour un chiffre d'affaire de 6 milliards de dollars en 2018
- ❍ **c.** 50 millions d'utilisateurs dont 4,1 millions d'utilisateurs payants pour un chiffre d'affaires de 810 millions de dollars en 2018

34 **La journaliste Judith Duportail a mis en évidence l'utilisation d'un score par Tinder pour chacun des utilisateurs fondé sur :**

- ❍ **a.** Son rapprochement des canons de beauté
- ❍ **b.** Sa virilité ou sa féminité
- ❍ **c.** Sa désirabilité

35 **D'après la sociologue Marie Bergström, le vrai bouleversement des rencontres en ligne *via* des sites ou des applications tient à :**

- ❍ **a.** Une insatisfaction permanente du fait des options des rencontres nombreuses
- ❍ **b.** La privatisation des rencontres
- ❍ **c.** La diminution des rencontres qui cherchent un lien social fort, en face à face

36 **Selon l'INSEE, en 2013 :**

- ❍ **a.** Près de trois personnes sur quatre parmi les 18-29 ans habitent chez leurs parents une partie de l'année
- ❍ **b.** Près d'une personne sur deux parmi les 18-29 ans n'a pas eu de rapport sexuel dans les six derniers mois
- ❍ **c.** Près d'une personne sur deux parmi les 18-29 ans habite chez ses parents une partie de l'année

37 **Quelle est la formation initiale d'Agnès Buzyn ?**

- ❍ **a.** Chirurgienne orthopédique
- ❍ **b.** Psychiatre
- ❍ **c.** Hématologue

38 **Dans lequel de ces organismes n'a-t-elle pas travaillé ?**

❍ **a.** L'INSERM ❍ **b.** L'INCA ❍ **c.** L'IRSN

39 **Combien de vaccins a-t-elle rendu obligatoires ?**

❍ **a.** 10 ❍ **b.** 11 ❍ **c.** 12

40 **Quelle profession médicale est en grève en 2019 ?**

- ❍ **a.** Les médecins de ville
- ❍ **b.** Les infirmiers
- ❍ **c.** Les urgentistes

Corrigé

1**c**, 2**b**, 3**a**, 4**c**, 5**b**, 6**c**, 7**a**, 8**b**, 9**c**, 10**c**, 11**b**, 12**c**, 13**a**, 14**c**, 15**b**, 16**c**, 17**b**, 18**a**, 19**a**, 20**a**, 21**b**, 22**c**, 23**c**, 24**b**, 25**b**, 26**c**, 27**a**, 28**a**, 29**c**, 30**a**, 31**c**, 32**b**, 33**c**, 34**c**, 35**b**, 36**c**, 37**c**, 38**a**, 39**b**, 40**c**.

PARTIE 4

ENTREPRISES ET MONDE DU TRAVAIL

- Carlos Ghosn : un grand patron déchu 154
- La grève des urgentistes 158
- Boeing : un avionneur en difficulté 162
- Faire payer les géants du numérique : la taxe GAFA 166
- Aéroports de Paris (ADP) : une privatisation contrariée 170
- Amazon : au malheur des salariés ? 174
- Comment déployer la 5G en France ? 178
- Faut-il craindre le libra, le crypto-actif de Facebook ? 182
- Personnalité : Jeff Bezos, un entrepreneur « extraordinaire » ? 186

AUTRES FAITS MARQUANTS 2019 188

QCM 190

Carlos Ghosn : un grand patron déchu

par Jérôme Calauzènes

Carlos Ghosn appartient à la catégorie des grands patrons du monde. À la tête de l'alliance Renault-Nissan, il a profondément transformé ces deux entreprises en mettant en place des méthodes managériales innovantes. Pourtant, en novembre 2018, il est arrêté par les autorités japonaises, provoquant une affaire qui a fait grand bruit.

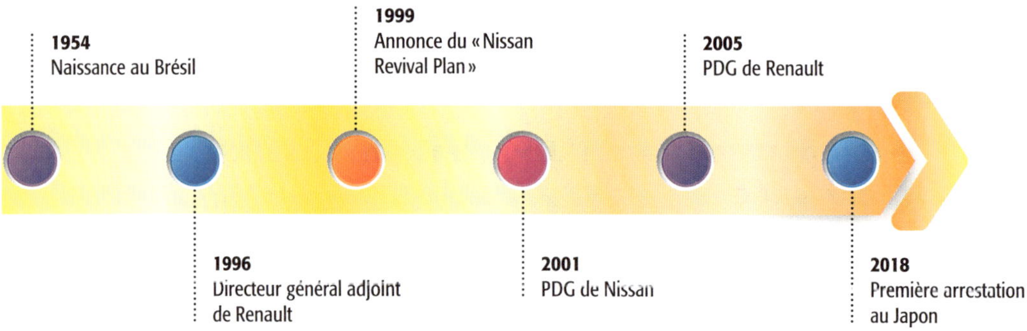

Un grand patron à l'ascension rapide

Carlos Ghosn est né en 1954 et jouit d'une triple nationalité libanaise, brésilienne et française. Né au Brésil, il a vécu une partie de son enfance au Liban, d'où est originaire une partie de sa famille paternelle. À 16 ans, il arrive en France, où il entre en classes préparatoires. Il intègre ensuite l'École polytechnique puis l'École des mines de Paris.

Il entame, dès 1978, une carrière dans l'entreprise Michelin où il gravit rapidement les échelons. Il réussit notamment en 1985 à redresser la situation très défavorable du groupe en Amérique du Sud, au prix d'une restructuration sévère qui entraîne la fermeture de deux usines et de nombreux licenciements. Il développe aussi une approche managériale qui permet de tenir compte de la diversité culturelle.

Fort de cette réussite, il est alors nommé à la tête de la filiale américaine de Michelin. Il organise l'absorption d'Uniroyal Goodrich afin que son entreprise puisse affronter la concurrence mondiale alors très rude. Il permet ainsi au groupe français de renouer avec la compétitivité, toujours au profit d'une rationalisation de la production (fermeture d'usines). C'est ce qui permet à Michelin de devenir leader mondial sur son marché.

Il est ensuite recruté, en 1996, par Louis Schweitzer, alors patron de Renault, pour être son directeur général adjoint. Carlos Ghosn, peu connu du public français, met à nouveau en place un programme draconien de réduction des coûts (diminution des effectifs) parallèlement à une augmentation de la gamme des voitures. De plus, alors qu'en 1993 la fusion avec Volvo avait échoué, il contribue à un certain rapprochement des deux entreprises. En 2000, Renault et Volvo signent un accord de coopération et de participation (Renault entre notamment dans le capital de Volvo à hauteur de 20 %).

Ghosn pilote la création de l'alliance Renault-Nissan (prise de participation de Renault dans Nissan). Il contribue au redressement du groupe Nissan, alors au bord de la faillite. Pour cela, il fait adopter en 1999 le « *Nissan Revival Plan* » qui constitue une révolution dans la gestion des entreprises japonaises : il met fin à l'emploi à vie, instaure une politique de performance, mais cherche à associer tous les employés, à tous les niveaux. Il réduit également les effectifs de 14 % (21 000 postes), ferme cinq usines. Cette politique a un succès rapide et l'entreprise renoue avec les profits, ce qui vaut à son patron le surnom de « *cost killer* ».

Nommé en 2001 PDG de Nissan, il succède, en 2005, à Louis Schweitzer à la tête de Renault alors en difficulté. Ghosn adopte le plan « Renault Contrat 2009 » en 2006. Il s'agit de réduire les coûts et d'augmenter les ventes de véhicules en lançant de nouveaux modèles. Puisque la crise économique mondiale de 2007-2008 empêche la réalisation de ces objectifs, le PDG propose en 2010 un nouveau plan appelé « *Drive the change* ». Le but est alors de faire évoluer la gamme vers la voiture électrique, de renouveler le design et de se développer à l'international grâce à de nombreux partenariats et prises de participation (notamment avec l'Allemand Daimler, le Russe AvtoVaz, le Japonais Mitsubishi et le Chinois Dongfeng). Les résultats sont positifs puisque les objectifs sont atteints. En 2017, Renault-Nissan-Mitsubishi est le premier groupe automobile mondial.

Carlos Ghosn lors d'une conférence de presse à Paris en 2016

Source : Frederic Legrand – COMEO/Shutterstock.

Enfin, le plan « *Power 88* », qui concerne Nissan, est démarré en 2016. Employant les mêmes méthodes, Carlos Ghosn mise sur l'augmentation des ventes, la sortie régulière de nouveaux modèles et un accroissement de la présence du groupe sur les marchés émergents. En 2017, il annonce qu'il cède sa fonction de PDG de Nissan à Hiroto Saikawa tout en restant président du conseil d'administration de l'entreprise.

De l'arrestation aux polémiques

En novembre 2018, Carlos Ghosn, alors président-directeur général de l'alliance Renault-Nissan-Mitsubishi, est arrêté par les autorités japonaises. Suspecté d'abus de biens sociaux (utilisation des biens de l'entreprise à des fins personnelles), il est inculpé en décembre. Il démissionne de son poste de PDG de Renault en janvier 2019, mais ne cesse d'affirmer qu'il s'agit d'un complot orchestré par les dirigeants de Nissan. En avril 2019, après avoir été libéré sous caution, Carlos Ghosn est à nouveau arrêté et placé en détention pour abus de confiance aggravé et soupçon de fraude fiscale. À nouveau libéré sous caution, il est assigné à résidence au Japon avec interdiction de quitter le territoire. Son procès pourrait ne pas se tenir avant 2020. Carlos Ghosn a d'ailleurs largement remis en cause les modalités de l'arrestation, qu'il juge « *révoltante et arbitraire* ». Sa femme a également été auditionnée et il a actuellement l'interdiction formelle de la voir.

Cette arrestation a fait resurgir nombre de questionnements autour de la personnalité de Carlos Ghosn. Ce dernier est d'abord admiré pour les méthodes managériales qu'il a réussi à mettre en place. Il croit fermement à une approche multiculturelle et valorise les synergies multinationales déjà présentes. Polyglotte, il a écrit un livre intitulé *Citoyen du monde*, paru en 2003 où il décrit cette approche. Il considère également que chaque personne se doit de s'engager dans la réussite de l'entreprise. En contrepartie, il écoute beaucoup tous les salariés. Pourtant, les fermetures d'usines ont suscité de vives critiques (comme en 1997 à Vilvorde, en Belgique), au même titre que nombre de délocalisations. Innovant, il croit beaucoup dans l'avenir des voitures électriques ainsi que dans les voitures à pilotage autonome.

La rémunération de Carlos Ghosn a aussi fait débat. Si en 2014, il perçoit, au titre de PDG de Renault et de Nissan, la somme de 15 millions d'euros, on s'interroge alors sur la nécessité de légiférer sur le salaire des grands patrons. Il a également été révélé, en 2012, que Ghosn ne paie pas ses impôts en France et qu'il s'est expatrié aux Pays-Bas.

Son arrestation au Japon laisse aussi de nombreux doutes sur sa probité malgré la présomption d'innocence. Il est en effet accusé d'avoir caché au fisc japonais 30 millions d'euros de revenus réalisés chez Nissan, d'avoir sous-estimé son salaire pour 25 millions d'euros entre 2015 et 2016 et d'avoir fait endosser à Nissan des pertes personnelles sur des produits financiers pour 14 millions d'euros. Selon un audit réalisé en septembre 2019, les malversations de Ghosn se montent à 300 millions d'euros. Son adjoint, Greg Kelly, est également mis en accusation dans cette affaire. En mai 2019, un film de 2014, réalisé lors des 60 ans de Ghosn au château de Versailles, montre un train de vie très luxueux. La soirée aurait coûté plus de 600 000 € et aurait été payée par une filiale de Renault-Nissan. Si certains affirment qu'il s'agit d'un complot, cela n'est pour l'instant pas prouvé.

Enfin, les autorités japonaises ont peut-être surjoué son arrestation. Le gouvernement français s'est retrouvé plutôt empêtré dans cette affaire et a juste acté le fait qu'il fallait trouver un remplaçant provisoire à la tête de Renault, à savoir Thierry Bolloré.

En ce qui concerne les résultats de l'entreprise, l'image du groupe a été écornée et les ventes s'en sont ressenties. Les perquisitions au siège de Renault n'y ont pas été pour rien. En même temps, le cours des actions des entreprises a baissé. La question reste donc de savoir si l'arrestation de Carlos Ghosn va véritablement toucher, à moyen et long termes, le premier constructeur automobile français.

Dates-clés de l'affaire

19 nov. 2018
Arrêté à Tokyo

22-26 novembre
Destitué par Nissan, puis par Mitsubishi

10 décembre
Inculpé par la justice japonaise

11 janvier 2019
Mis en examen pour abus de confiance et minoration de revenus

23 janvier
Quitte la présidence de Renault

6 mars
Libéré, caution fixée à 8 millions d'euros

4 avril
Interpellé pour de nouveaux soupçons de malversations financières

22 avril
Nouvelle inculpation pour détournement de fonds de Nissan

25 avril
Le tribunal approuve sa libération sous caution fixée à 4 millions d'euros

Principales accusations

- **Nissan :** « nombreuses fautes » dont la sous-estimation de ses revenus
- **Procureurs japonais :** Dissimulation de revenus entre 2010 et 2015, soit 5 milliards de yens 38 millions d'€)
- **Nissan :** « utilisation de biens de l'entreprise à des fins personnelles »

La grève des urgentistes

par Louise Cormier

La grève des services d'urgences qui secoue la France depuis mars 2019 est inédite par sa durée et son ampleur. Quelles sont les origines de cette crise ? Pourquoi les mesures proposées ne répondent-elles pas aux revendications des grévistes ?

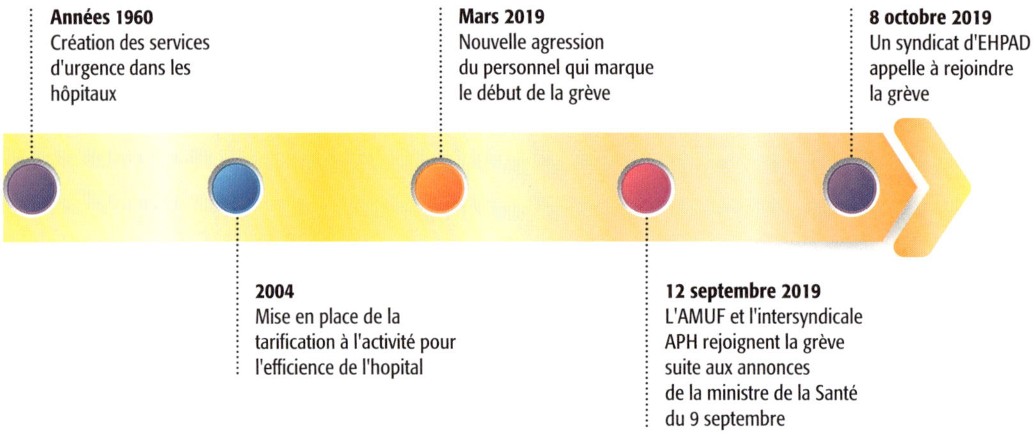

L'incompréhension du gouvernement

À la suite de plusieurs agressions, le personnel des urgences de l'hôpital Saint-Antoine à Paris appelle le 18 mars 2019, à l'initiative de trois syndicats (CGT, FO et SUD), à une grève illimitée des services d'urgence. Malgré les vacances d'été, la grève s'intensifie. Le 12 septembre, l'Association des médecins urgentistes de France (AMUF) et l'intersyndicale Actions praticiens hôpital (APH) rejoignent la grève suite aux annonces de la ministre de la Santé, Agnès Buzyn. Depuis le début de la grève, les annonces du ministère ont en effet attisé le feu plutôt que l'inverse. Alors que les revendications des grévistes sont l'augmentation des effectifs et du nombre de lits disponibles, rien en ce sens ne figure dans le « pacte de refondation » annoncé le 9 septembre et ses douze mesures, financées par 754 millions d'euros sur la période 2019-2022. L'insuffisance de ce plan explique en partie pourquoi le conflit persiste.

Afin de calmer le mouvement de grève, Agnès Buzyn a annoncé, dès le 14 juin, la revalorisation de 100 euros net de l'indemnité forfaitaire des risques des personnels non médicaux. Mais la réponse de la ministre est jugée insuffisante. Le malaise est plus grave : la dégradation et l'intensification du travail ont mené à une perte de reconnaissance et de sens pour une grande partie du personnel des urgences. Selon Zaynab

Riet, déléguée générale de la Fédération hospitalière de France (FHF), le problème des urgences est en effet le symptôme des carences de l'ensemble du système de santé en France. D'après le sociologue de la santé Frédéric Pierru « *les urgences ont joué le rôle de tampon des défaillances de l'environnement de l'hôpital* [...] *et ont quitté leur vocation initiale de prendre les urgences vraiment urgentes. Elles sont devenues une sorte de sas d'entrée dans le système de santé pour des populations chassées des compartiments de l'offre de soins* ».

Manifestant place de l'Hôtel de Ville de Paris le 26 septembre 2019

Crédit : Édouard Richard/Hans Lucas/AFP.

Le discrédit des médecins urgentistes

Les numéros d'urgence 17 (police secours) et 18 (pompiers) sont créés après la Seconde Guerre mondiale alors que l'État devient, à la place des communes, responsable des hôpitaux. Avec les centres hospitaliers universitaires (CHU) créés en 1958, la médecine hospitalière est reconnue comme une médecine à plein temps. Ce n'est que dans les années 1960 qu'apparaissent les services d'urgence accueillant les victimes de malaises ou d'accidents sur la voie publique.

Or, très vite, il apparaît que la grande majorité des patients qui arrivent aux urgences ne relèvent pas de l'urgence vitale, mais de besoins non médicaux (personnes sans domicile fixe, etc.). Aujourd'hui, la direction générale de l'offre de soins (DGOS) enregistre plus de 20 millions de passages aux urgences chaque année, et environ 70 millions de patients à l'hôpital public en général. Le sociologue François Danet parle d'une double dynamique de manque de reconnaissance et de dévalorisation « *avec à la fois des patients qui étaient indésirables et qui atterrissaient dans les services d'urgences, et d'une certaine manière des personnels médicaux et paramédicaux qui n'étaient pas complètement désirés par leurs collègues* ».

La médecine générale devient une spécialité en 2004, et un diplôme d'études spécialisées complémentaires (DESC) permet d'accéder à la médecine d'urgence. Cependant ce DESC n'est pas qualifiant, c'est-à-dire qu'un interne en médecine générale qui passe ce diplôme garde le titre de médecin généraliste. Selon François Danet : « *c'est encore une forme de discrédit que l'université donne aux médecins urgentistes et globalement à l'ensemble des médecins généralistes* […] ». Aujourd'hui, le sentiment de la médecine d'urgence d'être une médecine déconsidérée persiste, alors que des privilèges existent pour d'autres branches de la profession : l'obligation des soins, notamment d'assurer des gardes, a été abolie en 2002 pour les médecins de ville.

La concurrence entre la médecine de ville et l'hôpital

Aujourd'hui, les urgences en crise demandent plus d'effectifs médicaux, paramédicaux et de lits pour travailler et accueillir les patients dans des conditions décentes, retrouver un sens à leur métier et sortir d'une fatigue extrême que beaucoup décrivent. Cependant, depuis 1996, l'objectif national des dépenses d'assurance maladie (Ondam) ne va pas dans le sens d'ouverture à de nouveaux moyens pour l'hôpital public. L'Ondam fixe des dépenses à ne pas dépasser pour les soins de ville (ces dépenses sont liées en grande partie au remboursement des consultations de la médecine libérale) et d'hospitalisation dans les établissements privés ou publics. L'économiste Brigitte Dormont explique que la médecine de ville, notamment depuis la généralisation du tiers payant, dépasse largement ses objectifs et que le gouvernement se rattrape en imposant l'austérité à l'hôpital, plus facilement contrôlable. Comparativement aux autres pays européens, la France dépense plus pour la santé des citoyens, mais beaucoup moins pour l'hôpital. Le développement de l'exigence d'efficience a été une constante des réformes de santé depuis les années 1980 en France avec le Programme de médicalisation des systèmes d'information (PMSI). Ce système n'avait d'abord pas d'incidence sur les budgets des hôpitaux, puis il a été utilisé comme base pour la mise en place de la tarification de l'activité en 2004. Elle a été généralisée en 2011 et a eu une incidence directe sur le traitement des patients et l'engorgement des urgences : pour être plus rentable, il faut garder les patients le moins longtemps possible et multiplier les gestes techniques. Les patients que l'on ne peut pas diagnostiquer et traiter rapidement sont des patients « non rentables » (F. Danet) et sont plus facilement reversés aux urgences.

Tous ces facteurs ont donc mené à cette crise majeure, dont les grévistes espèrent sortir avec un système plus juste pour les différentes professions médicales et qui assure le maintien du modèle social français. Si le fonctionnement actuel de la médecine libérale explique en partie la crise de l'hôpital, elle est aussi en passe de connaître une intensification voire une industrialisation de ses pratiques.

Quelles sont les réponses proposées face à la grève ?

La ministre de la Santé, Agnès Buzyn, a annoncé un plan de 750 millions d'euros, mais Brigitte Durmont explique qu'il s'agit d'argent en réalité déjà prévu pour la réforme du système de santé de l'année précédente, qui n'a pas encore fait effet et va être partiellement redéployé, mais qui ne prévoit pas plus de moyens à l'hôpital et aux urgences, car l'idée reste d'améliorer l'amont de l'hôpital pour réduire l'engorgement. Parmi les actions de la réforme, les hôpitaux de proximité et les plateaux techniques/consultations de spécialités doivent améliorer la coordination entre la médecine de ville et l'hôpital public, ainsi que lutter contre les déserts médicaux dans certaines régions isolées. L'enjeu est d'éviter la forte concentration au détriment de la proximité. Mais les hôpitaux de proximité et maisons de garde avec permanence des soins nouvellement créés pourraient aussi aller de pair avec des regroupements et donc engendrer davantage de fermetures de services. *In fine*, les hôpitaux craignent de se voir confisquer encore plus de moyens, de devoir continuer à « optimiser les lits » alors que la médecine de ville, moins directement contrôlée par l'État, est responsable du dépassement de l'Ondam depuis plusieurs années. Par ailleurs, le *numerus clausus* pour les médecins disparaîtra en 2020 mais sans que des moyens supplémentaires nécessaires à leur formation ne soient débloqués, et il n'est pas question d'un *numerus clausus* d'installation contre les déserts médicaux. Jusqu'à présent, aucune de ces solutions annoncées n'a permis de réduire la colère au sein des urgentistes.

Boeing : un avionneur en difficulté

par Jérôme Calauzènes

L'entreprise Boeing a été fondée en 1916 à Seattle. Son siège est aujourd'hui à Chicago, mais sa plus grande usine reste à Everett, près de Seattle. Dennis Muilenburg est aujourd'hui à sa tête. L'entreprise Airbus, quant à elle, a été créée en 1970. Son siège se situe à Blagnac, près de Toulouse. Son patron est aujourd'hui Guillaume Faury. Ces deux groupes, leaders sur le marché de la construction aéronautique, se jouent une concurrence effrénée et se disputent, depuis les années 1990, la première place dans le domaine des avions civils, mais aussi dans le secteur de la défense. Si, avant les années 1990, la domination écrasante de l'Américain ne faisait pas débat, à partir de cette décennie, Airbus progresse jusqu'à lui ravir régulièrement la première place. En 2019, les aléas de Boeing semblent confirmer l'affaiblissement du concurrent d'Airbus.

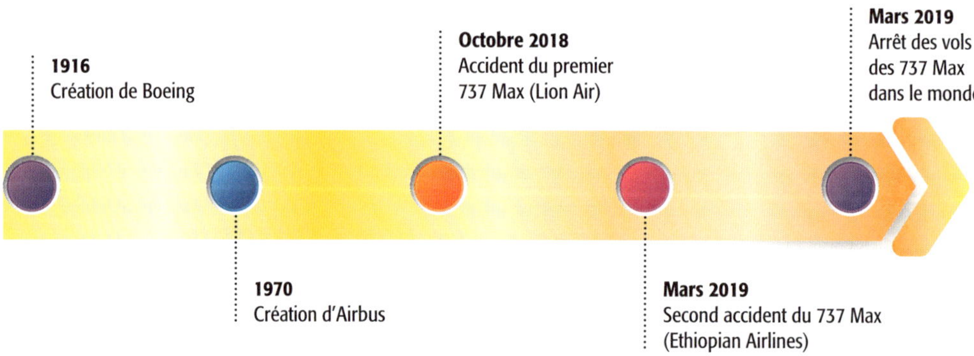

Les déconvenues de Boeing suite aux accidents de deux 737 Max

Le Boeing 737 Max, qui représente la quatrième génération de ce type d'avion, a tout d'abord été interdit de vol jusqu'à nouvel ordre par l'ensemble des compagnies aériennes. Cela fait suite à deux accidents successifs importants impliquant ce modèle. En octobre 2018, un avion de la compagnie indonésienne Lion Air s'écrase en mer quelques minutes après avoir décollé tuant les 189 personnes à bord. Quelques mois après, en mars 2019, un vol d'Ethiopian Airlines s'écrase dans les mêmes conditions, occasionnant la mort des 157 passagers et personnels navigants.

Ces deux accidents semblent mettre en cause le système MCAS (*Maneuvering Characteristics Augmentation System*) propre aux Boeing 737 Max, qui se serait activé de façon intempestive. Il s'agit d'un système numérique qui permet de pallier certains problèmes d'aérodynamique à l'aide de capteurs qui doivent mettre l'avion en piqué pour éviter tout décrochage. Or, il apparaît que cet avion n'utilise qu'un des deux capteurs, ce qui le rend particulièrement vulnérable à une panne. Ensuite, le MCAS a une action répétée et il prend systématiquement le pas sur toute manœuvre manuelle effectuée par le pilote. Boeing avait prévu une procédure d'urgence pour ce cas, mais les pilotes ne disposaient que de très peu de temps pour réagir. On sait, par exemple, grâce aux boîtes noires, que les pilotes du vol d'Ethiopian Airlines ont appliqué cette procédure, en vain.

Certains pilotes ont ajouté, après les accidents, qu'ils n'avaient pas été suffisamment formés et informés par Boeing sur la présence du MCAS et sur ses potentielles défaillances. D'autres ont affirmé que l'avion était instable dès sa conception et que le constructeur aurait simplement rajouté le MCAS pour tenter de remédier à ce problème, sans chercher à trop communiquer sur le sujet. Enfin, il apparaîtrait également que la procédure de certification de l'avion par la FAA (Federal Aviation Administration) a été trop rapidement menée. Devant la complexification des systèmes informatiques embarqués, cette organisation aurait été victime de pression de la part du constructeur pour qu'il puisse plus rapidement commercialiser son appareil. De plus, elle aurait aussi délégué à Boeing lui-même une partie du processus de certification, ce qui fait que l'entreprise était à la fois juge et partie. Cette volonté d'aller vite se serait manifestée en même temps que la concurrence d'Airbus qui lançait alors une nouvelle version de l'A320, moins gourmande en kérosène, et qui empiétait sur les plates-bandes du 737. De fait, en moyenne, il se passe généralement entre sept et neuf ans entre l'officialisation de la construction d'un nouvel appareil et sa première exploitation commerciale. Or, pour le 737 Max, il s'est passé moins de sept ans…

Boeing 737 MAX sur la pise de l'aéroport Boston Logan le 19 février 2019

Crédit : Shunyu Fan/iStock.

Des enjeux cruciaux pour Boeing

Plusieurs interrogations demeurent et mettent Boeing dans une situation de fragilité. Tout d'abord, on ne sait toujours pas quand ces appareils seront réautorisés à voler par les différentes autorités, c'est-à-dire quand elles estimeront que le problème technique a été résolu.

En outre, cette crise va coûter beaucoup d'argent à l'entreprise. Près de 400 avions 737 Max ont été livrés. Boeing se devra sans doute d'indemniser les compagnies aériennes qui ont été lésées parce qu'elles n'ont plus exploité ces appareils. Il faudra également peut-être indemniser les équipementiers qui fournissent habituellement les pièces de l'avion. Pourtant, si la cadence de production a bien été réduite, elle n'a cependant pas été arrêtée chez l'avionneur américain. En l'absence de ventes depuis quelques mois, il lui faut entreposer tous ses engins, ce qui occasionne des coûts considérables. Certains estiment ainsi que cela pourrait se monter à plus de 10 milliards de dollars.

La question reste aussi de savoir s'il est bien intéressant de continuer à produire cet avion. Les compagnies aériennes – même si Boeing leur assure que le problème lié au MCAS a été résolu –, ont-elles intérêt à acheter un 737 Max, surtout si les passagers ne se sentent pas en sécurité au moment d'embarquer dedans ? L'image de marque de Boeing n'est-t-elle pas encore entachée pour un certain temps ?

Pour redorer son image et montrer qu'elle reconnaît sa responsabilité dans les deux accidents aériens, l'entreprise Boeing a décidé de verser 100 millions de dollars aux familles des victimes. L'avionneur a également annoncé un correctif logiciel (finalisé en mai 2019 après une première version rejetée) et une formation pour les pilotes.

Une concurrence faussée avec Airbus

De ce fait, la compétition avec Airbus ne se fait plus à armes égales. Ce qui était pourtant le cas auparavant puisque les deux entreprises étaient au coude-à-coude en termes de ventes d'appareils. Par exemple, pendant très longtemps, le marché des très gros porteurs était presque monopolisé par le 747 de Boeing, lancé en 1969. Mais en 2007, Airbus sort de façon tonitruante son A380.

Boeing dominait le marché de façon écrasante jusque dans les années 1990, date à partir de laquelle Airbus s'est renforcé. En termes de commandes, Airbus est largement devant Boeing depuis les années 2000, sauf en 2006, 2007, 2012 et 2018. En termes de livraisons, en revanche, il y a une quasi-égalité entre eux avec une légère avance pour Boeing depuis quelques années. De 2003 à 2011 inclus, Airbus livre quelques dizaines d'avions supplémentaires aux différentes compagnies par rapport à Boeing. Mais en 2012, l'avionneur américain passe en tête.

Jusqu'en 2018, on pouvait donc considérer que les entreprises étaient de taille comparable et qu'elles se partageaient l'essentiel du marché mondial. En 2018, Boeing semblait même avoir le vent en poupe puisque, pour la première fois de son histoire, son chiffre d'affaires avait dépassé les 100 milliards de dollars. Cette même année, Airbus affichait un chiffre d'affaires de l'ordre de 64 milliards de dollars seulement. L'entreprise pâtissait d'une rentabilité peu importante de l'A380 malgré des ventes non négligeables. L'échec commercial de l'A380 va entraîner l'arrêt de sa production en 2021.

Les aléas liés au 737 Max vont avoir des conséquences importantes dans la course à la première place que se livrent les deux compagnies. Ainsi, les bénéfices d'Airbus ont plus que doublé au premier semestre 2019, les carnets de commandes étant bien remplis.

Le match Airbus-Boeing

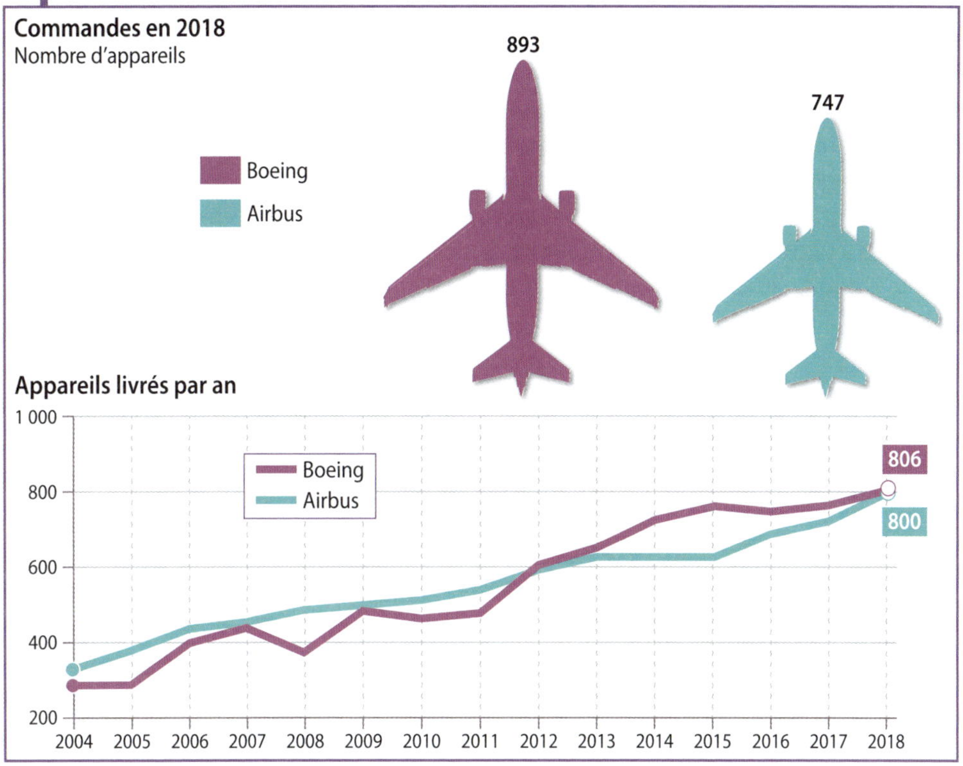

Source : Airbus et Boeing.

Faire payer les géants du numérique : la taxe GAFA

par Jérôme Calauzènes

Les géants du numérique ont acquis, depuis une période assez récente, une position dominante sur les marchés mondiaux. On parle souvent de GAFAM (Google, Apple, Facebook, Amazon, Microsoft), mais aussi de NATU (Netflix, Airbnb, Tesla, Uber) et de BATX (Baidu, Alibaba, Tencent, Xiaomi). Or, il s'avère que ces entreprises, qui totalisent des profits records et réalisent des capitalisations boursières parmi les premières du monde, ne paient quasiment pas d'impôts grâce à des systèmes d'optimisation fiscale. Certains États ont donc tenté de s'organiser afin que ces grands groupes puissent contribuer à leur juste mesure à la collectivité. Mais cela reste très difficile à mettre en œuvre.

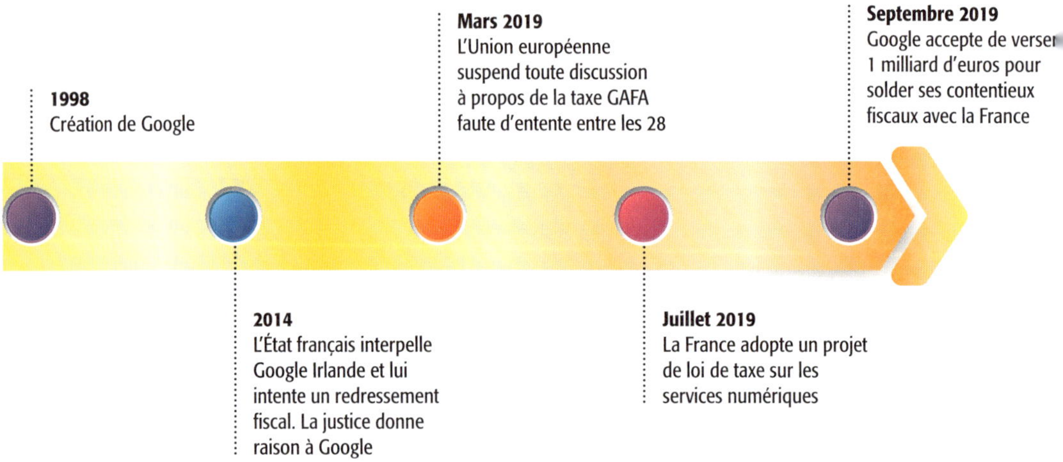

Des profits considérables

Les géants du numérique réalisent des profits considérables. Alphabet, créé en 2015, en réalité la nouvelle maison mère de Google, a vu son chiffre d'affaires grimper en flèche. Il est ainsi passé de 21,8 milliards de dollars en 2008 (alors Google) à plus de 136 milliards de dollars en 2018. Il provient d'ailleurs essentiellement de la publicité (près de 85 %). La société Amazon a réalisé, quant à elle, un chiffre d'affaires de 233 milliards de dollars en 2018 contre près de 56 milliards de dollars pour Facebook.

Ces entreprises sont désormais également en tête en matière de capitalisation boursière. Au second trimestre 2019, Microsoft se situait au premier rang avec une valeur pour la totalité de ses actions émises de plus de 1 000 milliards de dollars. Venaient ensuite Amazon (près de 930 milliards de dollars), Apple (911 milliards de dollars), Alphabet (751 milliards de dollars) puis Facebook (551 milliards de dollars). Si l'on cumule leur valorisation boursière et si on la compare avec le PIB des États du monde, les GAFAM se situent au quatrième rang, devant l'Allemagne, le Royaume-Uni, l'Inde et la France.

Il en va de même si on prend en compte les profits. En 2018, Google a réalisé 30,7 milliards de dollars de bénéfices nets, Apple 59,3 milliards de dollars (en progression de 12 % par rapport à 2017), Facebook 22,1 milliards de dollars, Amazon 10,1 milliards de dollars et Microsoft 8,9 milliards de dollars.

Capitalisation boursière des GAFAM en mai 2014 et mai 2019

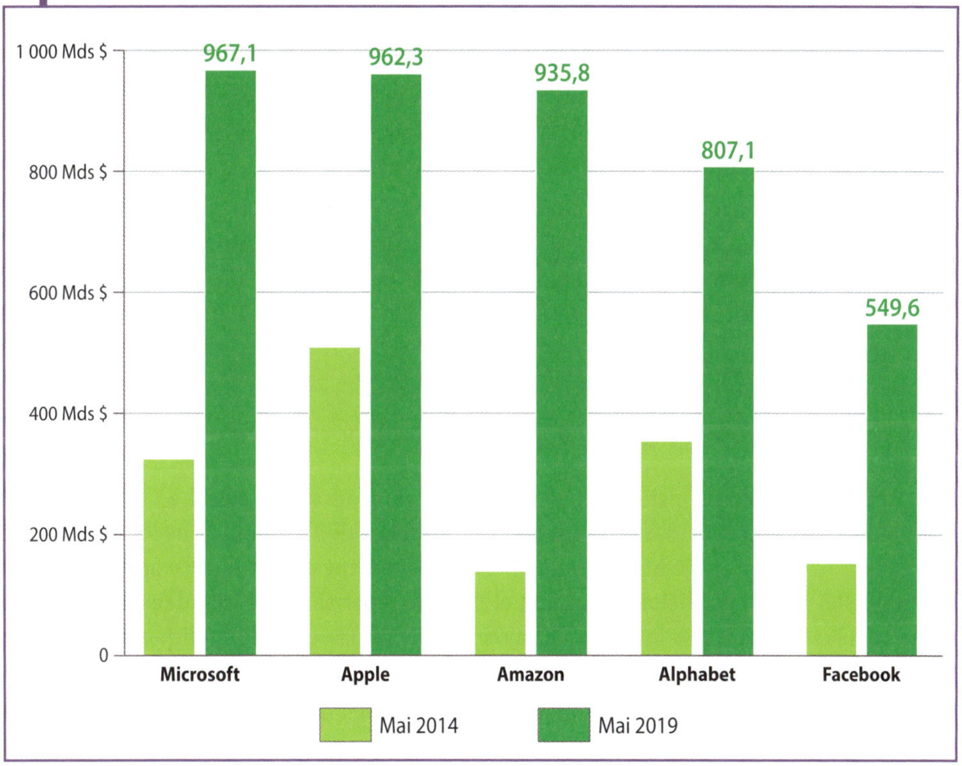

Source : YCharts.

▸ De très faibles impôts grâce à des procédés d'optimisation fiscale

Or, il apparaît que ces groupes ne paient que très peu d'impôts. Dans le monde, en 2018, Google s'est acquitté de 4 milliards d'euros d'impôts, ce qui représente à peine 12 %

de ses bénéfices. On sait, par exemple, que l'entreprise déplace régulièrement des fonds *via* des sociétés-écrans, sans employés, dans des paradis fiscaux, comme les Bermudes.

Si l'on prend l'exemple de la France, Google France n'a payé au fisc que 17 millions d'euros d'impôts sur les sociétés, en 2018, ce qui représente un montant microscopique à l'échelle de ses recettes. À titre de comparaison, une entreprise comme LBC France (société mère de leboncoin, site de vente entre particuliers), qui a une activité bien moins importante dans l'Hexagone, s'est acquittée de 38 millions d'euros d'impôts.

Cela est possible grâce à des procédés d'optimisation fiscale dus au fait que les services vendus par ces entreprises sont dématérialisés. En France, Google a en effet créé une filiale, appelée Google France SARL, qui compte 723 salariés. Or, cette entreprise ne perçoit officiellement aucun revenu en France, car les espaces publicitaires payés par les clients français vont directement dans les caisses de Google Ireland Limited, en Irlande, où les impôts sont beaucoup moins importants (12,5 % des bénéfices contre 30 % en France). Cela dit, Google France perçoit 411 millions d'euros qui lui sont reversés par Google Irlande Limited au titre du suivi des clients français. Le bénéfice de Google France, une fois les salariés et les locaux payés n'est plus que de 55 millions d'euros. Cela explique que le montant de son impôt sur les sociétés ne dépasse pas les 17 millions d'euros.

En réalité, on estime que les activités en France de Google lui rapporteraient environ 2 milliards d'euros. Google devrait donc normalement payer près 100 millions d'euros d'impôts sur les sociétés, soit six fois plus que ce qu'elle ne verse aujourd'hui. Sans parler des autres impôts qu'elle devrait également payer : TVA, cotisation sur la valeur ajoutée…

Les propositions d'une taxe GAFA

Afin qu'une certaine justice soit rétablie, l'État français avait adressé à Google Irlande Limited en 2014 un redressement fiscal de 1,1 milliard d'euros pour tous les impôts non payés entre 2005 et 2010. Mais Google a immédiatement contesté cette action en affirmant que les ventes publicitaires avaient été réalisées par sa filiale irlandaise et non française et la justice française lui a donné raison. Cette impasse légale explique la volonté de mettre en place une taxe dite GAFA.

Le Parlement français a adopté en juillet 2019 le projet de loi d'une taxe sur les services numériques. Il s'agit d'imposer les entreprises numériques qui exercent trois types d'activités : publicités ciblées en ligne, vente de données personnelles à des fins publicitaires, activités de plateformes d'intermédiation. Sont ciblées celles qui réalisent un chiffre d'affaires sur leurs activités numériques de 750 millions d'euros et plus dans le monde et de 25 millions d'euros et plus en France. Elle concernerait, pour l'année 2019, 27 entreprises, dont 4 françaises. Elles devront ainsi s'acquitter d'une somme représentant 3 % de leur chiffre d'affaires réalisé en France. Le gouvernement français espère récolter 400 millions d'euros de recettes fiscales supplémentaires pour l'année 2019, puis 450 millions en 2020 et 550 millions en 2021. La France a annoncé qu'elle retirerait cette taxe lorsqu'une taxation internationale serait mise en place.

D'autres pays ont emboîté le pas à la France, à l'image du Royaume-Uni qui a annoncé vouloir instaurer une telle taxe en 2020. L'Autriche, l'Espagne et l'Italie ont également commencé à réfléchir sur le sujet. Mais une telle fiscalité est loin de s'être généralisée.

Nombreuses critiques et absence de généralisation à l'échelle du monde

L'Union européenne ne parvient pas à trouver un consensus autour d'une telle taxe. Des pays comme la Suède, la Finlande, l'Irlande et le Danemark ne veulent pas en entendre parler. Or, l'unanimité est nécessaire entre les 28 États de l'Union européenne en matière de fiscalité. Les discussions ont été rouvertes au sein de l'OCDE (Organisation de coopération et de développement économique) afin de parvenir à un accord sur une taxe internationale d'ici à 2020, mais elles peinent à aboutir.

Les États-Unis s'opposent également à tout projet de taxe sur les services numériques étant donné que les principales entreprises visées sont américaines. Washington a ainsi menacé Paris et Londres de saisir l'OMC s'ils remettaient en cause les normes fiscales internationales (on ne peut taxer que les profits et pas le chiffre d'affaires). L'Allemagne, qui craint des mesures de rétorsion américaines, notamment contre son industrie automobile, a ainsi reculé face à un projet de taxation.

Une telle mesure pourra également pousser aux délocalisations fiscales, ce qui pourrait entraîner une chute des investissements en France et des acquisitions de start-up françaises par ces géants du numérique.

Pour de nombreux économistes, comme Nicolas Marques, une telle taxe est démagogique et représente une aberration économique. Elle serait d'abord exclusivement financée par les consommateurs puisque les entreprises ont annoncé qu'elles allaient relever leurs frais de vente (+ 3 % pour Amazon France). Ensuite, il semble inepte de taxer sur le chiffre d'affaires et non sur les bénéfices, car on ne fait plus la différence entre les entreprises qui font réellement des profits et les autres. Cela contribuera donc à renforcer les situations oligopolistiques et à pénaliser les entreprises françaises du numérique (Criteo, leboncoin). Cette taxe s'appuierait, par ailleurs, sur un constat erroné. Les GAFA paieraient à l'international plus d'impôts que ce qu'elles ont déclaré, environ 24 % de leurs bénéfices mondiaux, ce qui correspond à un taux un peu plus élevé que la moyenne de l'impôt sur les sociétés dans les pays développés.

Enfin, la taxe GAFA pourrait coûter de l'argent à l'État français alors que les bénéfices attendus ne représentent que 0,03 % des recettes publiques. En effet, si une taxe internationale est mise en place, la France s'est engagée à rembourser l'éventuelle différence entre la taxe française et celle qui serait mise en place par l'OCDE.

Aéroports de Paris (ADP) : une privatisation contrariée

par Gérard Blandin

À la faveur de la loi PACTE, le gouvernement a décidé de lancer la privatisation d'ADP, deuxième participation de l'État en valeur boursière après EDF, afin d'abonder un fonds consacré à l'innovation. Prévue au départ pour 2019, cette opération stratégique, très critiquée, a pris du retard avec l'organisation d'un référendum demandé par l'opposition, aux fins de maintenir ADP dans le giron de l'État. Cette consultation, ouverte jusqu'au 12 mars 2020, doit toutefois recueillir les signatures d'au moins 10 % du corps électoral, soit plus de 4,7 millions de personnes.

12 juin 2018
Confirmation de la privatisation d'ADP à la sortie du conseil des ministres

10 avril 2019
Saisine du Conseil constitutionnel par 248 parlementaires afin d'organiser un référendum d'initiative partagée (RIP)

9 mai 2019
Le Conseil constitutionnel valide le principe de l'organisation d'un RIP

22 mai 2019
Adoption de la loi relative à la croissance et la transformation des entreprises, dite loi PACTE

13 juin 2019
Début du référendum d'initiative partagée

12 mars 2020
Fin du référendum d'initiative partagée

Une participation d'envergure jugée non stratégique

« *Employer le mieux possible l'argent des Français* », tel est le credo du ministre de l'Économie, Bruno Le Maire, pour justifier la privatisation du Groupe Aéroports de Paris (ADP), contrôlé à 50,6 % par la puissance publique. À ses yeux, l'État actionnaire qui empile des participations sans cohérence n'a plus de raison d'être. Il souhaite donc l'émergence d'un État stratège qui, en matière économique, se concentre sur des domaines de souveraineté (la défense et le nucléaire civil, par exemple) ou dans des activités liées à des services publics essentiels (La Poste, la SNCF). Dans ce cadre, les participations dans ADP, comme celles dans La Française des Jeux et Engie, ne répondent pas à ces critères et ont vocation à être cédées.

Une partie des capitaux recueillis à cette occasion, évalués autour de 10 milliards d'euros, devrait être consacrée au désendettement de l'État. L'autre partie, de loin la plus importante, servira à abonder un fonds, créé le 15 janvier 2018. Ce fonds est destiné à financer l'innovation et l'industrie dans des domaines comme l'intelligence artificielle, la nanoélectronique, les batteries de nouvelle génération et le véhicule autonome. « *Nous ne vendons pas les bijoux de famille, nous finançons les futurs joyaux de la couronne* », comme l'a avancé Bruno Le Maire devant l'Assemblée nationale.

Le Groupe ADP en cinq chiffres

357 destinations desservies depuis Paris	**4 478** millions d'euros de chiffre d'affaires	**281,4** millions de passagers	**105,3** millions de passagers dans les aéroports parisiens	**25** aéroports dans le monde

Source : Groupe ADP.

D'une concession à perpétuité à une quasi-concession de 70 ans

Pour transférer la majorité du capital d'ADP au privé, il est toutefois nécessaire de modifier son régime juridique qui remonte à la loi du 20 avril 2005. À cet effet, le gouvernement décide, dans le cadre du projet de loi relatif à la croissance et la transformation des entreprises (dite loi PACTE), présenté en juin 2018, d'abroger le statut dérogatoire d'ADP. Dès sa privatisation, la société revient ainsi dans le droit commun – l'État n'a plus l'obligation de détenir la majorité du capital – avec un statut de quasi-concession limitée à 70 ans contre une concession jusqu'ici illimitée. À cet horizon, l'État récupérera l'intégralité des infrastructures et du patrimoine foncier d'ADP (près de 6 700 hectares en Île-de-France).

Cette limitation de la durée d'exploitation, qui s'apparente à l'échéance à une expropriation, obligera d'ailleurs l'État à indemniser les actionnaires minoritaires pour un montant estimé à 1 milliard d'euros. Parmi eux, on trouve Vinci (avec 8 % du capital), présenté comme un candidat sérieux à l'acquisition des parts de l'État, Royal Schipol Group (8 %), Predica (5,1 %), des actionnaires individuels (4,3 %), des salariés (1,6 %) et des investisseurs institutionnels (21,9 %).

En outre, pour tirer les leçons de la privatisation des autoroutes, perçue comme un cadeau au secteur privé, l'exécutif décide de mettre un certain nombre de garde-fous. L'État gardera, par exemple, « *le dernier mot* » sur les tarifs aéroportuaires qui seront négociés « *tous les cinq ans* », assure Bruno Le Maire. « *Des garanties sont apportées également sur la gestion des infrastructures, sur les investissements qui figurent dans un cahier des charges. Si ce cahier des charges n'est pas respecté par le concessionnaire, l'État aura le droit d'imposer des sanctions à ce concessionnaire à hauteur de 2 % du chiffre d'affaires d'Aéroports de Paris* ».

« Un aéroport n'est pas une entreprise comme les autres »

Néanmoins, tous ces éléments ne suffisent pas à convaincre les parlementaires de l'opposition, de gauche comme de droite. Selon eux, « *un aéroport n'est pas une entreprise comme les autres* ». Or ADP compte trois aéroports (Paris-Charles-de-Gaulle, Paris-Orly et Paris-Le Bourget), dix aérodromes en Île-de-France, ainsi que l'héliport d'Issy-les-Moulineaux. Et, avec ses filiales et participations, notamment dans l'aéroport d'Amsterdam-Schiphol, la société forme l'un des principaux groupes aéroportuaires mondiaux. Qui plus est, ADP affiche une santé florissante. En 2018, l'entreprise a réalisé un chiffre d'affaires de 4,5 milliards d'euros et dégagé un résultat net de 610 millions d'euros, faisant ressortir une marge nette de 13,6 %. Privatiser ADP, c'est donc priver l'État français d'une manne financière par le biais des dividendes distribués chaque année (185 millions d'euros reçus en 2019).

L'aéroport de Paris-Charles-de-Gaulle en chiffres

- **1er** aéroport français
- **2e** aéroport européen
- **10e** aéroport mondial en termes de passagers

Source : Groupe ADP.

Par ailleurs, toujours selon les opposants à cette opération, « *L'exploitant des aérodromes de Paris dispose d'un monopole de fait sur le trafic aérien de passagers, en particulier du trafic long-courrier. Conformément au préambule de* [la Constitution de] *1946 qui précise que "tout bien, toute entreprise, dont l'exploitation a ou acquiert les caractères d'un service public national ou d'un monopole de fait, doit devenir la propriété de la collectivité". Il apparaît donc légitime que ces aérodromes et leur exploitation soient la propriété de la collectivité* ».

Enfin, en soutenant près de 600 000 emplois directs et indirects, Paris-Charles-de-Gaulle, Paris-Orly et Paris-Le Bourget représentent également « *un des principaux pôles d'emploi et d'activité du pays et les choix de développement et d'aménagement de ces plateformes revêtent donc une importance de portée nationale* ».

En réponse, le ministre de l'Économie a beau dire que « *le contrôle des frontières restera totalement souverain et exercé strictement par les services de l'État (police aux frontières, douanes, contrôleurs aériens)* » et que « *les résultats de l'entreprise ADP sont constitués à 74 % d'activités commerciales (gestion des boutiques, des parkings, des hôtels, de l'immobilier et le développement international)* », rien n'y fait.

L'arme du référendum pour contrer la privatisation

Au terme d'un parcours législatif semé d'embûches (lors de l'examen en première lecture, le Sénat s'est opposé au projet), la loi PACTE est définitivement adoptée par le Parlement, le 11 avril 2019. Mais, entre-temps, 130 députés et 118 sénateurs saisissent le

Conseil constitutionnel afin d'organiser un référendum d'initiative partagée (RIP) pour mettre en échec cette privatisation.

Par une décision en date du 9 mai 2019, la Haute Juridiction donne le feu vert à cette consultation. C'est une première depuis l'introduction du RIP en 2008 sous la présidence de Nicolas Sarkozy. Néanmoins, pour que celle-ci puisse prospérer, « *le nombre de soutiens d'électeurs inscrits sur les listes électorales à recueillir est de 4 717 396* », soit un dixième du corps électoral national.

Un site Internet dédié est alors mis en place par le ministère de l'Intérieur (www.referendum.interieur.gouv.fr). Et le recueil des soutiens s'est ouvert le 13 juin 2019 pour une durée de neuf mois. Cette décision a aussi une conséquence : aucune décision sur la privatisation d'ADP ne sera prise, tant que la procédure référendaire n'est pas menée à son terme, comme le confirme Bruno Le Maire.

Au 25 septembre 2019, trois mois et demi après l'ouverture de la consultation, 822 000 soutiens ont été enregistrés. Le seuil fatidique des 4,7 millions est donc loin d'être atteint. Et, si celui-ci venait à être franchi, il faudrait ensuite que la proposition de loi visant à « *affirmer le caractère de service public national de l'exploitation des aérodromes de Paris* » soit votée par le Parlement. Or rien n'est moins sûr. En tout état de cause, le temps des privatisations rapides est aujourd'hui terminé.

Amazon : au malheur des salariés ?

par Jérôme Calauzènes

Amazon est une firme qui a été fondée en 1994 par Jeff Bezos. Elle a été introduite en Bourse dès 1997 et elle emploie aujourd'hui plus de 600 000 employés à travers le monde. Alors que le géant du commerce en ligne crée des milliers d'emplois, notamment dans les zones sinistrées par le chômage en Europe, il ne semble pourtant pas faire toujours le bonheur de ses salariés. Les révélations sur les conditions d'emploi et de travail des « associés des centres de traitement Amazon », selon la terminologie en usage, commencent déjà à soulever l'indignation dans le monde et sont à l'origine de scandales. C'est la raison pour laquelle l'annonce par le groupe américain, en juillet 2019, de la création de 1 800 emplois en France n'a pas franchement suscité l'enthousiasme.

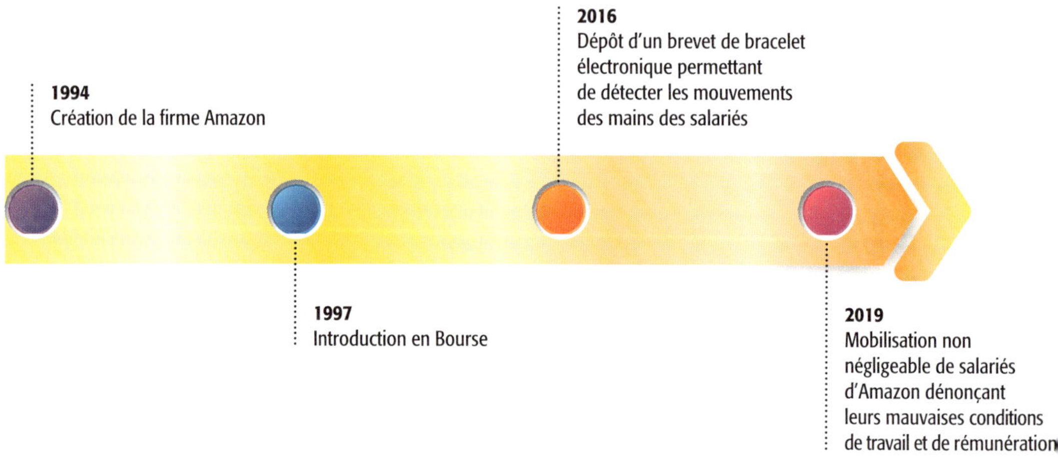

Des conditions de travail horribles

En Écosse, en 2016, des salariés d'Amazon du centre de Dumferline, dans la région de Fife, ont été contraints de vivre sous des tentes à proximité des entrepôts. Afin d'assurer leurs 60 heures de travail hebdomadaire, avec des salaires cassés (entre 3 et 5,7 € de l'heure, après charges), ces salariés n'avaient pas les moyens d'utiliser la navette mise à disposition par l'entreprise (coût de 8,7 € par jour) pour rentrer chez eux. De plus, les conditions de travail étaient harassantes : certains travaillaient jusqu'à 11 heures par jour, notamment pendant les périodes de pointe (comme le *Black Friday*), sans jour de repos, même le dimanche, pendant des mois. Les cadres ne semblaient pas en reste, parfois au bord du *burn-out*.

Plus récemment, en avril 2018, un rapport du cabinet Syndex, demandé par le CHSCT (Comité d'hygiène, de sécurité et des conditions de travail), s'avère alarmant sur les conditions de travail du centre de Montélimar (l'une des cinq grandes plateformes de stockage en France). S'appuyant sur les témoignages et entretiens de 256 salariés (sur les 776 travaillant en CDI sur le site), ce rapport apporte des données alarmantes sur l'impact du management « amazonien » sur la santé et le stress des employés. Il montre notamment que 44 % des sondés ont déclaré avoir consulté leur médecin traitant pour un problème lié à leur travail. Le rapport note qu'il y a entre 6,1 % et 9,8 % d'absences pour maladies, accidents du travail ou maladies professionnelles en 2017, ce qui représente des taux très supérieurs à 4,5 %, taux au-dessus duquel on estime qu'une attention particulière doit être portée. Dans le détail, 74 % des répondants déclarent ressentir des douleurs physiques qu'ils pensent devoir à leur travail, une moyenne très élevée. Ainsi, 70 % des salariés ont déclaré être en état de stress au travail (ou « *job strain* », cumul d'une forte demande psychologique et d'une faible latitude décisionnelle), la moyenne nationale étant de 25 %. Un tiers des employés et 71 % des cadres déclarent souffrir d'insomnies, et un quart des répondants déclarent qu'il leur arrive de pleurer à cause de leur travail. Pour tenir les objectifs de livraison, surtout en période de pic de Noël, les règles de sécurité sont fréquemment enfreintes, parfois avec la bénédiction des managers. Un salarié témoigne : « *Les managers ont dit qu'on allait essayer de battre un record, on a fait une énorme journée. L'envers du décor, c'est qu'on se fichait de la sécurité : on portait des palettes seuls. Les managers nous incitaient à le faire* ». Dans l'entrepôt de Lille, en 2017, Amazon a mis en place un « jeu » pour dénoncer les collègues qui manqueraient aux règles de sécurité. En échange, le délateur cumulait des points et pouvait gagner des cadeaux…

En 2016, Amazon a déposé un brevet de bracelet électronique permettant d'évaluer les gestes de chaque salarié afin d'améliorer la productivité. Validé en février 2018, il est configuré pour « émettre périodiquement des vibrations » afin d'orienter les gestes du salarié. Ainsi, il peut vibrer si l'employé replace au mauvais endroit un colis ou s'il ne prend pas le bon objet lors de la préparation d'une commande. D'après les schémas fournis avec le brevet, un salarié pourrait même porter un bracelet à chaque poignet. Un moyen d'éviter les erreurs et les oublis et donc d'améliorer la productivité, selon Amazon.

▶ Des salariés qui se mobilisent

La portée de la mobilisation semble progresser. Depuis 2013, les syndicats européens d'Amazon, qui avaient peiné à obtenir une reconnaissance de la part de l'entreprise, se mobilisent assez régulièrement, notamment pendant les jours stratégiques comme les *Prime Days* ou le *Black Friday*. En avril 2019, les représentants syndicaux de quinze pays différents se sont ainsi réunis à Berlin pour tenter de coordonner leur lutte.

Protestation devant le potentiel nouveau siège social d'Amazon à New York en 2018

Crédit : Scootercaster/Shutterstock.

En juillet 2019, des milliers de salariés ont décidé d'organiser un mouvement de contestation à l'occasion du « *Prime Day* », un jour de grandes promotions. Aux États-Unis, les employés d'un entrepôt du Minnesota ont cessé le travail, ils ont bloqué le départ de quelques camions et agité des banderoles où l'on pouvait lire : « *Nous sommes des humains pas des robots !* » Ce mouvement a été rejoint par plus de 2 000 salariés en Allemagne et ailleurs en Europe (comme sur le site français de Lauwin-Planque) même si la mobilisation a été bien moins suivie.

Sont dénoncés les salaires très faibles, mais aussi la suppression des pauses, les cadences trop rapides et la surveillance des employés à travers les méthodes de *tracking* (contrôle du temps de travail et de performances). Un syndicat britannique a même dénoncé le fait que certains d'entre eux étaient obligés d'uriner dans des bouteilles en plastique, faute de temps pour aller aux toilettes, et que les femmes enceintes étaient obligées de rester trop longtemps debout tandis que d'autres étaient menacées de licenciement en raison d'une productivité moins élevée. Des grévistes dénoncent aussi la collaboration entre Amazon et les services d'immigration américains, l'entreprise aidant ces services à traquer les migrants illégaux. Les grévistres rappellent enfin que leur patron, Jeff Bezos, est l'homme le plus riche du monde avec une fortune estimée à 131 milliards de dollars, en hausse de 18 milliards de dollars en 2018. La capitalisation boursière de la firme est aujourd'hui la deuxième du monde derrière Apple.

Il s'agit aussi de contrer la firme par de petites actions qui se mettent en place comme les tentatives de boycott. Des libraires s'organisent notamment pour insister sur le rôle de la relation humaine dans le processus d'achat. Mais cela reste anecdotique.

L'ONU a même pointé du doigt la situation des « ouvriers du clic », avançant qu'il s'agissait d'une nouvelle forme de taylorisme, sans la sécurité de l'emploi. Cela concerne des travailleurs indépendants, employés par une filiale du groupe, Amazon Mechanical Turk, qui effectuent des tâches plus ou moins complexes dans des domaines où l'intelligence artificielle n'est pas encore à même d'être performante.

Des enjeux renouvelés

Parallèlement, la direction se défend. Il est notamment avancé que les salaires sont plus hauts chez Amazon que dans d'autres sociétés pour un travail équivalent. En octobre 2018, aux États-Unis, pour étouffer ces critiques, Amazon a décidé de relever à 15 $ de l'heure le salaire de base des employés, ce qui représente le double du salaire minimum en vigueur dans le pays avec une hausse de 3 à 5 $ de l'heure. Cependant, la raison en est aussi un marché de l'emploi de plus en plus concurrentiel aux États-Unis, dans le cadre d'un plein emploi presque retrouvé. L'enjeu pour Amazon est surtout de pouvoir contenter les actionnaires tout en tentant de sauvegarder son image.

Enfin, la question est aussi celle de l'emploi. La robotisation et les progrès du numérique, au-delà de l'aliénation du travail humain, posent la question de la permanence d'un travail jugé aujourd'hui inhumain. Serait-ce un progrès si Amazon remplaçait tous ses employés par des robots ?

Nombre d'employés chez Amazon entre 2007 et 2018

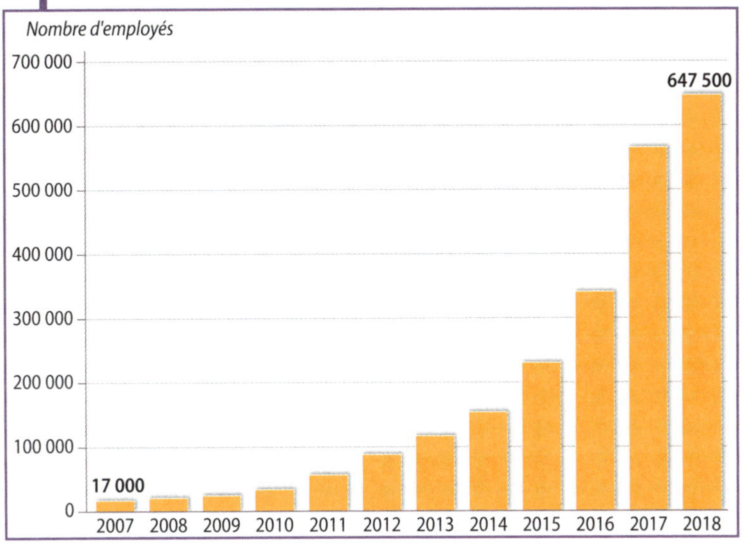

Source : Statista.

Comment déployer la 5G en France ?

par Élodie Grémaud

La cinquième génération de téléphonie mobile sera déployée dans les années 2020. Enjeu technologique, commercial, mais aussi géopolitique, la 5G fait déjà beaucoup parler d'elle.

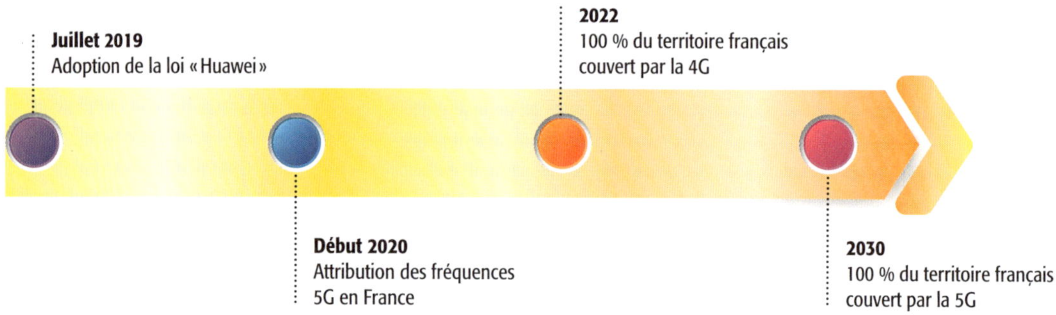

Qu'est-ce que la 5G ?

La 5G est la cinquième génération de téléphonie mobile. Elle a pour objectif de supprimer la distinction entre l'Internet fixe et l'Internet nomade.

Avec la 5G, on n'assiste pas seulement à une évolution, mais à une rupture technologique. Il s'agit d'utiliser les fréquences les plus élevées du spectre électromagnétique : les ondes millimétriques. Cette technologie numérique permet de transférer bien sûr la voix, des données et des vidéos, mais elle doit surtout permettre aux objets connectés de communiquer entre eux.

Les cinq générations de téléphonie mobile

Génération	Lancement	Caractéristiques
1G	1979	Technologie analogique qui ne transfère que la voix.
2G	1991	Technologie numérique qui transfère la voix, mais aussi des messages écrits (SMS, MMS). Le débit indicatif est de 10 kbit/s.
3G	1998	Technologie numérique qui transfère la voix et des données. Le débit indicatif est de 2 Mbit/s.
4G	2009	Technologie numérique qui transfère la voix, des données, mais aussi des vidéos. Le débit indicatif est de 1 Gbit/s.
5G	2019	Suppression de la distinction entre l'Internet fixe et l'Internet nomade. Le débit indicatif est de 10 Gbits/s.

La 5G offre :

– des débits plus importants (jusqu'à dix fois plus élevés que la 4G) ;

– un temps de latence (délai de transit d'une donnée entre le moment où elle est envoyée et celui où elle est reçue) divisé par dix par rapport à la 4G. Il s'agit de temps réel, et cette réactivité est essentielle à l'utilisation d'objets connectés et notamment à la voiture autonome où les échanges doivent être instantanés ;

– une forte densité : de nombreuses connexions simultanées sont possibles.

Les domaines qui vont profiter de cette technologie sont :

– la santé avec la télémédecine ou la téléchirurgie (un patient peut se faire opérer à des milliers de kilomètres du chirurgien grâce à des robots connectés) ;

– l'industrie avec la robotique, l'automatisation et le pilotage à distance ;

– les transports avec l'automatisation et les liaisons entre les véhicules.

Comment la 5G va-t-elle être installée en France ?

Actuellement, la 4G ne couvre pas tout le territoire français. Ainsi, 97 % de la population ont une couverture mobile, mais 20 % des sites (sur les 81 000 sites mobiles tous opérateurs confondus) ne disposent pas de la 4G. La fin de ces « zones blanches » est prévue pour 2022. Pour pallier cette déficience, l'État a lancé en janvier 2018 un « *New Deal Mobile* ». Les opérateurs doivent construire au moins 5 000 nouveaux sites 4G en échange de l'exemption du coût de renouvellement des fréquences accordées il y a vingt ans.

Le réseau 5G utilise le réseau 4G plus de nouvelles gammes de fréquences, aussi faut-il construire de nouveaux émetteurs. Quel est le calendrier prévu pour la France ?

Des expérimentations sont menées dans différentes villes pour le moment, comme à Lille ou à Bordeaux avec les opérateurs Bouygues Telecom, Orange et SFR, mais l'ARCEP (Autorité de Régulation des Communications Électroniques et des Postes) a d'ores et déjà donné un calendrier avec une croissance exponentielle.

En 2020, chaque opérateur devra couvrir au moins deux villes sur au moins 50 % de leur surface.

Le programme a été établi ainsi :

Année	Nombre de sites équipés par opérateur
2022	3 000
2024	8 000
2025	12 000

En 2025, les deux tiers du territoire devraient être couverts avec une obligation de couverture de 20 à 25 % en zone rurale. Les industriels auront un droit à la 5G qui obligera les opérateurs à les équiper en contrepartie d'une transaction financière. Pour le reste du territoire, les opérateurs devront équiper les sites mobiles avec une technologie type 5G et une vitesse de débit minimale de 240 Mbit/s.

En 2030, le territoire devrait être couvert entièrement en équipement 5G ou « type 5G ».

Pour tenir ce calendrier, l'État doit attribuer les fréquences aux différents opérateurs. Le président de l'ARCEP a demandé à l'État de ne pas profiter de cette occasion pour renflouer ses caisses, car les opérateurs doivent ensuite investir de grosses sommes. L'Allemagne et l'Italie ont en effet récupéré plus de six milliards d'euros, mais les opérateurs n'avaient plus de capacité d'investissement. Qu'en est-il pour la France ?

Les quatre opérateurs (Bouygues Telecom, Free, Orange et SFR) doivent se partager un spectre de 310 MHz. Chaque opérateur devrait obtenir à prix fixe un premier bloc de 40 à 60 MHz, puis des blocs de 10 MHz seront mis aux enchères avec un prix de réserve fixé par le gouvernement. En effet, plus un opérateur obtient un spectre large, plus il peut élargir sa clientèle. Néanmoins, aucun opérateur ne pourra obtenir plus de 100 MHz.

Le montant de l'attribution, qui aura lieu début 2020, devrait rapporter entre trois et quatre milliards d'euros à l'État. Cependant le gouvernement est un peu en porte-à-faux, car il veut obtenir des recettes par ces attributions de fréquences, mais en même temps il veut contraindre les opérateurs à un calendrier strict d'installation pour éviter les « zones blanches » lors de l'installation de la 5G, car les opérateurs avaient préféré auparavant équiper les grandes villes au détriment des zones rurales.

Au-delà des défis technologiques, l'installation de la 5G pose des questions sur la sécurité, la santé et les relations internationales.

Les autres défis de la 5G

Le 24 juillet 2019, la France a adopté la loi surnommée « Huawei », du nom du constructeur de téléphones mobiles chinois. C'est une loi qui vise à sécuriser les réseaux 5G en France. Elle oblige les opérateurs des télécommunications français à demander une autorisation préalable à l'exploitation d'équipements (matériels ou logiciels)

5G et des générations suivantes ; en revanche, le développement de la 4G n'est pas concerné par cette loi. L'autorisation est donnée pour huit ans et peut être refusée « *s'il existe un risque sérieux d'atteinte aux intérêts de la défense et de la sécurité nationale* ». L'autorisation peut également être soumise à conditions. Les décrets d'application préciseront les équipements concernés.

La loi doit son nom à l'équipementier chinois, car ce dernier est au cœur d'une « guerre froide » technologique et commerciale entre la Chine et les États-Unis. Les équipementiers fournissent les antennes, mais aussi le matériel indispensable à l'installation de la 5G.

L'équipementier chinois, Huawei, a été accusé par les États-Unis et par différents pays d'installer des « mouchards » dans leurs produits au profit du gouvernement chinois. Ainsi, les États-Unis, mais également le Japon ou encore l'Australie ont exclu Huawei du marché de la 5G. Même si l'Union européenne s'inquiète de la présence de Huawei pour la sécurité des réseaux, elle ne l'a pas encore exclu malgré la pression américaine. L'Europe a pris une décision de l'entre-deux puisque le 26 mars 2019 la Commission européenne a indiqué qu'il fallait renforcer la sécurité, mais que chaque pays pouvait faire comme il voulait sachant que Huawei était en avance sur cette technologie. En Espagne, Vodafone Espana a lancé son réseau 5G avec Huawei. Ce dernier s'implante aussi en Russie, en Afrique et au Brésil. En France, Orange n'utilisera pas les équipements de Huawei.

En plus des questions de sécurité, la 5G inquiète aussi les scientifiques pour des raisons de santé.

Une pétition intitulée « *5G appeal* », initiée par près de 200 scientifiques et signée par plus de 150 000 personnes, affirme que la 5G va exposer davantage les populations aux ondes électromagnétiques qui sont plus nombreuses et plus courtes que celles de la 4G. Les signataires demandent à l'ONU et à l'OMS de faire cesser son déploiement sur Terre et dans l'espace. Mais cette pétition ne serait qu'un « *cherry picking* », c'est-à-dire que dans des études, les instigateurs n'auraient choisi que les phrases qui les intéressaient, sorties de leur contexte.

Il est vrai que les champs électromagnétiques de radiofréquences ont été classés en 2011 par le CIRC (Centre international de recherche sur le cancer) comme « *cancérogènes possibles* », c'est-à-dire qu'il y a un risque, mais aucune certitude. Il n'est pas prouvé que les ondes causent le cancer, mais la science doit continuer ses recherches pour savoir si les champs électromagnétiques de fréquences sont inoffensifs ou pas.

Les projections mondiales pour 2035 pour la 5G sont un marché mondial de 12 300 milliards de dollars et de 22 millions d'emplois. Mais la technologie ne s'arrête pas là puisque certains équipementiers comme Samsung et Huawei font des essais en laboratoire sur la 6G afin de rester les pionniers dans ces nouvelles technologies.

Faut-il craindre le libra, le crypto-actif de Facebook ?

par Céline Charles

Facebook veut proposer sa propre cryptomonnaie. Quels sont les avantages à disposer de ressources virtuelles ? Les risques de telles « monnaies », comme leur excessive volatilité, sont-ils à envisager pour le libra ?

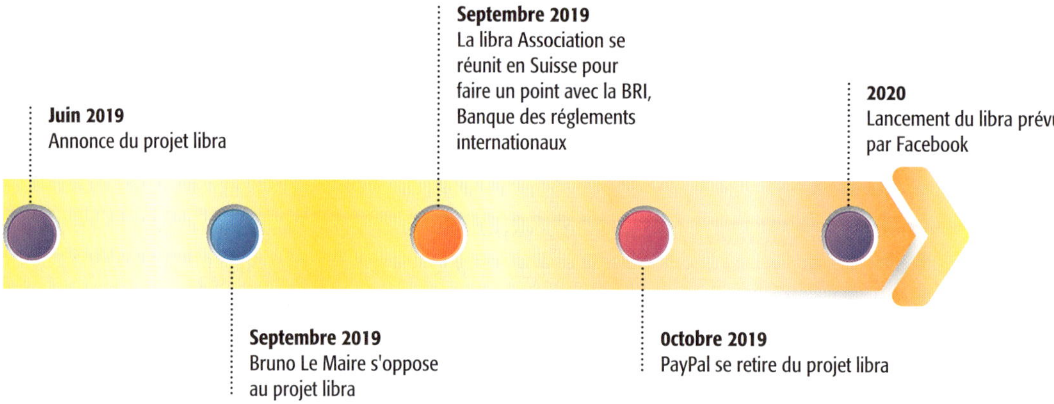

Qu'est-ce que le libra ?

Le libra est le nouveau crypto-actif lancé par Facebook. Il se présente comme une nouvelle monnaie virtuelle permettant d'acheter divers biens et services et de transférer de l'argent, *via* des applications classiques telles que Messenger ou bien encore WhatsApp. Mark Zuckerberg se montre confiant quant à son lancement qu'il prévoit courant 2020.

Quels sont les avantages d'une telle « monnaie » par rapport à une monnaie classique ? Le fondateur de Facebook la présente comme un dispositif instantané, peu coûteux et émancipateur. En effet, de nombreuses personnes dans le monde, dont beaucoup de femmes, n'ont pas accès à un compte bancaire. Le libra permettra d'agir dans la sphère économique puisque le dispositif sera indépendant des banques.

Comment pourra-t-on se procurer des libras ? Deux possibilités semblent s'offrir aux futurs utilisateurs : ils pourront s'en procurer contre une monnaie classique liquide dans des points de vente physiques ou bien alors les échanger en ligne contre tous types de devises.

Peut-on pour autant parler de « monnaie » ? La première fonction d'une monnaie est d'être un intermédiaire des échanges, de permettre d'acheter et/ou de vendre tous les biens et services. La monnaie permet également de mesurer la valeur de tous les biens et services en une unité commune. On dit que la monnaie sert alors d'unité de compte. Par ailleurs, la monnaie est une réserve de valeur. On peut la stocker. Elle peut être utilisée pour payer sans délai, sans risque de perte nominale et sans coût.

Qu'en est-il du libra ? Cet actif se présente comme un intermédiaire des échanges. Cependant, il sera cantonné à certaines transactions car tous les producteurs n'accepteront pas le libra. Par conséquent, cet actif ne permet pas encore de mesurer la valeur de tous les biens et services. Enfin, la garantie de sa stabilité n'est, à ce jour, pas vérifiée.

Faut-il craindre le libra ?

Certaines entreprises comme PayPal se sont retirées du projet sans donner d'explications, si ce n'est qu'elles désiraient se consacrer à d'autres objectifs. Par ailleurs, certains gouvernements y sont très clairement opposés. C'est notamment le cas de la France. Bruno Le Maire, ministre de l'Économie et des Finances, a précisé qu'il fallait à ce jour se méfier d'une telle monnaie proposée par une firme très puissante.

Quelles sont les craintes associées à ces positions ? On peut notamment citer la peur d'une volatilité importante, à l'instar de celle que connaît le bitcoin, autre crypto-actif. *A priori*, si aucune banque centrale ne gère son cours, on peut légitimement craindre que le libra connaisse des fluctuations importantes qui dépendront uniquement de l'offre et de la demande. Sur ce point-là, Mark Zuckerberg se veut rassurant. Il a précisé que son actif sera adossé à des valeurs stables comme le dollar ou l'euro.

Membres de Libra Association

Crédit : rvlsoft/Shutterstock.

Une institution indépendante sera chargée d'observer et de limiter les fluctuations du cours. Cette institution existe déjà sous le nom de Libra Association. Elle compte une trentaine de membres comme MasterCard, Visa ou bien encore Vodafone.

Calibra, filiale de Facebook pour gérer le libra, en fait partie, mais Facebook a affirmé qu'il n'avait pas plus de droits que d'autres membres. Cette institution à but non lucratif est présentée comme un moyen pour limiter la volatilité de l'actif.

Par ailleurs, le libra est suspecté de permettre à Facebook d'exploiter à des fins commerciales des données personnelles, de plus en plus précieuses. Il faut dire que la firme sort tout juste du scandale Cambrige Analytica. Des données avaient été vendues à des fins politiques.

Nombre de comptes Facebook touchés par le scandale Canmbridge Analytica

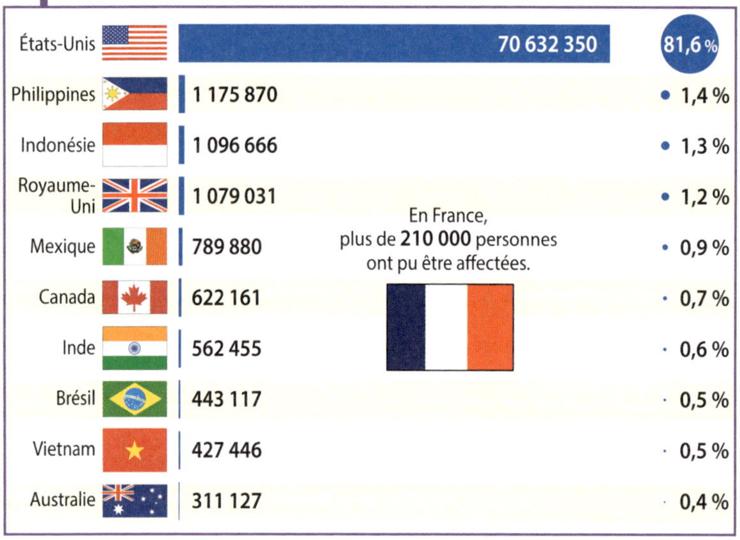

Source : Facebook, *les Échos*.

Une coalition d'États américains, lance d'ailleurs une enquête antitrust contre Facebook pour déterminer si le réseau social « *a étouffé la concurrence et fait courir un risque à ses utilisateurs* ».

Où en sont les autres cryptomonnaies telles que le bitcoin ?

Le bitcoin ne semble pas enterré. Il représente, en valeur, le premier crypto-actif échangé sur les marchés. D'ailleurs, certains pays élargissent même les prérogatives d'un tel actif. Depuis le 1er septembre, les employés néo-zélandais peuvent désormais recevoir leur revenu en crypto-actifs et être taxés en conséquence.

Ce regain de succès semble également s'accompagner d'un regain de volatilité comme en témoigne le graphique d'évolution ci-dessous.

Fluctuations du cours du bitcoin sur trois mois

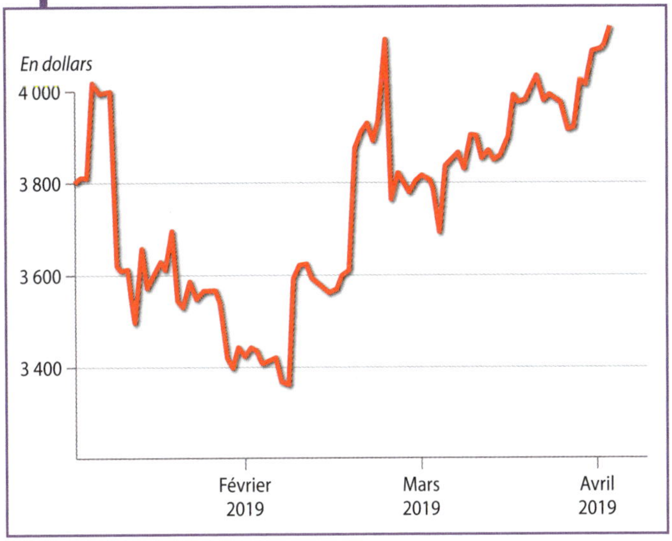

Source : Coindesk.

En effet, plus la demande est importante et plus le cours est élevé. Plusieurs facteurs peuvent justifier le regain d'enthousiasme qu'a connu l'actif ces derniers mois. La guerre commerciale sino-américaine l'explique en partie. Les investisseurs chinois disposant de yuans préservent leur épargne en diversifiant leurs ressources. Le bitcoin peut apparaître comme une alternative.

Personnalité : Jeff Bezos, un entrepreneur « extraordinaire » ?

par Céline Charles

Jeff Bezos est l'homme le plus riche du monde. Quel est le parcours de cet entrepreneur « extraordinaire », au sens où l'entendait l'économiste Joseph Schumpeter ?

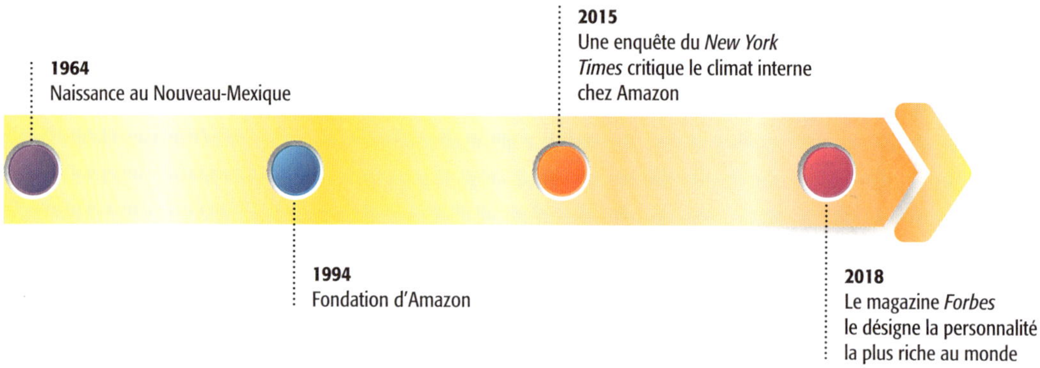

Un parcours hors normes

Jeff Bezos est né au Nouveau-Mexique en 1964. Abandonné par son père, il a été élevé par sa mère. Il a ensuite été adopté puis élevé par le mari de celle-ci, Miguel Bezos, un immigré cubain étudiant à l'université d'Albuquerque, et installé aux États-Unis. Élève brillant, Jeff étudie à l'université de Princeton. Il en sort diplômé en sciences de l'informatique et fort d'une certitude : la croissance exponentielle de l'utilisation d'Internet doit être exploitée. L'idée d'une gigantesque librairie en ligne est née !

Il débute sa carrière dans une start-up spécialisée dans la finance et les télécoms, Fitel. Il intègre par la suite la banque Bankers Trust. Il en devient vice-président en 1990. De 1990 à 1994, il est analyste financier pour un fonds d'investissement américain, D.E. Shaw & Co. Ce sera sa dernière expérience avant le projet de sa vie. En 1994, il fonde Amazon.com.

Un prescripteur de normes

Dans son ouvrage paru en 1942, *Capitalisme, socialisme et démocratie*, l'économiste autrichien Joseph Schumpeter envisage l'entrepreneur comme un individu exceptionnel, capable de briser des routines, d'innover, de façonner le monde à sa manière. C'est précisément ce que semble dépeindre Benoît Berthelot dans son ouvrage *Le monde selon Amazon*, 2019. Jeff Bezos prescrit sans cesse de nouvelles normes, économiques comme sociales, pour son entreprise, pour la société et, enfin, pour le monde entier.

Tout salarié et associé chez Amazon doit connaître et respecter les quatorze règles énoncées par l'entrepreneur :

1. avoir l'obsession du client ;
2. s'investir personnellement ;
3. inventer et simplifier ;
4. avoir souvent raison ;
5. apprendre et être curieux ;
6. recruter et développer les meilleurs ;
7. placer le niveau d'exigence toujours plus haut ;
8. voir grand ;
9. privilégier l'action ;
10. maîtriser et optimiser les coûts ;
11. gagner la confiance ;
12. analyser en profondeur ;
13. avoir du cran, s'opposer et s'engager ;
14. obtenir des résultats.

Le journaliste Jean-Baptiste Mallet insiste sur le fait que ces règles sont dénuées d'humanité. Derrière celles-ci, se cache une triste réalité : des conditions de travail marquées par la pénibilité.

Par ailleurs, Jeff Bezos n'hésite pas à prescrire informellement des règles lors de grands-messes telles que celles organisées dans le cadre de The Economic club of Washington : « *Toutes les décisions importantes doivent être prises avant 17 heures* » ou encore, « *Il faut avoir dormi 8 heures par nuit pour être en mesure de bien décider* ».

Enfin, Bezos n'hésite pas à légiférer pour un secteur entier : il vient d'annoncer que son entreprise élaborait « *un ensemble de lois pour réguler la technologie de reconnaissance faciale* ». Cette ébauche de texte de loi sera ensuite proposée aux législateurs fédéraux américains.

Une fortune tout aussi... hors normes

La fortune de Bezos s'élève à plus de 130 milliards de dollars et dépasse largement celle de Bill Gates.

En juillet 2019, son divorce avec sa femme lui coûte 38 milliards de dollars, soit 4 % de participation dans la compagnie Amazon. Il conserve toutefois 12 % de participation dans la compagnie et reste ainsi l'homme le plus riche du monde.

AUTRES FAITS

janv.

22 janvier Le Forum économique mondial s'ouvre à Davos. Comme chaque année, pendant quatre jours, les Alpes suisses accueillent les grands patrons et chefs d'État et de gouvernement. Cette année cependant, plusieurs dirigeants brillent par leur absence : Emmanuel Macron, Donald Trump, Theresa May, mais également les présidents russe, indien et chinois. Loin de l'euphorie optimiste qui régnait l'an dernier à la même époque, le forum de Davos semble cette année marqué du sceau de la morosité économique.

fév.

25 février Décathlon essuie de virulentes et nombreuses critiques après avoir évoqué, sur son site Internet, son intention de commercialiser un hijab de course – une tenue destinée aux sportives musulmanes. Face à ce déferlement de réactions violentes, aussi bien en ligne que dans les boutiques de l'enseigne, Décathlon renonce finalement à commercialiser ce produit.

mars

27 mars Aux États-Unis, Monsanto est de nouveau condamné par un tribunal à payer de très lourds dommages et intérêts à un malade du cancer. Ce dernier accuse en effet le célèbre désherbant Roundup d'être responsable de son cancer. Bayer, désormais propriétaire de Monsanto, a aussitôt annoncé son intention de faire appel.

mai

6 mai En France, le procès France Télécom s'ouvre dix ans après la vague de suicides qui a touché la compagnie. Sept ex-cadres de France Télécom sont jugés, encourant jusqu'à un an de prison et 15 000 euros d'amende.

7 mai En France, des journalistes de France 2 et *Le Monde* révèlent que le géant de l'agrobusiness Monsanto aurait fiché illégalement des centaines de personnalités françaises. Ces fiches cibleraient des personnalités politiques et médiatiques et auraient pour fonction d'évaluer le degré d'opposition ou de soutien de ces personnalités au glyphosate.

9 mai Cette journée est marquée par une grève dans l'ensemble de la fonction publique en France. À cette occasion, des manifestations sont organisées afin de protester contre le projet de réforme de la fonction publique qui devrait notamment se traduire par la suppression de 120 000 postes de fonctionnaires (promesse de campagne d'Emmanuel Macron) et par le recours généralisé aux contractuels.

28 mai La direction du géant américain General Electric (GE) annonce la suppression de 1 044 emplois en France, essentiellement en région Bourgogne-Franche-Comté.

28 mai À l'occasion de sa soixante-douzième assemblée, l'OMS (l'Organisation mondiale de la santé) a requalifié le *burn-out*, non plus comme maladie, mais comme « un phénomène lié au travail ».

MARQUANTS 2019

30 mai La Chine qualifie la guerre commerciale lancée par le président des États-Unis, Donald Trump, de « terrorisme économique ». Cette guerre commerciale entre la Chine et les États-Unis s'est intensifiée quand Washington a décidé d'augmenter les droits de douane sur des produits chinois en guise de sanction. Ces pressions visent d'abord le géant chinois des télécoms, Huawei, numéro deux mondial de smartphones.

sept.

13 septembre À Paris, les agents de la RATP sont en grève pour protester contre la réforme des retraites. La mobilisation, particulièrement suivie, a paralysé le réseau ferroviaire de la région parisienne : une dizaine de lignes de métro sont restées fermées et peu de RER circulaient.

23 septembre L'entreprise britannique Thomas Cook se déclare en faillite, suscitant l'inquiétude chez les 600 000 clients actuellement en voyage dans le monde et chez les 22 000 salariés du groupe. Le voyagiste va demander son placement en redressement judiciaire.

23 septembre Un rapport de l'OIT (Organisation internationale du travail) révèle que plus de 40 millions de personnes à travers le monde sont réduites en esclavage, dont 70 % sont des femmes.

oct.

3 octobre HP, fabricant américain d'ordinateurs et d'imprimantes annonce la suppression de 9 000 emplois dans les trois ans à venir dans le cadre d'un vaste plan de restructuration.

nov.

7 novembre Le gouvernement français annonce l'abandon du projet Europa-City à Gonesse (Val d'Oise). Cet immense projet d'aménagement (un multiplexe de 230 000 m^2 censé accueillir des commerces, une salle de spectacle, des boîtes de nuit, un parc aquatique et une piste de ski) suscitait une opposition croissante de la part d'associations écologistes, de commerçants locaux et d'agriculteurs. De leur côté, les élus locaux regrettent l'abandon d'un projet censé dynamiser un territoire précaire et créer des dizaines de milliers d'emplois.

QCM

Pour chaque question, une seule réponse est correcte.

1 Quelles sont les trois nationalités dont jouit Carlos Ghosn ?

- ❍ **a.** Libanaise, brésilienne, française
- ❍ **b.** Française, américaine, espagnole
- ❍ **c.** Française, libanaise, espagnole

2 Quel est le nom de l'ancien PDG de Renault ?

- ❍ **a.** Thierry Bolloré
- ❍ **b.** Louis Schweitzer
- ❍ **c.** Bernard Arnault

3 Le surnom de Carlos Ghosn est :

❍ **a.** *Cost killer* ❍ **b.** *Cost cutter* ❍ **c.** *Cost lover*

4 Qui remplace provisoirement Carlos Ghosn à la tête de Renault ?

❍ **a.** Louis Schweitzer ❍ **b.** Thierry Bolloré ❍ **c.** François-Henry Pinault

5 L'élément déclencheur de l'appel à la grève du personnel des urgences de l'hôpital Saint-Antoine à Paris le 18 mars 2019 a été :

- ❍ **a.** L'arrivée d'une personne aux urgences qui avait un « léger mal de crâne »
- ❍ **b.** La cinquième agression d'un membre du personnel depuis le début de l'année
- ❍ **c.** La mort d'un membre du personnel pour épuisement au travail

6 Ces dernières années, la direction générale de l'offre de soins enregistre en moyenne par an :

- ❍ **a.** Plus de 20 millions de passages aux urgences
- ❍ **b.** Entre 5 et 10 millions de passages aux urgences
- ❍ **c.** Environ 15 millions de passages aux urgences

7 Les principales revendications des urgentistes sont :

- ❍ **a.** Plus d'effectifs médicaux, paramédicaux et de lits
- ❍ **b.** La revalorisation des salaires de tous
- ❍ **c.** La démission de la ministre Agnès Buzyn

8 En 2004, le Programme de médicalisation des systèmes d'information (PMSI) a été utilisé comme base pour :

- ❍ **a.** Licencier et renouveler une partie du personnel des urgences
- ❍ **b.** Interdire aux hôpitaux privés de proposer des prix trop élevés pour les soins
- ❍ **c.** La tarification à l'activité afin d'améliorer l'efficience et l'optimisation des soins

9 En quelle année la société Boeing a-t-elle été fondée ?
❍ **a.** 1916 ❍ **b.** 1936 ❍ **c.** 1946

10 Qui est aujourd'hui à la tête de Boeing ?
❍ **a.** Dennis Muilenburg ❍ **b.** Jeff Bezos ❍ **c.** Marck Zuckerberg

11 À quelle compagnie aérienne appartenait le deuxième Boeing 787 Max victime d'un accident en 2019 ?
❍ **a.** Malaysian Airlines ❍ **b.** Ethiopian Airlines ❍ **c.** Lion Air

12 Quel nom porte l'élément vraisemblablement à l'origine des deux accidents du 787 Max ?
❍ **a.** MACS ❍ **b.** MSCA ❍ **c.** MCAS

13 Que signifie le T dans l'acronyme NATU ?
❍ **a.** Tesla ❍ **b.** Tencent ❍ **c.** Toyota

14 Quel a été le chiffre d'affaires d'Amazon en 2018 ?
❍ **a.** 133 milliards de dollars
❍ **b.** 233 milliards de dollars
❍ **c.** 333 milliards de dollars

15 En 2018, combien la société Google a-t-elle versé d'argent au fisc français ?
❍ **a.** 12 millions d'euros ❍ **b.** 15 millions d'euros ❍ **c.** 17 millions d'euros

16 Quel pays de l'Union européenne a un taux d'impôts sur les sociétés particulièrement bas ?
❍ **a.** La Suède ❍ **b.** L'Irlande ❍ **c.** L'Italie

17 L'État français détient :
❍ **a.** 100 % du capital d'Aéroports de Paris
❍ **b.** 50,6 % du capital d'Aéroports de Paris
❍ **c.** Une minorité de blocage (33,33 %)

18 La privatisation d'Aéroports de Paris (ADP) a été permise par :
❍ **a.** La loi PACTE ❍ **b.** La loi Macron ❍ **c.** La loi de finances 2019

19 Le premier aéroport français, en termes de fréquentation, est :
❍ **a.** Paris-Orly ❍ **b.** Paris-Le Bourget ❍ **c.** Paris-Charles de Gaulle

20 Le référendum d'initiative partagée (RIP) a été introduit sous la présidence de :
❍ **a.** Nicolas Sarkozy ❍ **b.** François Hollande ❍ **c.** Emmanuel Macron

21 **En quelle année la firme Amazon a-t-elle été créée ?**

❍ **a.** 1992 ❍ **b.** 1994 ❍ **c.** 1996

22 **Amazon avait décidé en 2016 de contrôler le travail de ses salariés en leur faisant porter un accessoire. Lequel ?**

❍ **a.** Un bracelet ❍ **b.** Un collier ❍ **c.** Une caméra embarquée

23 **Sur quels jours les salariés accentuent-ils leur mobilisation pour protester contre le management d'Amazon ?**

❍ **a.** *Black Friday* et *Prime Days*
❍ **b.** Noël et Pâques
❍ **c.** Les vacances d'été

24 **Pour quelle raison l'entreprise Amazon a-t-elle décidé de relever le niveau de salaire de ses employés aux États-Unis ?**

❍ **a.** Pour mieux prendre en compte la santé de ses salariés
❍ **b.** Parce que l'État lui fournit des aides
❍ **c.** Parce que le marché de l'emploi est de plus en plus concurrentiel

25 **Que va permettre la 5G ?**

❍ **a.** Aux objets connectés de communiquer entre eux
❍ **b.** D'avoir Internet partout
❍ **c.** Juste des débits plus importants que la 4G

26 **En quelle année la fin des « zones blanches » pour la 4G est-elle prévue ?**

❍ **a.** 2020 ❍ **b.** 2021 ❍ **c.** 2022

27 **Quel équipementier est accusé par les États-Unis d'installer des « mouchards » dans son matériel ?**

❍ **a.** Samsung ❍ **b.** Nokia ❍ **c.** Huawei

28 **En quelle année le territoire français devrait-il être entièrement couvert par la 5G ?**

❍ **a.** 2025 ❍ **b.** 2030 ❍ **c.** 2035

29 **Selon Facebook, la nouvelle monnaie libra est :**

❍ **a.** Un dispositif instantané, peu coûteux et émancipateur
❍ **b.** Un dispositif instantané, relativement coûteux mais non soumis aux fluctuations de cours
❍ **c.** Un dispositif instantané, relativement coûteux mais non soumis aux banques centrales

30 **Une institution indépendante permettra de limiter les fluctuations du cours. Comment s'appelle-t-elle ?**

❍ **a.** Facebook association
❍ **b.** Libra Association
❍ **c.** Zuckerberg association

31 Quelle grande entreprise s'est retirée du projet ?

❍ a. Spotify ❍ b. PayPal ❍ c. eBay

32 Libra est :

❍ a. Un cryptogramme
❍ b. Un crypto-actif
❍ c. Un crypto-système

33 Jeff Bezos a fondé Amazon en :

❍ a. 1985 ❍ b. 1994 ❍ c. 2005

34 Quelle est la première règle de la charte d'Amazon ?

❍ a. Avoir souvent raison
❍ b. Satisfaire le client
❍ c. Inventer et simplifier

35 Benoît Berthelot vient de publier :

❍ a. *Voyage en Amazonie*
❍ b. *Jeff Bezos, l'homme le plus riche du monde*
❍ c. *Le monde selon Amazon*

36 Pour Jeff Bezos, toutes les décisions doivent se prendre :

❍ a. Avant 10 heures
❍ b. Avant midi
❍ c. Avant 17 heures

Corrigé

1a, 2b, 3a, 4b, 5b, 6a, 7a, 8c, 9a, 10a, 11b, 12c, 13a, 14b, 15c, 16b, 17b, 18a, 19c, 20a, 21b, 22a, 23a, 24c, 25a, 26c, 27c, 28b, 29a, 30b, 31b, 32b, 33b, 34b, 35c, 36c.

PARTIE 5

CULTURE ET ENVIRONNEMENT

- Greta Thunberg, cheffe de file de la grève des lycéens et des collégiens pour le climat 196
- Lubrizol ou la méfiance de l'État 200
- Notre-D(r)ame en flammes 204
- Trente ans après la chute du mur, où en est la réunification allemande ? 208
- Les orages dans la Drône : les impacts du réchauffement climatique sur les productions agricoles 212
- Le « petit pas pour l'homme » fête ses 50 ans 216
- Le football au féminin : quand l'égalité gagne du terrain 220
- La pyramide du Louvre fête ses 30 ans 224
- Comment endiguer l'expansion du 7e continent ? 228
- Personnalité : Pierre Soulages 232
- Ils nous ont quittés en 2019 234

AUTRES FAITS MARQUANTS 2019 236

QCM 238

Greta Thunberg, cheffe de fil de la grève des lycéens et des collégiens pour le climat

par Louise Cormier

Inspirés par l'adolescente suédoise Greta Thunberg, des collégiens et lycéens de nombreux pays se mobilisent pour le climat depuis plusieurs mois. Qui est leur chef de file ? Quelles sont leurs revendications ? Quel est l'avenir de ce mouvement ?

21 août 2018
Greta Thunberg manifeste seule pour le climat devant le Parlement suédois

Septembre 2018
Greta Thunberg décide de faire grève tous les vendredis et lance le hashtag #FridaysForFuture

Fin 2018
Première grande manifestation de 70 000 collégiens et lycéens pour le climat à travers le monde

23 juillet 2019
Discours de Greta devant l'Assemblée nationale française

23 septembre 2019
Discours de Greta lors du sommet sur le climat de l'ONU

Les débuts du mouvement

Le 21 août 2018, le jour de la rentrée des classes, Greta Thunberg, 15 ans, décide de ne pas reprendre les cours dans son école de Stockholm, capitale de la Suède où elle est née. Elle se rend devant le Parlement suédois avec une pancarte sur laquelle est écrit « grève scolaire pour le climat », avec en tête l'idée d'y rester jusqu'au 9 septembre, jour des élections législatives. Elle y reste toute la journée, expliquant à tous ceux qui venaient lui parler, y compris aux candidats, qu'aucun de leurs programmes n'était à la hauteur pour endiguer le réchauffement climatique dû aux activités humaines qui détruisent les ressources naturelles, causent les extinctions de masse et entraînent la montée du niveau des océans. Puis, dans l'optique de rendre ce mouvement pérenne, puisqu'il prenait de l'ampleur en Suède, elle décide de ne plus faire grève que le vendredi et lance le hashtag #FridaysForFuture.

Fin 2019, près de trois millions de personnes suivent Greta sur Twitter et la « grève scolaire » des « vendredis pour le climat » s'est propagée en Scandinavie, mais aussi en Allemagne, aux Pays-Bas, au Royaume-Uni, en France, au Canada et jusqu'en Australie où des milliers d'élèves se sont rassemblés devant les parlements nationaux et locaux. Le 30 novembre 2018, le *Guardian* estime que plus de 70 000 élèves de collèges et de lycées se sont mobilisés à travers 270 villes du monde. En France, le mouvement a pris de l'ampleur plus lentement pour des raisons diverses, cependant le 15 mars le site Internet Fridaysforfuture.org recense près de 200 000 élèves et étudiants mobilisés.

Greta Thunberg lors d'une manifestation à Hambourg le 1er mars 2019

Crédit : Morris Mac Matzen/Reuters.

La mobilisation des jeunes en France

Depuis des années pourtant, les enquêtes d'opinion suggèrent qu'en France les jeunes générations sont dépolitisées. Sur le plan moral, beaucoup d'intellectuels et de politiques dénoncent la montée de l'individualisme qui implique plus d'égoïsme voire de narcissisme. La mobilisation des jeunes en 2018-2019 nuance ces enquêtes et incarne plutôt un désaveu de la politique dans ses formes traditionnelles (politique partisane, canaux médiatiques hors ligne…). D'après le sociologue Yann Le Lann, les grèves pour le climat des collégiens et lycéens s'inscrivent souvent dans une radicalité qui dénonce la responsabilité des pouvoirs publics, mais également d'un système capitaliste global face auquel l'État ne semble pas vouloir agir (la démission de Nicolas Hulot en a été l'un des symboles majeurs). Ce système qui s'appuie sur la croissance infinie, embrassée sans retenue par les générations de leurs parents et grands-parents, est contradictoire avec une transition écologique assez rapide face à l'urgence climatique. Ces jeunes s'emparent de leur droit de manifester autour de questions morales, c'est-à-dire axées sur les concepts du bien et du mal, de l'altruisme et de l'égoïsme, qui fédèrent plus vite que les nuances politiques devenues floues entre droite et gauche traditionnelles. De plus, les mouvements de grève pour le climat des jeunes ont grandi grâce à une grande maîtrise médiatique (notamment des réseaux sociaux), ainsi que du langage qui pouvait le mieux articuler leur mobilisation : par exemple, utiliser le mot « enfant », alors que les jeunes qui se mobilisent sont en grande majorité des adolescents, va plus facilement déclencher la mauvaise conscience des adultes.

Les échos tardifs du mouvement en France

Comment expliquer le retard de plusieurs mois de la mobilisation en France, et une mobilisation en général moins importante ? Pour Michel Fize, sociologue et chercheur au CNRS, spécialiste de la jeunesse et de la famille, le mouvement des Gilets jaunes, qui a pris une place importante dès novembre 2018, partait de bases d'indignations et de revendications différentes de celles de grèves pour le climat, en plus d'une déconsidération de la jeunesse généralisée en France. Plus qu'en France, en Belgique et en Suisse les scientifiques et les syndicats ont soutenu la grève, car « *le climat est l'affaire de tous* ». Au-delà de la conjoncture, Michel Fize y voit un statut de l'école différent en France par rapport à l'Allemagne, la Belgique ou l'Australie : « *Notre école reste un monde très infantilisant* [...] *cette génération n'est pas imbibée de culture politique, aussi parce que l'école s'y refuse* [...] *l'école n'a pas compris qu'elle a le devoir de porter sur la scène les faits de société et de partir du concret pour monter sur la théorie des mouvements historiques* ».

Une autre explication au manque de coagulation entre les Gilets jaunes et les grèves pour le climat réside dans les profils des manifestants leaders. Qui sont ces jeunes qui manifestent, du point de vue de leurs parcours et de leurs catégories socioprofessionnelles ? Selon Yann Le Lann, ceux qui participent le plus ressemblent à leurs aînés qui y participaient déjà dans les années 1970. Même si ces mouvements étaient plus sporadiques à cette époque, des militants s'engageaient déjà pour l'écologie il y a cinquante ans, alors que le club de Rome (groupe de réflexion réunissant des scientifiques, des économistes, des fonctionnaires nationaux et internationaux, ainsi que des industriels de 52 pays) publiait son rapport « *Les limites de la croissance* » en 1972. Ils sont souvent enfants de salariés qualifiés et aux revenus dans la tranche basse de cette catégorie. Même si beaucoup ne se reconnaissent pas dans les partis politiques actuels, la mouvance politique majeure s'inscrit dans une histoire de luttes sociales, celle de la gauche antilibérale qui a auparavant rassemblé les populations ouvrières en France et qui critique le système en faisant « grève » (alors que les lycéens ne travaillent pas directement au PIB), tout en maintenant un espoir que des représentants politiques puissent un jour mettre en œuvre des réformes radicales pour l'écologie.

Carte de la mobilisation des jeunes pour le climat

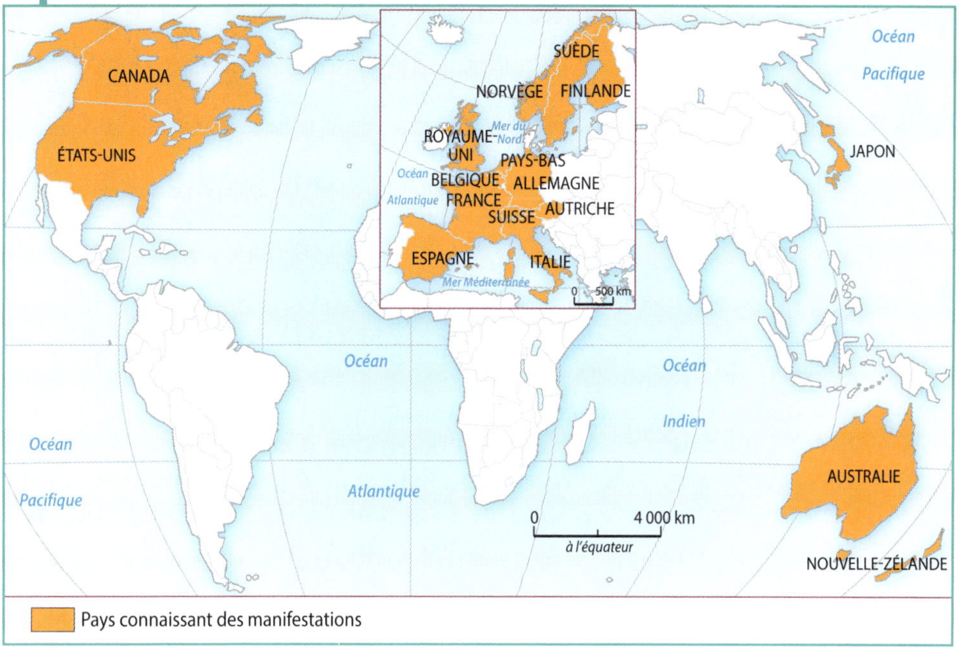

Quelles sont les perspectives pour l'avenir de cette mobilisation ?

Pour Michel Fize, si l'aiguillon des mobilisations contre le réchauffement climatique a toujours été à gauche, l'enjeu est de savoir s'il pourra aspirer une masse qui demeure moins politique et ne veut pas être attachée à un parti. On note d'ailleurs que les grands absents de ces mobilisations pour le climat sont les jeunes des quartiers défavorisés, qui « *n'y croient plus et ont un quotidien très dégradé, avec une école qui ne leur permet pas de se projeter* ». Par ailleurs, si la jeunesse de Greta a été un facteur de médiatisation – et donc de mobilisation – important, la jeune fille fait face aujourd'hui à de violentes critiques dans divers médias et de la part de personnalités. On parle de « *Greta bashing* » qui révèle les divisions autour du réchauffement climatique, et donc des limites à la portée du mouvement. Cependant, des journalistes du *Monde* ont collecté de nombreuses données sur les différents types de critiques qui lui étaient adressées, et expliquent que Greta Thunberg n'est jamais attaquée sur le fond de son message, car il est fondé sur des consensus scientifiques solides, mais plutôt sur sa personne, comme son syndrome d'Asperger (une forme légère d'autisme), sa jeunesse, et par là son manque de légitimité à critiquer des personnes adultes, sur le fait qu'elle soit manipulée, etc. Pour la juriste Marta Torre-Schaub, professeure à l'université Paris 1 et directrice du réseau de chercheurs « Droit et changement climatique », le mouvement pourra s'étendre si les décideurs au sein des plus hautes instances du système judiciaire – et non plus seulement les scientifiques – s'engagent et mettent en œuvre la notion d'une justice intergénérationnelle, à l'image de la déclaration de la Cour suprême de la Colombie en avril 2019.

Lubrizol ou la méfiance de l'État

par Élodie Grémaud

Le 26 septembre 2019, à Rouen, le site de l'usine chimique de Lubrizol prend feu. L'incendie provoque un nuage noir de plus de 22 km de long qui s'étend sur toute l'agglomération de Rouen. Aucune victime n'est à déplorer, mais les habitants sont inquiets à cause des fumées. Cependant, l'accident est rapidement éclipsé dans les médias par le décès de l'ancien chef d'État, Jacques Chirac. Des semaines plus tard, des controverses subsistent sur l'impact écologique et sanitaire de cette catastrophe, mais aussi sur la gestion de la crise par les autorités.

26 septembre 2019
Incendie dans l'usine Lubrizol à Rouen

18 octobre 2019
Levée des dernières restrictions sur les produits agricoles

29 octobre 2019
Enquête confiée à trois magistrats du tribunal de Paris

30 octobre 2019
Visite d'Emmanuel Macron à Rouen

L'incendie de l'usine Lubrizol à Rouen

L'usine Lubrizol de Rouen appartient à la société Lubrizol Corporation, qui est la propriété de Berkshire Hathaway, *holding* de l'homme d'affaires américain Warren Buffet. Elle est installée depuis 1954 sur les bords de la Seine, à trois kilomètres du centre-ville, dans une zone habitée. Situation idéale et historique, puisqu'elle est proche d'un pôle de main-d'œuvre et de plusieurs voies de communication, dont la Seine. À cette époque, les normes d'installation étaient moins contraignantes qu'aujourd'hui.

L'usine fabrique et commercialise des additifs qui servent à enrichir les carburants, les huiles de moteur, et les peintures industrielles. En 2009, elle a été classée Seveso « seuil haut », comme plus de 700 autres sites en France. La directive européenne Seveso date de 1982 (Seveso est le nom d'un village en Italie, dans lequel a eu lieu une catastrophe écologique et sanitaire en 1976) et impose une politique commune en matière de prévention des risques industriels majeurs. La loi Seveso distingue deux types d'installations, le « seuil haut » et le « seuil bas », qui sont déterminés selon la quantité de matières dangereuses présentes. Chaque seuil implique des normes de sécurité particulières.

Carte des sites Seveso en France

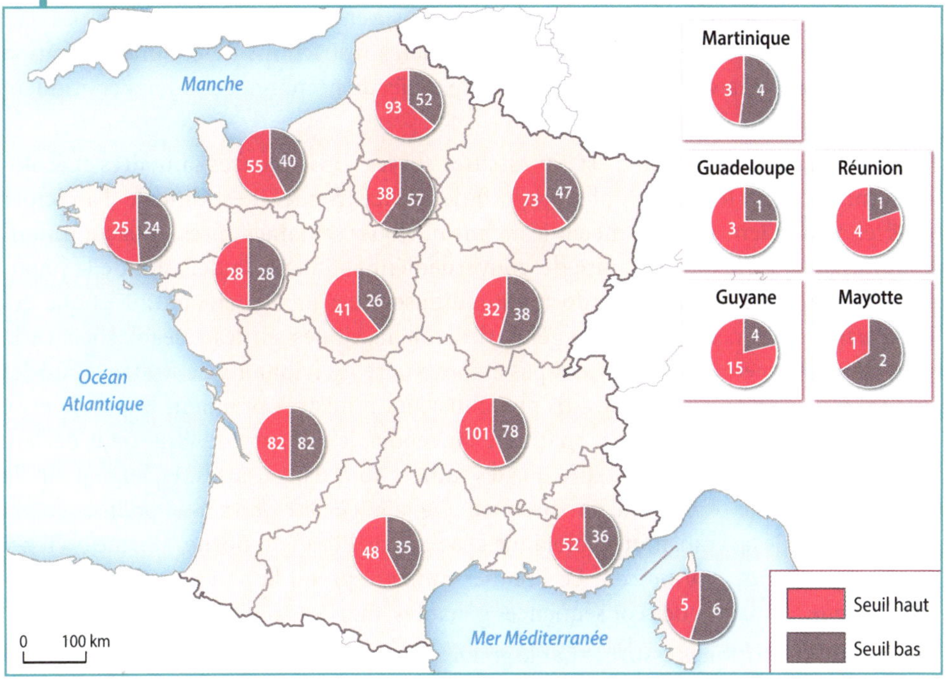

Source : Ministère de la transition écologique et solidaire.

Un premier accident a eu lieu dans l'usine Lubrizol en 2013 : une fuite de mercaptan, un gaz malodorant. L'usine a été condamnée à 4 000 euros d'amende pour nuisance olfactive, et elle a entrepris des travaux. En 2017, la direction régionale de l'environnement, de l'aménagement et du logement (DREAL) de Normandie a jugé que le risque qu'un incident entraîne un incendie dans cette usine était faible.

Pourtant, un incendie se déclare le jeudi 26 septembre 2019 à 2 h 42. Il est maîtrisé par les pompiers vers 11 heures, mais il n'est complètement éteint que le vendredi 27 septembre. Il aura fallu la mobilisation de 240 pompiers et 50 véhicules. Plus de 9 500 tonnes de produits chimiques ont brûlé dont 5 253 tonnes sur le site de Lubrizol et 4 254 tonnes sur le site attenant de Normandie Logistique, entreprise qui stockait en partie des produits de l'usine Lubrizol.

L'agglomération rouennaise se réveille avec un nuage noir au-dessus de la tête, de 22 km de long et 6 km de large, une pluie de suie noire et huileuse, mais aussi de mauvaises odeurs. Ce nuage est-il dangereux ?

Les conséquences de l'incendie

L'incendie n'a fait aucune victime directe. Néanmoins, de nombreuses personnes se plaignent de maux de tête ou d'irritation de la gorge. Le préfet met en place le plan particulier d'intervention (PPI), qui élabore un périmètre d'interdiction à 500 mètres autour de l'usine. Aucune toxicité aiguë n'est détectée et l'eau est déclarée potable. Aucun produit radioactif n'est en jeu. Des recommandations préventives sont toutefois données aux agriculteurs : ne pas récolter leurs productions, rentrer leurs animaux, ne pas leur donner d'aliments souillés par la suie. Les dernières restrictions de commercialisation de produits agricoles sont levées le 18 octobre, mais de nombreux produits continuent d'être surveillés.

Néanmoins, la population n'est pas rassurée sur les conséquences sanitaires et écologiques (notamment les nappes phréatiques) de la catastrophe. Il est difficile d'anticiper toutes les conséquences de cet incendie, même quelques semaines après, et la communication maladroite et contradictoire du gouvernement augmente la défiance de la population. Tandis que les chaînes d'information diffusent des images en continu et que des vidéos, parfois truquées ou mensongères, deviennent virales sur les réseaux sociaux, la parole du gouvernement ne parvient pas à convaincre les habitants de Rouen. Dans les quelques jours qui suivent la catastrophe, plusieurs ministres prennent la parole et se contredisent parfois. Ainsi, dès le matin de l'incendie, le ministre de l'Intérieur déclare qu'aucun élément ne permet de dire que les fumées sont dangereuses. Le lendemain, la ministre de la Santé, Agnès Buzyn, annonce que la « *ville est clairement polluée* » alors que la ministre de la Transition écologique et solidaire, Élisabeth Borne, affirme qu'il n'y a « *pas de polluants anormaux* ». Le Premier ministre prend la parole le 30 septembre pour dire que le nuage a des conséquences gênantes, mais pas nocives.

À la suite des critiques essuyées par le gouvernement sur sa communication, Édouard Philippe se rend deux fois à Rouen et, le 30 octobre, Emmanuel Macron se déplace lui-même pour justifier du bon fonctionnement des services de l'État. Il voit « *beaucoup d'engagement* », mais pas de « *défaillances* ». En outre, il annonce les premières indemnisations pour les commerçants et les agriculteurs « *d'ici au 18 novembre* ». Mais la parole du président est-elle suffisante pour convaincre une population inquiète ?

Au-delà des questionnements, il faut aussi agir, et cela commence par le nettoyage de l'usine qui est une opération complexe et délicate. L'évacuation des produits à risque commence un mois après l'incendie. Il est prévu que les opérations durent au moins deux mois. Il s'agit d'enlever 1 389 fûts, dont 160 fûts de produits industriels qui ont été endommagés lors de l'incendie. Les barils fragilisés sont susceptibles de dégager des substances à risque comme le mercaptan ou l'hydrogène sulfuré. Des robots télécommandés sont manipulés à distance par un personnel qualifié. Les substances et les fûts sont séparés puis acheminés jusqu'à Sandouville (Seine-Maritime) dans une usine spécialisée dans le traitement des déchets industriels. Il est prévu que les déchets toxiques soient ensuite à nouveau déplacés.

Si les conséquences de cette catastrophe ne sont pas encore toutes connues, l'origine de l'incendie est également encore incertaine.

Les responsabilités

Les deux entreprises impliquées dans l'incendie, Lubrizol et Normandie Logistique, assurent chacune que le départ de l'incendie ne vient pas de chez elle. Lors de son audition devant les députés puis devant les sénateurs, le 22 octobre 2019, le patron de Lubrizol, Éric Schnur, affirme que son entreprise n'est pas à l'origine du feu. Souhaitant regagner la confiance des habitants, il rappelle que ce qui a brûlé à Rouen n'est « *pas plus toxique qu'un incendie de maison* ». Le 10 octobre, Normandie Logistique affirme également que l'incendie ne vient pas de son entreprise. Cependant, selon Patrick Berg, directeur de la DREAL Normandie, la société Normandie Logistique aurait commis « *plusieurs infractions pénales* ». Son classement ICPE (installation classée pour la protection de l'environnement) serait inférieur à la réalité.

L'assouplissement de la réglementation est-il l'une des causes de l'incendie ? Depuis 2017, la réglementation des installations classées a fait l'objet de nombreux assouplissements. Ainsi, le préfet a-t-il autorisé une augmentation de la capacité de stockage des produits dangereux dans l'usine de Rouen ? En outre, les normes sont-elles identiques pour tous les sous-traitants ? Pourquoi Normandie Logistique, dont la moitié des entrepôts est louée par Lubrizol, n'était-elle pas classée aussi Seveso seuil haut ?

Pour répondre à toutes les interrogations en cours, des enquêtes seront menées. Le 29 octobre, l'enquête est confiée à trois magistrats du pôle santé publique du tribunal de Paris dans le cadre d'une information judiciaire ouverte notamment pour « mise en danger de la vie d'autrui ». Ainsi, 545 plaintes ont été déposées. Il s'agit de déterminer l'origine de l'incendie, les conditions de propagation et les responsabilités des différents acteurs. Le Sénat a également créé une commission d'enquête parlementaire pour se pencher sur les règles auxquelles sont soumises les installations classées Seveso. Enfin, au mois de mars 2020, une « enquête de santé » sera menée auprès de la population des 215 communes au-dessus desquelles le nuage noir est passé.

Notre-D(r)ame en flammes

par Sophie Mattern

Paris, lundi 15 avril, 18 h 30, sur l'île de la Cité, le ciel s'embrase, la cathédrale Notre-Dame est en flammes. Un impressionnant incendie s'est déclaré dans la charpente à la base de la flèche, au-dessus du transept de l'église. Le monde s'affole et s'émeut, des Parisiens se rendent sur place tandis que, vers 20 heures, la flèche surplombant l'édifice de 93 mètres de hauteur s'écroule. C'est toute l'histoire d'un monument emblématique qui brûle, soulevant par la suite des controverses à propos de sa reconstruction.

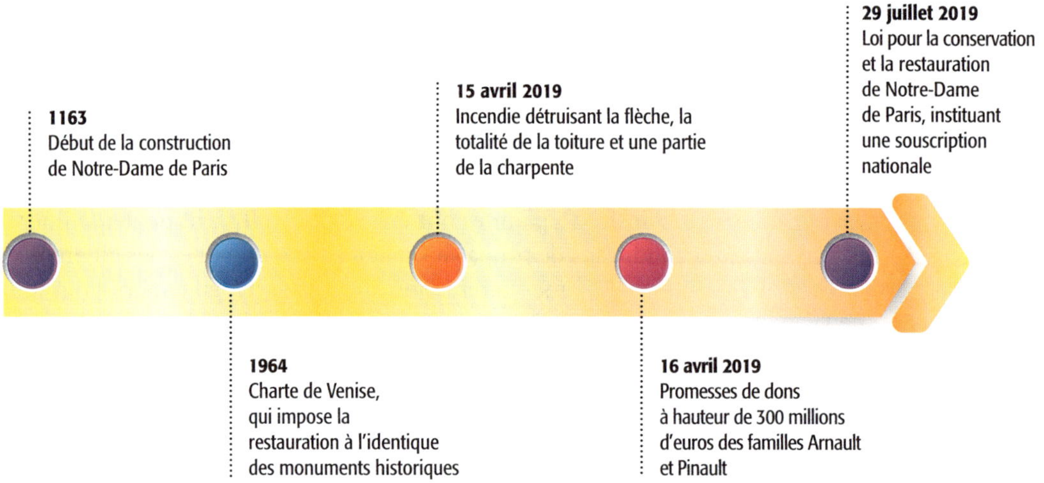

L'incendie, l'émotion et les pouvoirs publics

En quelques heures, le feu rappelle au monde entier combien il peut être ravageur. La cathédrale Notre-Dame de Paris, âgée de plus de 700 ans, résiste certes aux flammes mais n'en ressort pas intacte.

Commandée l'évêque Maurice de Sully en 1163, la cathédrale Notre-Dame de Paris a été construite en moins de 100 ans, entre 1163 et 1250. Elle est le fruit d'un travail collaboratif entre experts, notables, artisans et simples ouvriers.

Lundi 15 avril 2019 à 21 h 30, le porte-parole de Notre-Dame, André Finot, déclare : « *Tout est en train de brûler. La charpente, qui date du XIXe siècle d'un côté et du XIIIe de l'autre, il ne restera plus rien.* » En effet, la charpente, datant de 1160 ou 1170 et reprise partiellement au XIXe siècle, est détruite aux deux tiers. Son grand nombre de poutres en chêne lui valait le nom de « forêt ».

Si la flèche dominant la charpente a été consumée, il n'en va pas de même de la statuette du coq, fixée en haut de la flèche, faisant office de girouette. Tombée le soir de l'incendie, elle a été retrouvée le lendemain, certes détériorée mais pas totalement fondue. En son sein sont dissimulées trois reliques : une petite parcelle de la Sainte Couronne, une relique de saint Denis et une de sainte Geneviève. Les seize statues qui entourent la flèche de la cathédrale avaient été déposées pour la restauration et les trois grandes rosaces, représentant les fleurs du paradis, construites au XIIIe siècle, ont résisté aux flammes.

Notre-Dame de Paris en feu le 15 avril 2019

Crédit : Loic Salan/Shutterstock.

De nombreux Parisiens et touristes se sont très rapidement rendus sur place pour assister à ce désastre. Très tôt, les doutes concernant un éventuel attentat ont été levés au profit d'un accident consécutif aux travaux de restauration en cours.

Dans la soirée, Emmanuel Macron s'est rendu sur place et s'est adressé aux médias, alors qu'il devait initialement faire une allocution télévisée pour présenter ses réformes suite au grand débat national. « *Cette cathédrale* [...]. *Nous la rebâtirons tous ensemble* [...] », a affirmé le président de la République, tout en ayant « *une pensée pour les catholiques* [...] *les Parisiennes et les Parisiens* », ainsi que pour « *l'ensemble de nos compatriotes* ». Anne Hidalgo, maire de Paris, était à ses côtés pour témoigner, elle aussi, de son désarroi.

Rapidement, les internautes s'expriment sur les réseaux sociaux, annonçant des *fake news* ou dénonçant des complots : certains pensent que le gouvernement a détourné l'attention des Gilets jaunes tandis que d'autres affirment que l'incendie est un acte terroriste, vidéos montages à l'appui. Mais la plupart des messages sont de simples témoignages de souvenirs ou d'attachement à la cathédrale.

Les dirigeants du monde entier expriment leur soutien aux Français, à l'image d'Angela Merkel pour qui Notre-Dame est « *un symbole de la France et de notre culture européenne* ».

La levée de fonds

Lors de son intervention télévisée sur place, Emmanuel Macron annonçait « *Cette cathédrale, nous la rebâtirons* ». Un appel aux dons a été lancé, *via* une souscription nationale de la Fondation du patrimoine. Dans la soirée, et les jours suivants, les promesses de dons se sont multipliées, engendrant, par mimétisme ou concurrence à l'image, un effet d'entraînement pour la reconstruction de l'édifice. Par exemple, la famille Pinault promet un don de 100 millions d'euros et Bernard Arnault de 200 millions.

Si ces sommes astronomiques apparaissent pour certains comme une bouffée d'espoir en ces jours ombragés par l'incendie, elles stupéfient d'autres Français en lutte pour une valorisation de leur pouvoir d'achat depuis plusieurs semaines. Cependant, même dans le cadre d'un patrimoine historique et religieux, il n'existe visiblement pas de don sans « *contre-don* », pour reprendre la terminologie de Pierre Bourdieu. Les plus gros donateurs demandent à ce qu'une disposition spéciale soit votée au Parlement afin que leurs dons soient défiscalisés à 90 %. La loi n'ayant pas jusqu'alors été votée, la réduction fiscale se fera à hauteur de 66 %. Autant dire que l'effet d'annonces médiatiques des grosses fortunes ne leur coûtera finalement « que » 34 % du montant annoncé, si la promesse est tenue. La famille Pinault et Bernard Arnault ont toutefois annoncé qu'ils renonçaient à la déduction d'impôts autorisée pour leurs dons.

Les projets de reconstruction

Par ailleurs, la reconstruction de la flèche de Notre-Dame est devenue la quête des architectes. Qui aura l'honneur de reconstruire ce monument d'exception ? Quel projet serait le plus approprié ? Faut-il reconstruire la flèche à l'identique, dans le respect de ce rare héritage historique ou profiter de l'incendie pour la rendre audacieuse et innovante ?

Le concours international, lancé par le Premier ministre, fait donc couler beaucoup d'encre. Il est vrai que les directives du Président ouvrent les portes à tous les types de projets : « *une alliance de la tradition et de la modernité, une audace respectueuse* ».

Pour l'architecte en chef des monuments historiques, responsable de la restauration de la cathédrale depuis 2013, « *non seulement, il faut refaire une flèche, mais il faut la refaire à l'identique, afin que justement, elle ne soit pas datable* ». Il ajoute : « *Nous sommes par ailleurs tenus par la Charte de Venise* [1964], *qui impose que l'on restaure les monuments historiques dans le dernier état connu* ». Ce point de vue est partagé par 54 % des Français, qui devraient d'ailleurs pouvoir donner leur avis lors d'une « grande consultation » publique, comme aime les organiser le gouvernement.

Le débat risque donc d'être animé puisque la reconstruction à l'identique ne semble pas faire l'unanimité. Pour Odile Decq, architecte et urbaniste, reconstruire la charpente en détruisant une forêt est tout à fait inapproprié aujourd'hui d'un point de vue environnemental. Selon elle, il faudrait « *faire quelque chose de particulier avec le haut de Notre-Dame. Un musée par exemple, qui soit en rapport avec l'histoire de Notre-Dame* ».

Les difficultés du chantier et les promesses déçues

Le 29 juillet 2019, un projet de loi pour la conservation et la restauration de la cathédrale Notre-Dame de Paris et instituant une souscription nationale à cet effet a été adopté. Quel que soit le projet adopté, les responsables de la restauration devront porter un œil attentif aux dépenses. À peine le feu éteint, les mauvaises surprises apparaissent. La solidité de la structure n'est pas assurée, le risque d'effondrement d'une partie des vestiges n'est pas exclu, les architectes et ingénieurs en structure redoublent de prudence. Par ailleurs, des dépenses non prévues s'ajoutent pour traiter le problème des poussières de plomb, nuisibles à la santé, émanant de l'incendie.

Les promesses de dons ne sont pas encore toutes tenues. Au 1er octobre 2019, 380 millions d'euros sur les 850 millions d'euros promis, soit un peu moins de 50 %, ont été versés. La plupart des dons versés proviennent des particuliers. Le 24 septembre, Bernard Arnault signe une convention avec la fondation Notre-Dame pour confirmer son don de 200 millions d'euros. Le 1er octobre 2019, François Pinault et son fils François-Henri concrétisent à leur tour leur promesse de dons de 100 millions d'euros.

L'incendie de Notre-Dame annonce une nouvelle épopée. La structure doit d'abord être solidifiée sur un sol sain et désinfecté, l'architecture est ensuite à repenser et le financement à confirmer. Une nouvelle page d'histoire s'inscrit aujourd'hui autour de la belle Notre-Dame.

Trente ans après la chute du mur, où en est la réunification allemande ?

par Élodie Grémaud

Érigé en 1961, le mur de Berlin est appelé « le mur de la honte » en RFA (République fédérale allemande) et dans les pays du bloc Ouest, mais en RDA (République démocratique allemande), il est considéré comme un « mur de protection antifasciste ». Construit en pleine guerre froide, il tombe en 1989, qui est une année clé de la fin du XXe siècle, annonçant la fin de l'URSS et du bloc de l'Est. Trente ans après, Berlin a préparé de nombreuses festivités pour commémorer cette chute, même si encore aujourd'hui de nombreux habitants des cinq anciens Länder de l'Est se considèrent comme des citoyens de « seconde zone ».

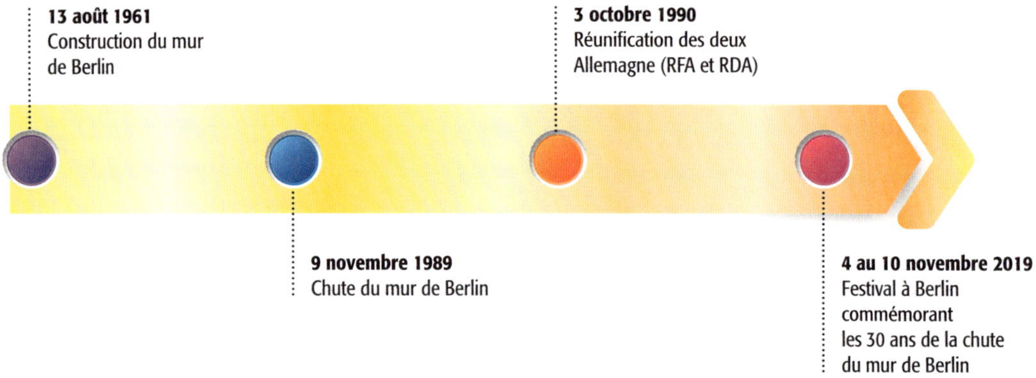

Les commémorations de la chute du mur

Quoi de plus prévisible que la commémoration d'un tel évènement ? Pourtant, le ministre fédéral de l'Intérieur, des Travaux publics et de la Patrie, Horst Seehofer, a été obligé de demander une rallonge budgétaire de 61 millions d'euros pour les budgets des années 2019 et 2020 pour financer les commémorations de la chute du mur, mais aussi de la réunification allemande. Il a justifié cette demande par l'ampleur des cérémonies. De fait, pendant toute l'année 2019, diverses manifestations ont eu lieu pour commémorer la chute du mur, mais le point d'orgue s'est produit du 4 au 10 novembre 2019 avec l'organisation d'un grand festival : sept jours dans sept lieux historiques, des concerts, des lectures publiques, des expositions, des actions artistiques, un son et lumière sur l'Alexander Platz et à la porte de Brandebourg. Un concert a été donné le soir du 9 novembre avec des artistes nationaux et internationaux. Un million de visiteurs se sont déplacés pendant cette semaine.

Mais la chute du mur n'est pas célébrée seulement à Berlin. Ainsi, la Monnaie de Paris a émis des pièces commémoratives avec le mur en illusion d'optique 3D, dans le cadre d'une collection sur les grandes dates de l'humanité, ainsi que des pièces de deux euros.

Commémorer un événement, c'est aussi se rappeler, se souvenir et cela commence par la construction du mur… qui s'est faite en une seule nuit, celle du 12 au 13 août 1961.

Pourquoi le mur a-t-il été construit ?

Après la Seconde Guerre mondiale, Berlin, situé en RDA, a un statut particulier et est divisé en quatre secteurs d'occupation : français, américain, anglais et soviétique. Dès novembre 1958, les Soviétiques demandent aux Occidentaux d'évacuer Berlin-Ouest, mais les USA repoussent l'ultimatum. Le premier mur est construit le 13 août 1961, car la RDA veut endiguer la fuite migratoire de ses ressortissants vers la RFA (République fédérale d'Allemagne). Entre 1949 et 1961, 3 millions d'Allemands de l'Est sont en effet passés à l'Ouest. Dans Berlin intra-muros, plus de 40 kilomètres de mur sont érigés avec 18 points de passage contrôlés. Le mur coupe toutes les voies de communication, qu'elles soient terrestres ou fluviales.

L'Ouest considère le mur comme un moindre mal, puisqu'une guerre a été évitée. Le mur est renforcé jusqu'en 1980 : c'est un double mur avec un *no man's land* de 100 mètres composé de 45 000 plaques de béton et de 14 000 gardes-frontières. Malgré ce dispositif, plus de 5 000 Berlinois de l'Est ont réussi à passer le mur en employant les moyens les plus extravagants (souterrains, cachettes dans les moteurs de voitures, bulldozers…).

Le mur de Berlin est devenu le symbole de la séparation des deux blocs qui dominaient le monde pendant la guerre froide.

Avec l'arrivée de Mikhaïl Gorbatchev au pouvoir en URSS en 1985 et sa politique de la *glasnost* (transparence), certains pays de l'Est commencent à s'ouvrir au « printemps 1989 », mais le démantèlement du mur par de jeunes Allemands de l'Est et de l'Ouest dans la nuit du 9 au 10 octobre 1989 a pris de court les dirigeants des deux blocs.

Le mur de Berlin

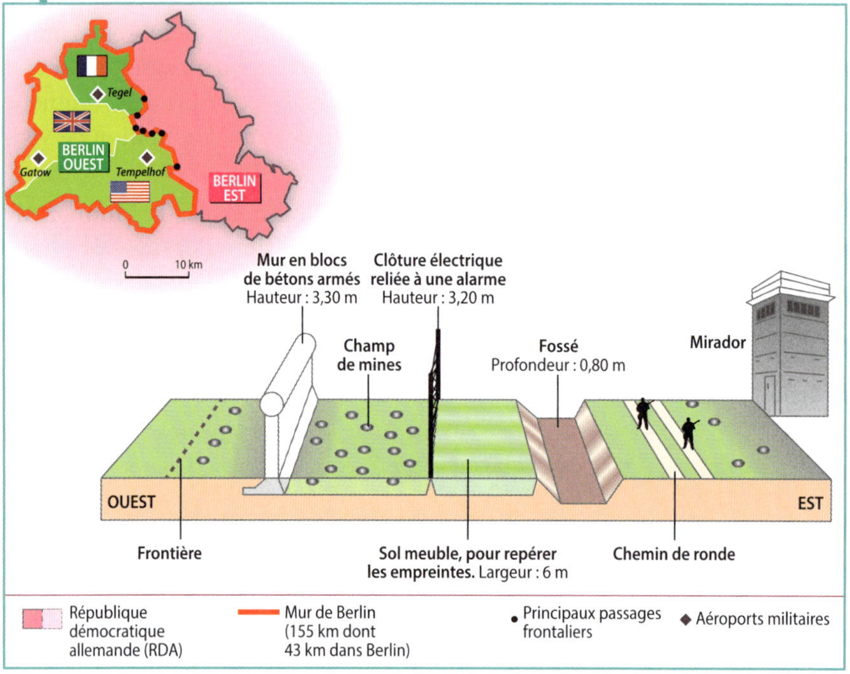

La chute du mur

Le 2 mai 1989, une brèche est ouverte à la frontière austro-hongroise permettant le passage vers l'Ouest. En août 1989, des centaines d'Allemands de l'Est affluent à Sopron (Hongrie) afin de tenter leur chance. Le 19 août, près de 600 Allemands de l'Est ont ainsi passé le rideau de fer en l'espace de trois heures, sans autorisation, mais sans restriction non plus, lors d'un pique-nique « paneuropéen » organisé sous le parrainage d'Otto von Habsburg, fils du dernier empereur austro-hongrois. Trente ans plus tard, alors que le sujet des frontières est épineux entre la chancelière allemande, Angela Merkel, et le Premier ministre hongrois, Viktor Orban, depuis la crise des réfugiés de 2015, les deux chefs d'État se rencontrent pour commémorer cette journée particulière et insister sur leurs convergences.

En 1989, la RDA connaît une crise économique et politique qui dure depuis plusieurs années. De plus, le pays est déstabilisé par les mouvements de démocratisation en Hongrie et en Pologne, ainsi que par la politique des réformes soviétiques. Néanmoins, elle fête en grande pompe avec de nombreux chefs d'État des pays frères, dont Mikhaïl Gorbatchev, son quarantième anniversaire le 7 octobre 1989. Mais dix jours plus tard, Erich Honecker, président de la RDA et hermétique à toute réforme, est poussé à la démission. En RDA, des manifestations pacifistes ont alors lieu pour réclamer des réformes comme la célèbre marche de Leipzig du 9 octobre 1989, à laquelle 70 000 personnes participent en scandant des slogans tels que « *Nous sommes le peuple !* », « *Pas de violence* » face à 8 000 policiers armés. En 2019, le président allemand Frank-Walter Steinmeier a commémoré cette marche qui a été refaite par la population. D'autres manifestations ont suivi dans le reste de l'Allemagne et le gouvernement communiste va démissionner le 7 novembre 1989. Deux jours plus tard, le 9 novembre, le gouvernement de la RDA autorise les Allemands de l'Est à voyager à l'étranger « *sans aucune condition particulière* ». Le soir même, les douaniers débordés par le monde laissent passer les gens et, devant les caméras du monde entier, les jeunes Berlinois de l'Est comme de l'Ouest brisent le mur.

Cela met fin à plus de quarante ans de séparation entre les deux Allemagne. Devant la liesse générale, personne ne pense aux conséquences tant pour l'Allemagne que pour tout le bloc soviétique qui va se disloquer. C'est la fin de la guerre froide et d'un monde bipolaire.

Un an plus tard seulement, le 3 octobre 1990, l'Allemagne est réunie, l'union économique, monétaire et sociale ayant déjà été faite en juillet 1990. Plus qu'une réunification, il y a eu une absorption des Länder de la RDA par la RFA. En effet, Helmut Kohl, le chancelier d'alors, a utilisé un point de la Constitution de 1949 qui permet d'accueillir un nouveau Land (le point était prévu pour récupérer la Sarre). Autrement dit, la RFA n'a jamais cessé d'exister. La réunification a été un énorme chantier, car l'économie de la RDA était exsangue. Des millions de deutschemarks puis d'euros ont été injectés par l'Allemagne, mais également par la Communauté économique européenne (CEE). En 1990, la société publique, la « Treuhand » est créée afin de privatiser les sociétés de l'ex-RDA. Ainsi, près de 6 000 entreprises sont vendues et 4 000 sont fermées. 2,5 millions de personnes perdent leur emploi entraînant une perte de repères pour la population, mais aussi un fort exode vers les Länder de l'Ouest.

Sur le plan international, la réunification permet à l'Allemagne de renforcer son positionnement dans l'espace européen, tant d'un point de vue économique que démographique.

La réunification aujourd'hui

Économiquement, l'écart se resserre entre l'ex-RDA et les régions de l'Ouest. Par exemple, le taux de chômage de l'ex-RDA (15 % de la population allemande) était de 18,7 % en 2005, alors qu'il n'est plus que de 6,5 % en 2019. De même, le pouvoir économique des régions de l'ex-RDA, qui était de 43 % du niveau de celui des régions de l'Ouest en 1990, est maintenant de 75 %. En outre, l'exode vers l'Ouest se termine mais aucune ville de l'Est ne peut rivaliser avec les villes de l'Ouest. Enfin, la plupart des dirigeants politiques ou économiques viennent de l'Allemagne de l'Ouest.

La poussée de l'extrême droite en Saxe-Anhalt (ex-RDA) de l'Allemagne est-elle due aux désenchantements des « Ossis » (habitants de l'ex-RDA) ? Trente ans après « *die Wende* » (le tournant de la réunification), toutes les promesses n'ont pas été tenues, car Helmut Kohl voulait une « harmonisation des conditions de vie ».

Mais une génération suffit-elle pour résorber toutes les différences ? En outre, la différence économique, sociale et culturelle entre les régions allemandes n'est-elle pas constitutive de son identité ?

Les orages dans la Drôme : les impacts du réchauffement climatique sur les productions agricoles

par Adèle Cormier

Le 15 juin 2019, de violents orages ont touché la région Auvergne-Rhône-Alpes et en particulier le département de la Drôme (26), situé dans le quart sud-est de la France. Placé au préalable en vigilance orange par Météo France, le département a connu 380 interventions des pompiers lors de ces épisodes orageux. Plus de 700 exploitations arboricoles et viticoles du département ont été ravagées, notamment par de violents épisodes de grêle. Le ministre de l'Agriculture, Didier Guillaume, reconnaît l'état de catastrophe naturelle. Quel lien peut-on faire entre ces orages et le réchauffement climatique ? Faut-il s'attendre à une amplification des épisodes de catastrophes naturelles pour les années à venir ? Quels seront les impacts de ce réchauffement climatique sur les productions agricoles ?

Août 2014
Rapport *Le climat de la France au XXIe siècle*, volume 4, commandé par le gouvernement français

15 juin 2019
Violents épisodes de grêle sur une trentaine de communes drômoises

18 juin 2019
Reconnaissance d'un état de catastrophe naturelle par le ministre de l'Agriculture, Didier Guillaume, et mise en place d'un dispositif d'accompagnement d'urgence

24 juin 2019
Le conseil régional vote une aide de 6 millions d'euros, dont 1 million fléché vers la viticulture. Le département de la Drome recevrait 1,2 million d'euros

6 et 7 juillet 2019
Dix-neuf communes supplémentaires sont touchées par de nouveaux épisodes de grêle. Plus de 700 exploitations agrico de la région sont sinistrées

Des épisodes reconnus comme catastrophe naturelle dans la Drôme en juin 2019

En juin et juillet 2019, la Drôme est touchée par de violents épisodes de grêles et de pluies provoquant des inondations, notamment dans la région de Montélimar. À Romans-sur-Isère, des grêlons gros comme des balles de golf sont tombés, détruisant de nombreux habitats et productions agricoles. Ainsi, 380 interventions de pompiers ont été recensées dans le département, tandis que les différentes communes drômoises ouvraient des cellules de crise.

Après la visite du ministre de l'Agriculture, l'état de catastrophe naturelle est déclaré. L'État reconnaît une situation climatique exceptionnelle ayant entraîné d'importants dégâts. De lourdes conséquences socio-économiques ont été déplorées, en particulier la destruction de cultures arboricoles et viticoles. Les vergers, dont les fruits étaient prêts à être cueillis par les saisonniers déjà sur place, ont été ravagés par la grêle. Certains producteurs de fruits ont perdu la totalité de leur récolte. Dépourvus de ressources, les agriculteurs font appel à la FNSEA (Fédération nationale des syndicats d'exploitants agricoles) qui réclame une solution de chômage partiel. D'après le président de la chambre d'agriculture de la Drôme et de l'association Solidarité agricole Drôme, les pertes agricoles sont estimées à quelque 70 millions d'euros avec plus de 700 exploitations concernées. Fin juin, le conseil régional vote une aide de 6 millions d'euros, dont 1 million destiné à la viticulture. Le département de la Drôme devrait recevoir 1,2 million d'euros.

Quel lien entre réchauffement climatique et épisodes météorologiques extrêmes ?

D'après le théorème thermodynamique de Clausius-Clapeyron établi au XIXe siècle, la quantité maximale d'eau sous forme de vapeur dans l'air augmente de 7 % par degré supplémentaire. Ainsi, plus l'air est chaud, plus il accumule de l'humidité, ce qui provoque des épisodes pluvieux intenses. Un dégagement de chaleur au moment de la condensation accélère le mouvement ascendant d'air humide dans l'atmosphère, ce qui accentue les précipitations.

Il faut noter que l'origine de ces phénomènes est encore discutée dans la littérature scientifique et qu'il existe plusieurs facteurs déclencheurs. Cependant, on constate bien un lien direct entre la température atmosphérique et l'amplification des phénomènes météorologiques extrêmes.

Le réchauffement climatique va-t-il augmenter la fréquence et l'intensité de ces catastrophes météorologiques ?

La réponse à ces questions est encore de l'ordre de l'hypothèse, faute de données précises. Cependant, des avancées scientifiques récentes permettent d'établir différents liens.

Dans un premier temps, on peut remarquer que les épisodes de fortes précipitations survenus dans la Drôme ne sont pas surprenants à cette période de l'année. Cependant, on constate que les précipitations journalières extrêmes se sont intensifiées au cours du XXe siècle, parallèlement à une augmentation des températures. Le climatologue spécialiste des évènements extrêmes et directeur de recherche au CNRS, Robert Vautard, affirme : « *Les phénomènes violents arrivent déjà plus souvent. On sait que dans le sud de la France, les pluies les plus intenses se sont intensifiées d'environ 20 % depuis 50 ans, dues au changement climatique* ». Ces phénomènes ont été particulièrement observés sur le pourtour méditerranéen français.

Parmi les principales conclusions du rapport *Le climat de la France au XXIe siècle*, mis à jour en 2014 par le ministère de l'Écologie, du Développement durable et de l'Énergie, les équipes de Météo-France ont prévu, à partir de l'ensemble des projections climatiques, un renforcement probable des précipitations extrêmes sur une large partie du territoire d'ici la fin du siècle (2071-2100). En effet, différents scénarios d'évolution du climat sont réalisés grâce à des modèles simulant la convection (mouvements d'air humide sous l'effet de la température) sur différentes zones. Ils prévoient diverses vitesses de l'intensification des phénomènes de pluies extrêmes selon les scénarios du GIEC (Groupe d'experts intergouvernemental sur l'évolution du climat).

Alors, quel futur pour les productions agricoles ?

D'après ce même rapport *Le climat de la France au XXIe siècle*, l'état climatique en France d'ici 2090 correspondrait à :

– une variation des précipitations quotidiennes en moyenne de 0,2 à 0,6 mm/jour ;

– une hausse du nombre annuel de jours consécutifs de sécheresse, avec une augmentation beaucoup plus marquée dans le sud-ouest de la France ;

– une augmentation du nombre de jours de l'année pour lesquels la température maximale est supérieure de 5 °C à la référence climatologique.

Le secteur agricole sera donc nécessairement touché par ces variations climatiques. Il existe un paradoxe certain : l'agriculture participe au réchauffement climatique *via* de fortes émissions de gaz à effet de serre, mais en subit également les conséquences. En effet, le secteur agricole en France est tenu pour responsable de 20 % des émissions de gaz à effet de serre.

D'après le second tome du cinquième rapport du GIEC, sorti en mars 2014, une baisse des rendements agricoles mondiaux de 2 % par décennie en moyenne est prévue au cours du XXIe siècle. Cela serait dû aux phénomènes de chaleur extrême ainsi qu'à la baisse des précipitations provoquant des épisodes de sécheresse. Une autre conséquence de ces variations climatiques sur les productions agricoles serait la propagation d'espèces parasites invasives en raison de l'allongement des périodes végétatives. Cela nuirait également au rendement des cultures. Ainsi, l'agriculture sera un secteur particulièrement touché par le réchauffement climatique, bien qu'en même temps moteur du phénomène.

Dans un contexte de population croissante et compte tenu du rôle central de l'agriculture dans l'alimentation humaine, des solutions agronomiques sont déjà envisagées pour s'adapter. Par exemple, avancer la date des semis, travailler sur la résistance génétique des semences, développer l'agroforesterie, adapter les rotations des cultures à la disponibilité en eau et optimiser l'irrigation. Cette transition semble avoir déjà démarré pour les vignobles, secteur ayant subi des périodes de gel ravageuses en 2017 et 2019 et ayant été particulièrement touché par la sécheresse. Il s'agit d'adapter les espèces végétales aux futures conditions climatiques et environnementales.

On parle aujourd'hui d'agriculture « climato-intelligente », en ce qu'elle a pour but de s'adapter à des conditions de plus en plus extrêmes et imprévisibles. Ce qui reste complexe, dans la mesure où les modèles prévisionnels actuels sont variés et établis à court terme.

Conséquences possibles du réchauffement climatique en France au XXIe siècle

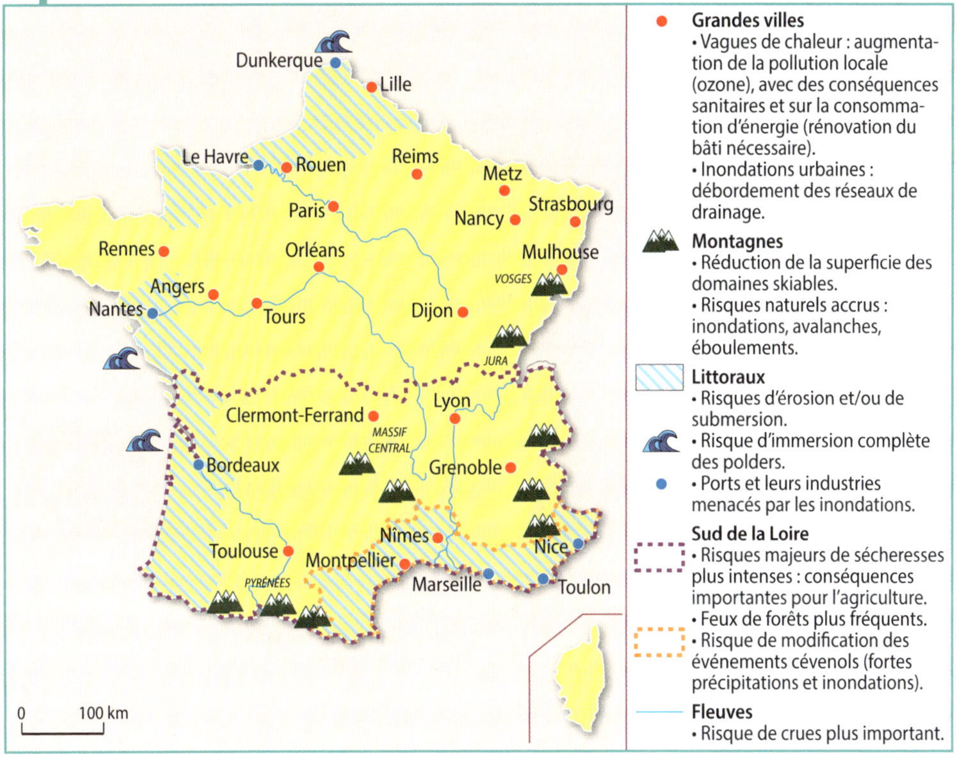

Source : GIEC, Météo France, OCDE et Conservatoire du littoral.

Le « petit pas pour l'homme » fête ses 50 ans !

par Sophie Mattern

Le 20 juillet 1969, Neil Armstrong et Buzz Aldrin furent les premiers hommes à marcher sur la Lune. Véritable exploit technique, défi politique, enjeu scientifique et naissance écologique, cet événement mérite de célébrer son cinquantième anniversaire !

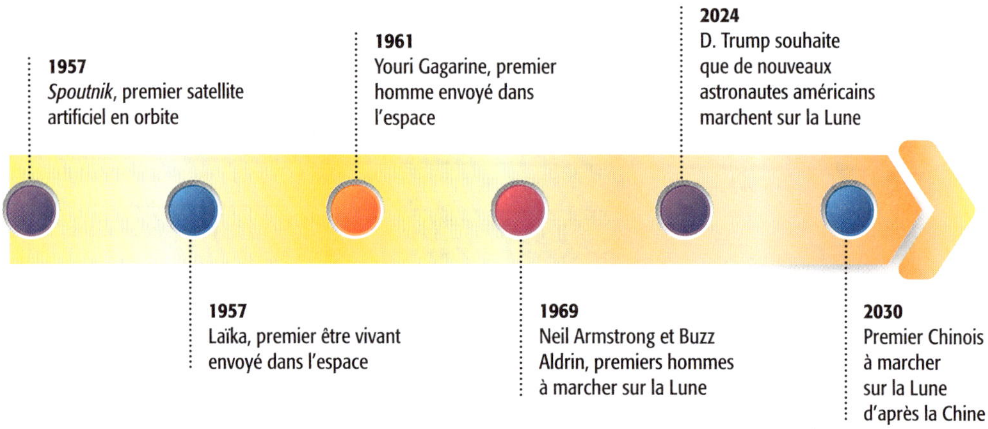

D'une guerre froide naît un show spectaculaire

La quête de la Lune commence après la Seconde Guerre mondiale, en pleine guerre froide entre les États-Unis et l'URSS. Les deux puissances cherchent à prouver leur supériorité idéologique, mais aussi technologique. La conquête de l'espace devient alors le symbole de leur rivalité. Les Russes prennent de l'avance sur leur concurrent en envoyant le premier satellite artificiel en orbite, en octobre 1957, appelé « *Spoutnik* ». Puis, la chienne Laïka est également envoyée dans l'espace, pour faire le tour de la Terre, un mois plus tard, à bord de *Spoutnik 2*. Même si elle est morte durant la mission, elle a prouvé la possibilité pour un être vivant de survivre aux effets de l'impesanteur lors de la mise en orbite. En 1961, les Russes réalisent un nouvel exploit avec Youri Gagarine, premier homme à voyager dans l'espace, un mois avant l'Américain, Alan Shepard.

Mis au défit par les succès de l'URSS, le président des États-Unis, John Fitzgerald Kennedy, annonce, le 25 mai 1961, la nouvelle mission spatiale de son pays : envoyer des hommes sur la Lune d'ici la fin de la décennie. C'est le programme *Apollo*, mené par la NASA.

Le 16 juillet 1969, à 13 h 32 UTC (9 h 32 heure locale), Neil Armstrong, Buzz Aldrin et Michael Collins sont prêts à décoller à bord d'*Apollo 11*, sur la base de lancement 39 du cap Canaveral (en Floride). Les deux premiers astronautes sont missionnés pour marcher sur la Lune tandis que Michael Collins doit rester en orbite autour de la Lune, en vue de leur retour sur Terre. Le trajet dure quatre jours et sept heures. Les deux hommes restent 2 h 36 sur place afin de prélever 21,55 kg d'échantillons de sol ou roches lunaires et de planter le drapeau américain. En posant son premier pied sur la Lune, Neil Armstrong a prononcé la phrase immédiatement immortalisée par les médias : « *C'est un petit pas pour l'homme, un bond de géant pour l'humanité* » (« *That's one small step for man, one giant leap for mankind* » en anglais). Il affirmera plus tard avoir dit « *C'est un petit pas pour* **un** *homme, un bond de géant pour l'humanité* » (« *That's one small step for a man, one giant leap for mankind* » en anglais), comme écrit sur son texte préalablement rédigé. Aurait-il oublié de dire l'article « *un* » (« *a* » en anglais), ou serait-ce une erreur de retranscription consécutive à la mauvaise qualité du son ? Le débat perdure, mais les puristes préfèrent souvent ajouter l'article, en hommage à son auteur, mort en 2012 à l'âge de 82 ans.

Cette expédition a eu un retentissement populaire exceptionnel. Plus d'un million de spectateurs ont assisté au lancement de la fusée sur place, en Floride, tandis que 20 % de la population mondiale auraient regardé la retransmission des images en direct.

Une fois rentrés sur Terre sains et saufs, les astronautes ont été accueillis comme des héros.

Depuis, dix hommes ont marché sur la Lune, mais la fascination pour l'exploit ne fut jamais aussi grande que pour *Apollo 11*.

Était-il vraiment nécessaire d'aller sur la Lune ?

Au-delà de l'enjeu politique de l'époque qui a conduit les États-Unis et l'URSS à la course spatiale, le défi en valait-il véritablement la peine ? La mission *Apollo 11*, à elle seule, a coûté, à l'époque, plus de 2 milliards de dollars, soit environ 14 milliards de dollars actuels. La combinaison de Neil Armstrong a nécessité 100 000 dollars, soit près de l'équivalent de son salaire annuel. L'objectif Lune représentait alors 5 % des dépenses publiques américaines alors même qu'il n'avait recueilli que 34 % d'approbation publique en 1967. Quant à l'ensemble des missions *Apollo*, son coût dépasserait les 250 milliards de dollars actuels.

Pour certains, le projet spatial était un moyen prestigieux de relancer l'activité économique en créant plus de 400 000 emplois directs puis indirectement plusieurs centaines de milliers supplémentaires. Il aurait aussi accéléré les recherches technologiques, notamment en informatique, porteuses, elles aussi, de croissance économique. Les 382 kg de roche lunaire rapportés sur l'ensemble des missions seraient un véritable trésor pour la science. Le projet a permis de mesurer la présence d'ions d'hélium et de néon dans le vent solaire afin de comprendre ensuite le fonctionnement du Soleil et le mécanisme de ses éruptions.

Pour d'autres, de telles dépenses auraient pu créer tout autant d'emplois, mais dans des domaines répondant directement aux besoins des populations : éducation, santé, infrastructures, réduction des inégalités, soit un débat récurrent entre les sciences fondamentales et appliquées.

Quoi qu'il en soit, d'après Alfred Sauvy, démographe français mort en 1990, le voyage autour et sur la Lune a fait naître les mouvements écologiques contemporains en offrant les premiers clichés de la « *boule bleue* ». Fascinante et magnifique vue de l'espace, elle apparaît également comme une planète fragile et à protéger, par contraste avec le sol lunaire d'un gris apocalyptique.

La Lune : nouvelle station « balnéaire » pour riches vacanciers ?

La Lune fascine encore 50 ans après. Elle devient l'objet d'une nouvelle guerre symbolique entre les États-Unis et la Chine, dorénavant, puis une quête de matières premières rares. Par ailleurs, elle pourrait être une destination prisée par de riches touristes.

D'ici 2030, la Chine espère envoyer un homme chinois sur la Lune, un « taïkonaute ». Ce n'est pas en soi un exploit technique puisque les États-Unis l'ont déjà effectué en 1969, mais c'est un nouveau défi lancé par ce pays en plein essor. Cependant, l'ego de Donald Trump semble touché, il a donc exigé de la NASA que les États-Unis soient le premier pays à marcher de nouveau sur la Lune. Le vice-président de l'Agence spatiale a déclaré, le 26 mars 2019 : « *Pour être clair : la première femme et le prochain homme sur la Lune seront tous deux des astronautes américains, lancés par des fusées américaines, depuis le sol américain* ». La date annoncée est 2024, dernière année du second et dernier mandat convoité par le Président, qui aimerait conclure en beauté, mieux encore que J.-F. Kennedy dont le programme avait nécessité huit ans contre cinq pour D. Trump. Deux freins pourraient cependant amoindrir les ambitions de ce dernier : le budget non approuvé par les députés et la potentielle réélection du Président.

À plus long terme, la Lune pourrait être convoitée également pour des terres rares qui la composent. Une en particulier intéresse les centres de recherches pétrographiques et géochimiques : l'hélium 3. Il s'agit, à l'exception d'un neutron en moins, de l'hélium, utilisé pour gonfler les ballons par exemple. En théorie, quelques centaines de tonnes seulement pourraient suffire à alimenter la Terre en électricité pour un an. La question en suspens encore aujourd'hui est de savoir si la teneur forte de la Lune en hélium 3 reste de l'ordre du fantasme ou d'une réalité potentiellement exploitable.

Enfin, la Lune pourrait devenir la destination des nouveaux aventuriers en quête de sensations fortes. Elon Musk, *via* sa société SpaceX, envisage sérieusement d'envoyer des vacanciers dans l'espace. Le trajet, en forme de « 8 », ferait le tour de la Lune, pour un prix non encore pleinement défini, environ 100 millions de dollars. Yusaku Maezawa, collectionneur d'art milliardaire, a déjà signé un engagement pour être le premier à partir, accompagné de six à huit artistes qu'il souhaite inviter afin de leur offrir une source d'inspiration nouvelle.

Cinquante ans après l'alunissage des astronautes américains, la Lune fascine toujours autant. Elle reste un objet de compétition géopolitique, une terre promise pour les scientifiques et, peut-être même, une destination de villégiature pour les milliardaires les plus fantaisistes. L'expression « être dans la Lune » pourrait donc finir par prendre tout son sens !

Aldrin près du drapeau américain

Crédit : Nostalgia for Infinity/Shutterstock.

Le football au féminin : quand l'égalité gagne du terrain

par Céline Charles

Du 7 juin au 7 juillet 2019, la France a accueilli la huitième édition de la Coupe du monde féminine de football. Les enjeux sportifs étaient de taille : détrôner les États-Unis qui détiennent le titre depuis 2015. Seuls quatre pays ont à ce jour gagné le championnat : les États-Unis, l'Allemagne, la Norvège et le Japon. On peut toutefois s'interroger sur les différents enjeux associés à cette édition. Existe-t-il des enjeux socio-économiques, voire politiques ?

1991
Première édition de la Coupe du monde féminine de la FIFA

2018
Premier ballon d'or attribué à une femme

Mars 2019
Les joueuses américaines portent plainte contre leur fédération pour dénoncer les inégalités de salaires et de conditions de travail

Mai 2019
Rapport de l'Unesco *Quand le football s'accorde au féninin*

7 juin 2019
Coup d'envoi de la Coupe du monde féminine

7 juillet 2019
Finale de la Coupe du monde féminine, victoire des États-Unis

Des enjeux économiques

Il semblerait que les Bleues aient suscité un engouement notoire pour la compétition. Selon la FIFA, près d'un million de billets ont été vendus.

Le même engouement a été observé derrière les écrans. Les Bleues ont battu des records d'audience. Et ce, dès le match d'ouverture contre la Corée du Sud (avec 9,83 millions de téléspectateurs sur TF1 et 826 000 sur Canal+). Le précédent record datait de 2015.

Ce succès médiatique a été vu comme une aubaine par certains diffuseurs. Suite aux succès des Bleues, TF1 a augmenté le tarif pour la diffusion des publicités sur sa chaîne. Lors du premier match, la publicité ne valait « que » 66 000 euros brut les 30 secondes.

Après leur première victoire, la diffusion au moment des hymnes a été facturée 95 000 euros tandis que celle de la mi-temps coûtait entre 112 000 et 116 000 euros !

Ce succès avait été anticipé par les sponsors. Six marques ont alors dépensé près de 1 million d'euros pour devenir « supporter national » (EDF, Orange, Arkema, SNCF, Crédit Agricole, Proman). Le président de Havas Sports, interrogé par *Le Parisien* précisait : « *Contrairement à ce qu'on aurait pu penser, il n'y a pas plus de femmes qui s'intéressent au foot féminin. En revanche, ce sont plutôt des fans multi-sports qui vont suivre la compétition. Ils sont aussi plus âgés que ceux qui habituellement regardent le foot* ». Aussi, s'intéresser aux femmes revient à cibler un autre public.

De tels succès encouragent le fait de promouvoir davantage l'égalité entre le football masculin et la football féminin. Gianni Infantino, le président de la FIFA, a annoncé le doublement de la dotation pour les équipes, qui était de 50 millions d'euros (contre 400 pour les hommes). Il s'agit, en effet, de donner les moyens aux équipes de former des joueuses de haut niveau, ce qui a un prix. Investir permettra également de réduire les inégalités entre les pays et de donner tout son sens à une compétition qui se veut universelle, sans compter les enjeux sociaux.

Des enjeux sociaux

Comparaison des salaires moyens mensuels bruts des hommes et des femmes dans le sport en France

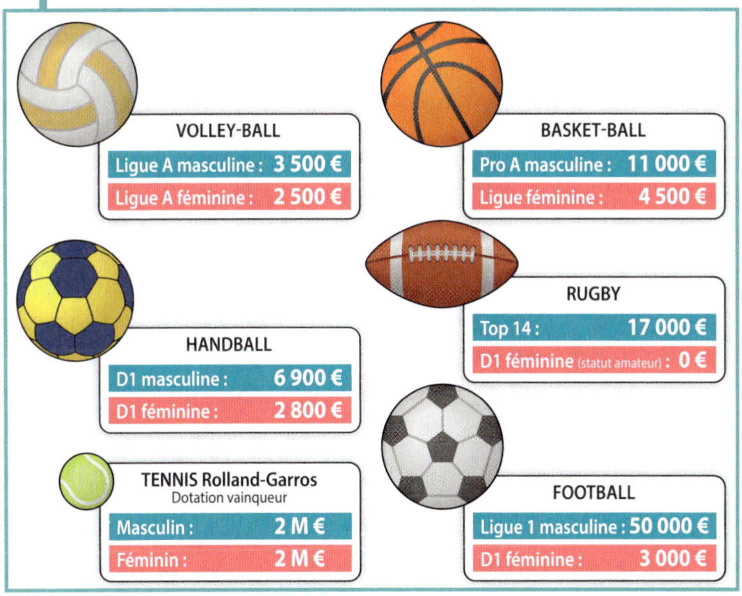

Source : Ilop.

En effet, le CSA a souligné la corrélation entre les enjeux économiques (hausse de la diffusion) et les enjeux sociaux (hausse de la pratique, par exemple).

Cette Coupe du monde a révélé par ailleurs d'importantes inégalités entre les hommes et les femmes. Le football n'est certes pas le seul sport dans lequel il existe des inégalités.

Cependant, c'est dans le football que les écarts sont les plus importants. Les femmes gagneraient seize fois moins que les hommes (près de 44 fois moins selon une autre source, *L'Équipe,* février 2019).

Quoi qu'il en soit, les disparités sont là. Ce qui s'explique en partie par le fait qu'il n'existe pas de ligue professionnelle pour les femmes tandis que seule la moitié des joueuses ont des contrats à temps plein. Ces disparités nationales dissimulent d'autres inégalités locales. En effet, des stars comme Wendie Renard (OL) et Amandine Henry (PSG) gagnent environ 30 000 euros par mois alors que d'autres perçoivent moins de 2 000 euros.

Ces inégalités françaises sont-elles transposables au niveau mondial ? La FIFA n'a consacré que 30 millions de dollars aux participantes du Mondial féminin contre 400 millions pour leurs homologues masculins l'an passé. Par ailleurs, une enquête de Sporting Intelligence révèle que les 1 673 footballeuses des sept ligues mondiales les mieux dotées dans le monde percevaient autant (36,7 millions d'euros) qu'un seul joueur masculin, Neymar, pour la saison 2017-2018.

Ces écarts mondiaux se retrouvent à l'échelle nationale à des degrés divers. Si la Norvège est souvent citée comme un modèle (des grèves ont permis un réajustement des salaires entre les hommes et les femmes), d'autres pays sont sévèrement montrés du doigt. Le 8 mars 2019, 28 joueuses américaines ont porté plainte contre leur fédération. Elles ont invoqué des inégalités de primes et de conditions de travail. Elles ont obtenu gain de cause. De même, en Corée du Sud, d'importantes inégalités persistent. Tandis que les équipes peinent à trouver des sponsors, la Fédération coréenne de football a été critiquée pour avoir fait voyager ses joueuses en classe économique alors que leurs homologues masculins ont eu droit à la classe affaires.

Si ces différences s'expliquent par des raisons économiques (inégalités de sponsors et de droits TV), elles s'expliquent sans doute aussi pour des raisons sociales. On peut notamment lire dans le rapport de l'UNESCO, « Quand le football s'accorde au féminin » (2019) : « "*Les écarts* [...] *témoignent aussi d'un clivage historiquement construit entre sphère privée (du côté des femmes) et sphère publique (du côté des hommes), et d'une prise en compte implicitement hiérarchique des femmes et des hommes, fondée sur la différence sexuelle*[1]*". Ces considérations s'appliquent aussi au sport et notamment au monde du football.* »

Autrement dit, il existe une transmission des normes, des valeurs et des pratiques, qui diffèrent en fonction du sexe, et qui aurait d'importantes conséquences. En clair, la danse serait davantage propice aux femmes que le football...

Ces différences de traitement entraînent des discriminations. En 1921, la Fédération anglaise de football a jugé la pratique « *non propice au développement du*

1 Marie-Cécile Naves et Vanessa Wisnia-Weill (dir.), « Lutter contre les stéréotypes filles-garçons, un enjeu d'égalité et de mixité dès l'enfance », rapport pour la ministre des Droits des femmes, France Stratégie 2014.

corps féminin » si bien qu'aucune rencontre féminine ne s'est produite entre 1921 et 1973.

Des enjeux politiques

Aussi, la situation ne peut-elle s'améliorer sans une intervention forte, celle des décideurs politiques. Ces derniers peuvent soutenir les clubs, allouer davantage de subventions, développer la pratique du foot à l'école, etc. Enfin, leur prise de position paraît essentielle dans l'espace public à l'instar de Ségolène Royale qui déclarait que les athlètes féminines avaient fait davantage pour le combat des femmes en quelques mois que ce qui n'avait été fait jusqu'alors. Elle rêve même d'équipes mixtes. Si ce souhait est loin d'être réalisé, le public des stades semble bel et bien se féminiser…

Cependant, certains déplorent que le budget consacré au sport, dans certains pays, ne se réduise peu à peu, comme en France. De même, *Libération*, de juillet, qui titrait « *Profiter du Mondial féminin pour mener une vraie politique inclusive* » a rappelé, cependant, que la suppression de 120 000 contrats aidés avait des conséquences dramatiques sur le football.

Chronologie des premières compétitions internationales de football masculin et féminin

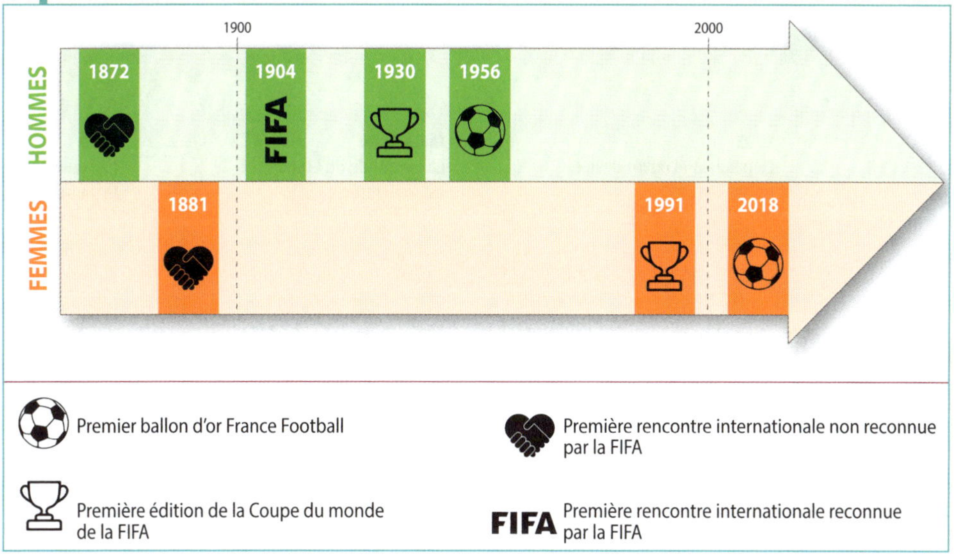

Source : UNESCO, 2019.

La pyramide du Louvre fête ses 30 ans !

par Marie-Laure Boursat

L'année 2019 a été marquée par les 30 ans de la pyramide du Louvre. Si le Louvre fait aujourd'hui la fierté des Français et des Parisiens, cet anniversaire est l'occasion de revenir sur la création très polémique de ce bâtiment public. Les occasions de célébrer les 30 ans de la pyramide du Louvre ne manquent pas, avec une multitude d'événements festifs et populaires !

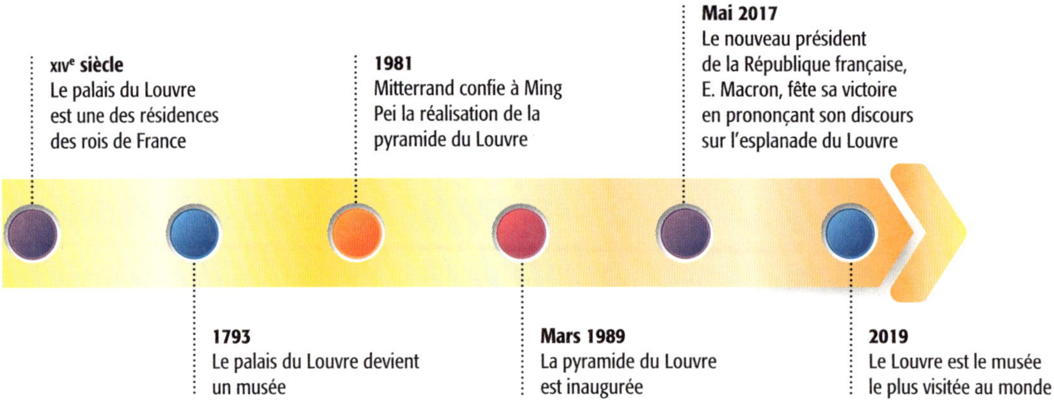

Le Louvre, un musée emblématique

Avant la construction du château de Versailles par Louis XIV, le palais du Louvre était l'une des demeures des rois de France. Le Louvre devient un musée en 1793 sous le nom de Muséum central des arts de la République. En 2019, il est le plus grand musée d'art et d'antiquités au monde. Il présente les œuvres de l'art occidental du Moyen Âge jusqu'à 1848, des civilisations antiques ainsi que les arts des premiers chrétiens et de l'islam.

Le président François Mitterrand lance en 1981 le projet du Grand Louvre. L'objectif du président Mitterrand est d'agrandir le musée du Louvre en doublant sa capacité d'accueil grâce à la récupération de la partie du palais occupée à l'époque par le ministère des Finances et à la récupération des sous-sols, jusque-là seulement utilisés pour stocker les œuvres non montrées au public.

Un projet qui fait scandale

Le projet est confié à Émile Biasini, qui désigne à son tour l'architecte sino-américain Ieoh Ming Pei. Celui-ci doit repenser l'accès des visiteurs au musée en même temps que le doublement de la surface d'exposition des œuvres. Pour ce faire, il imagine la construction d'une grande pyramide de verre au centre de la cour Napoléon, projet qui déclenche un tollé dans l'opinion publique : un monument historique, symbole de l'histoire de France et construit dans un style architectural ancien, ne pouvant pas être « abîmé » par une pyramide de verre contemporaine ! L'architecte doit intégrer la contrainte de ne pas toucher aux façades historiques de ce bâtiment, d'où l'idée de relier les différentes ailes du Louvre par une construction souterraine avec un grand accès central par cette pyramide au milieu de la cour Napoléon. Lorsque la maquette est dévoilée en 1984, le « Tout-Paris » et la presse sont massivement opposés, le ministre de la Culture, Jack Lang, décrit une explosion de hurlements. Un académicien lance « *un appel à l'insurrection* »… « *Il y a 30 ans, c'était véritablement la querelle des Anciens et des Modernes*, se remémore Adel Ziane, le directeur des relations extérieures du musée du Louvre. *Comment pouvait-on imaginer qu'un geste moderne s'intègre de manière élégante dans un bâtiment ancien ? Cette pyramide symbolise la réinvention perpétuelle de ce lieu, le Louvre, qui accompagne l'histoire de France depuis toujours.* » Malgré la polémique, le projet sera mené à son terme et dans le calme. Aujourd'hui, l'élégance transparente de la pyramide est devenue une évidence et cette pyramide de verre est une construction emblématique de Paris.

Affiche anniversaire 30 ans de la pyramide du Louvre

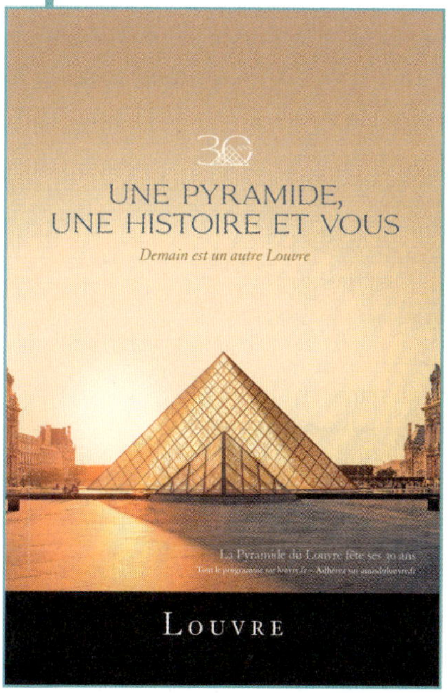

Crédit : © I. M. Pei © Getty Images / Cebb-Photo
© conception graphique : Dream on / musée du Louvre.

La pyramide du Louvre, une construction pharaonique

Avec sa base carrée de 35,42 mètres de côté et sa hauteur de 21,64 mètres, la pyramide s'impose comme une fidèle miniature de la célèbre pyramide antique de Khéops, à Gizeh en Égypte. Cette analogie voulait symboliser la grandeur du musée. L'État a mis de gros moyens pour construire cette pyramide, comme le pharaon égyptien a pu en mettre pour construire Khéops en 2 560 av. J.-C. !

La construction en verre a été confiée au groupe industriel français Saint-Gobain, qui a créé un verre innovant d'exception spécialement pour cette pyramide du Louvre, le verre « Diamant ». Des mois de recherche et développement ont été nécessaires pour mettre au point ce verre feuilleté extrablanc, d'une épaisseur de 21,52 mm, offrant une grande résistance et une belle transparence. Un four spécial a même été construit par Saint-Gobain pour produire ce verre. La pyramide est constituée de 675 losanges et 118 triangles de verre, elle représente également le puzzle architectural en verre le plus complexe. Certains conspirationnistes ont longtemps prêché que la pyramide était constituée de 666 losanges de verre. Un chiffre démoniaque, relayé dans le célèbre livre de Dan Brown *Da Vinci Code*. Pourtant ce sont bien 793 (675 + 118) panneaux de verre qui composent la célèbre pyramide… des éclats ont été vendus au public à l'occasion de ses 30 ans.

Le Louvre aujourd'hui, star mondiale des musées

Trente ans plus tard, la polémique n'est plus d'actualité. Cette pyramide symbolise l'ouverture à la modernité. Le projet était au final très avant-gardiste et le succès est très largement au rendez-vous. Le musée du Louvre est en effet le musée le plus visité au monde avec plus de dix millions de visiteurs par an en 2018 et 2019, dont environ 75 % d'étrangers.

Le Louvre en chiffres

- 2 500 employés
- 10 000 marches
- 14,5 km de salles et de couloirs
- 2 000 portes
- 403 pièces
- 35 000 œuvres visibles sur un total de 500 000, soit moins de 10 % des œuvres exposées

Le tableau star du musée est le tableau de la *Joconde* de Léonard de Vinci. Le plus grand tableau est *Les Noces de Cana* de Paul Véronèse. Il mesure près de 67 m^2.

Le Louvre a essaimé dans deux nouveaux lieux qui présentent d'autres œuvres de ses vastes collections : en France à Lens dans le Pas-de-Calais depuis décembre 2012, puis à Abu Dhabi aux Émirats arabes unis depuis novembre 2017 dans un vaste complexe conçu par l'architecte Jean Nouvel.

Les 30 ans du Louvre

Pour célébrer les 30 ans de la pyramide du Louvre, 30 événements exceptionnels ont été programmés de mars 2019 à février 2020. Ils s'articulent en trois axes : le rêve, la fête et la commémoration.

À l'occasion des 500 ans de la mort de Léonard de Vinci en France, le musée du Louvre conçoit et organise une grande rétrospective consacrée à l'ensemble de sa carrière de peintre, du 24 octobre 2019 au 24 février 2020.

Affiche de l'exposition Léonard de Vinci au Louvre

Crédit : Léonard de Vinci, *Portrait de femme*, dit à tort La Belle Ferronnière (détail) © RMN-GP (musée du Louvre) / M. Urtado.

Une autre exposition, du 11 décembre 2019 au 9 mars 2020, célèbre Pierre Soulages, qui a eu 100 ans le 24 décembre 2019.

Comment endiguer l'expansion du 7e continent ?

par Élodie Grémaud

Selon un rapport paru dans la revue *Science Advances* en 2015, plus de 8 millions de tonnes de déchets sont déversées chaque année dans les océans, alors qu'il y en a déjà 150 millions. Que désigne l'expression « 7e continent » ? Quelles sont les conséquences de cette pollution pour la planète ? Est-ce que des solutions existent pour endiguer ce phénomène ?

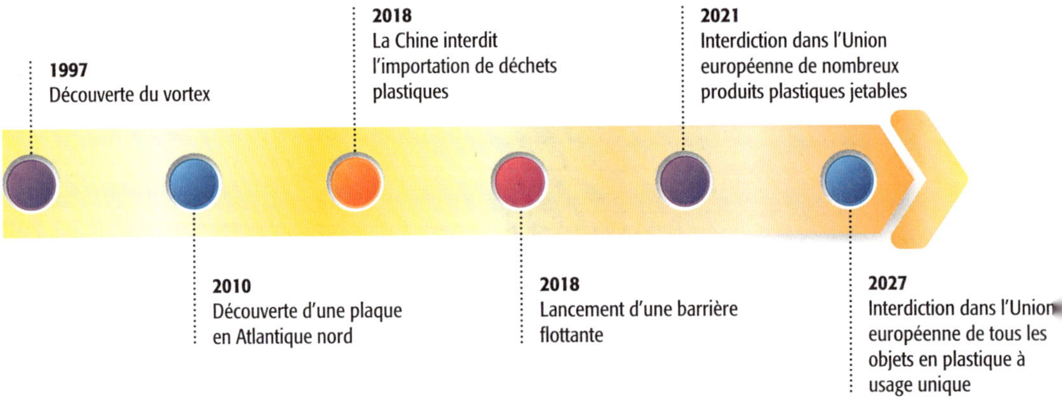

Le 7e continent, un continent épars et invisible

En 1997, l'océanographe américain Charles Moore repère pour la première fois le vortex (tourbillon) de déchets dans l'océan Pacifique nord situé entre l'archipel d'Hawaï et le Japon. Ce vortex, connu sous le nom de *Great Pacific Garbage Patch* en anglais, est une gigantesque étendue de déchets plastiques translucides flottant juste sous la surface de l'eau. Aussi celle-ci n'est pas repérable sur les images satellites. Depuis, d'autres vortex ont été repérés dans les différents océans du monde ainsi que dans la mer Méditerranée.

Comment ces tourbillons se sont-ils formés ?

Le phénomène naturel des gyres océaniques est à l'origine de cette accumulation de déchets. En effet, les gyres sont d'énormes tourbillons d'eau formés par les courants marins, eux-mêmes influencés par la force de Coriolis due à la rotation de la Terre. Ainsi les gyres tournent dans le sens des aiguilles d'une montre dans l'hémisphère Nord et dans le sens inverse dans l'hémisphère Sud. La force centripète (qui tend à rapprocher du centre) de ces vortex attire les déchets. Néanmoins, il faut des années pour qu'un déchet atteigne le centre du tourbillon.

Le 7e continent, dont la taille actuelle est estimée à 3,5 millions de km^2, est composé à 90 % de déchets plastiques, mais aussi de matériel de pêche abandonné, comme les cordes ou les filets. Il y a à la fois de « gros » débris, avec une taille d'au moins 5 cm, mais aussi une multitude de petits déchets, dont la taille est inférieure à 5 mm. Ces microplastiques peu visibles à l'œil nu proviennent de la lente décomposition (due aux vagues, au soleil…) des emballages et autres produits plastiques. Ces déchets sont au nombre de 750 000 par km^2 en moyenne.

La pollution des océans provient à 80 % des terres émergées, *via* les fleuves ou le vent. Il s'agit essentiellement des déchets ménagers (cotons-tiges, pailles, gobelets et assiettes en plastique…). La production mondiale de plastique était de 1 million de tonnes en 1950, elle était de 400 millions de tonnes en 2015, dont plus de 10 millions ont fini dans les mers. Les 20 % qui restent viennent des navires de pêche ou de commerce.

Les conséquences de ces vortex

Les mammifères marins et les oiseaux se prennent à l'intérieur et meurent d'étouffement, car ils ne peuvent pas remonter à la surface pour respirer. Les associations estiment l'hécatombe à 100 000 animaux marins par an et un million d'oiseaux.

Environ 660 espèces sont concernées. Les microplastiques sont facilement ingérés par les poissons, les mammifères marins et les oiseaux. Les morceaux de plastique peuvent les étouffer ou perforer leur système digestif. En outre, les substances toxiques associées à ces déchets peuvent se retrouver dans la chaîne alimentaire.

Les composés chimiques que l'on retrouve dans le plastique pourraient altérer fortement la bactérie *Prochlorococcus* qui vit dans les océans et qui représente le plus grand producteur d'oxygène *via* la photosynthèse de tous les organismes sur Terre, soit 10 % de la production totale. Des chercheurs ont démontré que ces composés altéraient la croissance et le fonctionnement de cette bactérie, ce qui devrait avoir des conséquences sur tout l'écosystème marin.

À l'inverse de nombreux organismes colonisent les déchets flottants, qui deviennent de véritables milieux de vie pour elles. Ce nouvel écosystème est appelé « plastisphère » et commence à être étudié par les scientifiques. Ses conséquences ne sont pas encore connues.

Comment endiguer cette pollution alors que la production mondiale de plastique est en hausse ?

En 2018, 359 millions de tonnes de plastique ont été produites, soit une hausse de 3,2 % par rapport à l'année précédente. Ainsi, les projections n'envisagent pas une baisse des déchets plastiques, mais une hausse de 70 % d'ici 2050.

Des solutions ?

Le nettoyage des vortex existants est une entreprise colossale que de nombreux États ne veulent pas prendre en charge puisque la plupart de ces vortex sont situés dans des eaux non territoriales. En outre, les zones sont difficilement accessibles et ces millions de déchets sont sous forme de minuscules fragments.

Néanmoins des projets sont à l'étude comme celui de « The Ocean Cleanup », organisation non gouvernementale, dont le fondateur, le Néerlandais Boyan Slat, a développé des barrières flottantes pour retenir les plastiques et les conduire vers une plateforme d'extraction. Il espérait vider le vortex de 50 % de ses déchets plastiques en cinq ans, mais lors des premiers essais en 2018, le système a connu des avaries et des dysfonctionnements, laissant passer les déchets qui devaient être récoltés et obligeant l'arrêt du dispositif quatre mois après sa mise en œuvre.

D'autres projets de bateaux partis en mission afin de collecter des déchets ont été mis sur pied, mais le problème doit être surtout pris à la source en endiguant sur terre le volume de déchets.

Réduire la consommation des produits retrouvés dans les océans est l'une des pistes les plus pertinentes pour le moment. Les organisations internationales et les États prennent au sérieux le problème des produits en plastique jetables. L'ONU évalue à 8 milliards de dollars par an le coût des dommages marins. À compter de juillet 2021, l'Union européenne devrait avoir banni les produits jetables en plastique les plus consommés (assiettes, gobelets, pailles, cotons-tiges, touillettes…), dans le but d'interdire définitivement tous les objets en plastique à usage unique en 2027. En France, dès le 1er janvier 2020, en application de la loi relative à la transition énergétique pour la croissance verte, plusieurs produits seront interdits, comme les cotons-tiges en plastique et la vaisselle jetable. Dans le monde, ce sont surtout les États insulaires qui sont très actifs comme l'île de la Dominique qui a été la première à interdire les objets en plastique à usage unique.

Quant au recyclage, la question reste épineuse. La France, par exemple, ne recycle que 20 % de ses plastiques alors que l'ambition du gouvernement est d'atteindre en 2025 un taux de 100 %. De plus, le plastique ne peut pas être recyclé à l'infini. Enfin, une partie de ces plastiques à recycler était exportée vers des pays d'Asie qui désormais ne veulent plus s'en charger et devenir les poubelles du monde. La Chine a ainsi interdit l'importation de déchets plastiques depuis 2018. La Malaisie lui a emboîté le pas en 2019.

Le plastique végétal ou biosourcé est-il une solution ?

En 2019, il représente 3 % des emballages ménagers en plastique en France. Les plastiques végétaux sont fabriqués à partir de matières végétales (maïs, pomme de terre, canne à sucre…) sous forme d'amidon ou de fécule. Le bilan environnemental de ces plastiques n'est pas très satisfaisant, car ces cultures entrent en concurrence avec les cultures alimentaires et utilisent des produits phytosanitaires. Cependant, cette matière première se renouvelle rapidement, contrairement au pétrole. Des bouteilles sont aujourd'hui fabriquées à partir de déchets de végétaux. Elles ne sont pas toutes recyclables, car elles ne sont pas toutes reconnues par les centres de tri.

Il existe du plastique compostable, bénéficiant du label *OK Home Compost*, développé notamment en Chine et au Brésil, fabriqué à base de micro-organismes qui décomposent les déchets végétaux.

Le nettoyage des océans, la réduction de la consommation de plastique et l'utilisation de plastiques biodégradables sont des actions qui doivent être combinées pour endiguer la croissance du 7e continent alors que la production mondiale de plastique reste en hausse. Les océans ne sont pas les seuls espaces en danger. En effet, une étude publiée en août 2019 a montré que des microplastiques ont été retrouvés dans les neiges de l'Arctique et d'autres régions, transportés par les airs.

Personnalité : Pierre Soulages

par Élodie Grémaud

Du 11 décembre 2019 au 9 mars 2020, le musée du Louvre organise dans le Salon Carré une exposition qui rend hommage à un artiste vivant : Pierre Soulages. Cet hommage marque les 100 ans du peintre. Les toiles empruntées aux plus grands musées du monde (Tate Gallery de Londres, MoMA de New York) doivent rendre compte de la longévité de sa carrière.

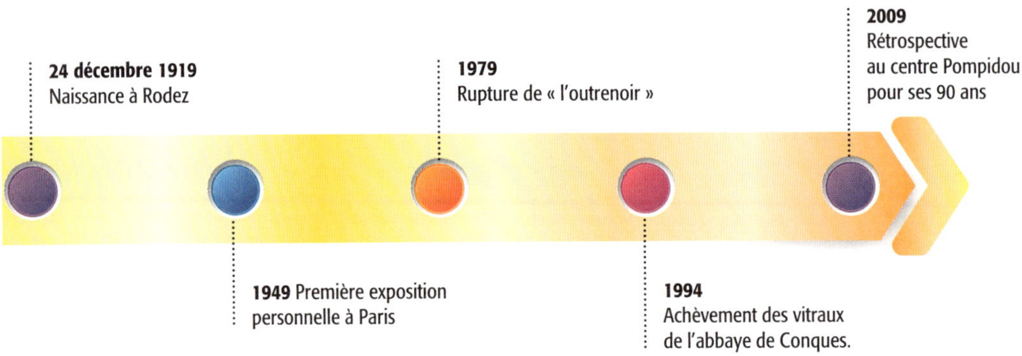

Un peintre prolifique

Pierre Soulages est né à Rodez le 24 décembre 2019. Admis à l'École nationale des beaux-arts de Paris, il n'y reste pas, car il n'est pas satisfait de l'enseignement donné. Après la guerre, il s'installe à Paris et commence son œuvre. Dès le début de sa carrière, il se lance dans l'abstraction, et remet en question les idées traditionnelles de la peinture. Il utilise des matériaux inhabituels comme le brou de noix, le goudron…, ainsi que des outils qui sont plutôt ceux des peintres en bâtiment, et nomme ses toiles non par un titre, mais par leur taille, la technique utilisée et la date.

En 1947, il expose ses premières toiles au Salon des Surindépendants à Paris et commence à se faire connaître dans les milieux de l'art abstrait. Dès les années 50, de grands musées internationaux achètent ses toiles (et aujourd'hui, plus de 110 musées dans le monde exposent plus de 230 de ses œuvres). Il expose alors en Europe et aux États-Unis, notamment régulièrement à New York à la Kootz Gallery.

La quête du noir

La couleur noire est une obsession pour Pierre Soulages. Il l'utilise beaucoup avec d'autres couleurs. À la fin des années 1970, il radicalise son art avec la rupture de « l'outrenoir ». Cette peinture monopigmentaire et non monochrome – la matière créant des reliefs et des contrastes à la surface de l'œuvre –, laisse une place prépondérante à la lumière qui se réfléchit sur la surface. Les formats imposants de ses toiles sont proches de la sculpture, et propices à la contemplation. Il se démarque ainsi des peintres abstraits de sa génération et de la technique du « *all-over* » utilisée par Jackson Pollock et qui est une répartition uniforme des éléments picturaux.

***Peinture 220 × 366 cm, 14 mai 1968* de Pierre Soulages, exposée à la Fondation Pierre Gianadda à Martigny (Suisse) en 2018**

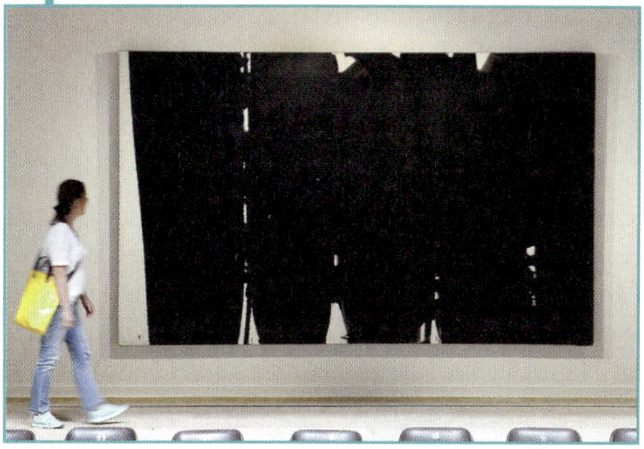

Crédit : Thierry Chesnot/Getty Images.

Un artiste coté, mais critiqué

Avec une si longue carrière, Pierre Soulages est devenu l'un des artistes vivants les plus cotés. Ainsi en 2018, l'une de ses œuvres, *Peinture, de 186 × 143 cm, 23 décembre 1959,* s'est vendue à plus de 9 millions de dollars. Pour la première fois, un peintre français vivant dépassait la barre symbolique des 10 millions d'euros.

Sa carrière est couronnée en 2009, avec une grande exposition au Centre Pompidou qui a attiré 500 000 visiteurs et surtout, en 2014, François Hollande inaugure à Rodez le musée Soulages, qualifiant le peintre de « *plus grand artiste vivant au monde* ». Le peintre avait fait don à sa ville natale de plus de 250 œuvres.

Néanmoins, tout au long de sa carrière, il a été l'objet de nombreuses critiques. Dès 1947, il est méprisé par les adeptes du réalisme socialiste soutenus par le Parti communiste et qui lui préfèrent Bernard Buffet. En 1983, l'historien d'art Jean Clair dans *Considération sur l'état des Beaux-arts* le présente comme quelqu'un qui répète une technique à l'infini, mais ne peint pas. Mais le peintre ne répond pas à ces polémiques.

L'œuvre du peintre est prolifique puisqu'il a peint plus de 1 500 toiles en 80 ans de carrière.

Ils nous ont quittés en 2019

par Gérard Blandin

Zine el-Abidine Ben Ali (3 septembre 1936 – 19 septembre 2019)

Successeur d'Habib Bourguiba, cet ancien militaire de carrière fut président de la République tunisienne de 1987 à 2011. Ses premières années au pouvoir sont marquées par des progrès sur le plan économique et sur celui du statut de la femme. Mais les promesses d'ouverture démocratique sont vite oubliées. En janvier 2011, après vingt-trois ans de règne sans partage, un mouvement de protestation populaire, inaugurant le début du « Printemps arabe », le contraint à quitter le pays et à se réfugier en Arabie saoudite.

Johnny Clegg (7 juin 1953 – 16 juillet 2019)

Ce musicien sud-africain, né en Angleterre, surnommé le « zoulou blanc », n'a cessé de lutter, avec ses chansons engagées, contre le régime de l'apartheid. Leader des groupes Juluka et Savuka, il a connu un succès mondial avec notamment trois de ses albums : *Universal Men* (hymne au peuple zoulou), *Scatterlings of Africa* (éloge de la diversité culturelle des peuples d'Afrique) et *Third World Child*, qui contient le titre phare *Asimbonanga* (en hommage à Nelson Mandela, alors incarcéré à Robben Island).

Karl Lagerfeld (10 septembre 1933 – 19 février 2019)

Véritable icône de la mode, ce grand couturier au look insolite aura marqué de son empreinte le monde de la création et inspiré l'excellence à de nombreuses générations. Directeur artistique de sa propre ligne, Karl Lagerfeld a également assuré la direction artistique des maisons Chanel et Fendi. Sachant capter l'air du temps, il a signé des défilés aux mises en scène spectaculaires et a fait émerger de nombreux mannequins stars. Homme aux multiples facettes, il fut aussi photographe, illustrateur et éditeur.

Niki Lauda (22 février 1949 – 20 mai 2019)

Surnommé « L'ordinateur » par référence à sa science de la course, le coureur autrichien aura marqué l'histoire de la Formule 1. Il a remporté trois titres de champion du monde (en 1975, 1977 et 1984), dont deux après son terrible accident survenu sur le circuit du Nürburgring, le 1er août 1976, dans lequel il sortira gravement brûlé au visage. Sportif accompli, mais aussi entrepreneur : en 1978, il crée sa propre compagnie aérienne, Lauda Air, qu'il cédera ensuite avec profit à Austrian Airlines.

Michel Legrand (24 février 1932 – 26 janvier 2019)

Ce musicien, interprète et pianiste de jazz, célèbre dans le monde entier, a composé plus de deux cents musiques de film pour le cinéma et la télévision au cours d'une carrière de plus de cinquante ans avec les plus grands. Pour le septième art, on lui doit, avec son complice Jacques Demy, les thèmes musicaux de films cultes comme *Les Parapluies de Cherbourg*, *Les Demoiselles de Rochefort* et *Peau d'âne*. Parmi ses nombreuses récompenses, il a reçu trois Oscars pour *L'Affaire Thomas Crown* (1969), *Un été 42* (1972) et *Yentl* (1984).

Toni Morrison (18 février 1931 – 5 août 2019)

Première femme noire à recevoir le prix Nobel de littérature, Toni Morrison a su donner une voix aux oubliés de l'Histoire : les Afro-Américains. En 1993, l'Académie royale de Suède avait ainsi salué son œuvre qui « *brosse un tableau vivant d'une face essentielle de la réalité américaine* ». D'abord professeure de littérature au Texas, puis éditrice chez Random House, Toni Morrison a écrit onze romans, dont *Beloved* (prix Pulitzer 1988), des essais, des livres pour enfants, des nouvelles et des pièces de théâtre.

Ieoh Ming Pei (26 avril 1917 – 16 mai 2019)

Célèbre en France pour avoir conçu la pyramide du Louvre, cet architecte américain d'origine chinoise a connu une carrière longue (près de 70 ans) et très prolifique, couronnée par le prix Pritzker en 1983, considéré comme l'équivalent du prix Nobel pour l'architecture. Parmi ses réalisations, fondées souvent sur des motifs géométriques à base de prismes ou de cubes, on trouve la tour de la Bank of China, à Hong Kong (1990), le musée Miho, au nord de Kyoto (1997), et le musée d'Art islamique de Doha au Qatar (2008).

Robert Mugabe (21 février 1924 – 6 septembre 2019)

Premier ministre de 1980 à 1987, puis président de la République du Zimbabwe de 1987 à 2017, Robert Mugabe est passé du statut de héros de l'indépendance de l'ex-Rhodésie du Sud à celui de despote qui a causé l'effondrement économique du pays. À partir de 2000, il impose une réforme agraire qui se traduit par des expropriations de fermiers blancs. Il tient également des déclarations jugées racistes envers les Blancs. Après trois décennies de règne, il est évincé du pouvoir en 2017, à l'âge de 93 ans, par un coup d'État militaire.

Michel Serres (1er septembre 1930 – 1er juin 2019)

Ce philosophe et historien des sciences a su mettre son érudition au service de toutes les générations, avec son accent gascon chaleureux et son optimisme contagieux. Marqué par l'expérience de la Seconde Guerre mondiale, cet intellectuel humaniste, passionné d'éducation et d'écologie, a toujours été animé par la volonté de bâtir des ponts entre les disciplines et a anticipé les bouleversements liés aux nouvelles technologies. Auteur de quelque 80 ouvrages, il a été reçu à l'Académie française en 1990.

Agnès Varda (30 mai 1928 – 29 mars 2019)

Cette pionnière de la Nouvelle Vague, qui avait débuté comme photographe, est l'auteure d'une douzaine de longs métrages et de dix-huit documentaires. Compagne de Jacques Demy, la réalisatrice de *Cléo de 5 à 7* et de *Sans toit ni loi* « *savait filmer, avec autant de force et d'empathie, le bonheur et le malheur, faire partager sa joie de vivre comme elle savait partager la souffrance de ses prochains* », comme l'a écrit le ministre de la Culture. Elle est la seule femme cinéaste à avoir reçu un Oscar d'honneur en 2017.

AUTRES FAITS

janv.

24 janvier À l'occasion d'un débat-citoyen, Emmanuel Macron a annoncé que la sortie du glyphosate d'ici trois ans n'était « *pas faisable* » et « *tuerait notre agriculture* ». Durant sa campagne, le président de la République s'était pourtant engagé à ce que le glyphosate ne soit plus utilisé en France d'ici à 2021. L'annonce d'Emmanuel Macron intervient alors même que les effets environnementaux et sanitaires de l'herbicide sont de plus en plus controversés.

25 janvier Au sud-est du Brésil, la ville de Brumadinho est gravement endeuillée par la rupture d'un barrage minier. Administré par la multinationale minière Vale (entreprise leader dans la production et l'exportation du minerai de fer, de nickel, de cuivre, de maganèse, etc.), le barrage était opérationnel depuis 1976.

26 janvier Le musicien et compositeur Michel Legrand, célèbre pour ses musiques des films comme *Peau d'âne* et *Les Parapluies de Cherbourg*, décède à Neuilly-sur-Seine à l'âge de 86 ans.

fév.

9 février Le dessinateur français Tomi Ungerer, notamment connu pour ses ouvrages illustrés destinés au jeune public (*Les Trois Brigands, Jean de la Lune*), décède à l'âge de 87 ans à Cork en Irlande.

19 février Le couturier Karl Lagerfeld, directeur artistique de la maison Chanel depuis 1983, décède à Neuilly-sur-Seine à l'âge 85 ans.

mars

14 mars Le Mozambique est frappé de plein fouet par le cyclone tropical Idai. Ce dernier s'est abattu sur l'Afrique australe, occasionnant plus de 400 morts et de nombreux dégâts.

mai

6 mai La série britannico-américaine *Chernobyl*, diffusée sur HBO, rencontre un important succès. Elle raconte la catastrophe nucléaire de Tchernobyl survenue en 1986 en URSS et les efforts de nettoyage qui ont suivi.

25 mai Cérémonie de clôture du Festival de Cannes. Le film *Parasite* du réalisateur sud-coréen Bong Joon-Ho reçoit la Palme d'or.

juin

1er juin Le philosophe, mathématicien, sociologue et académicien, Michel Serres est décédé à Paris à l'âge de 88 ans.

7 juin Arrivée par la façade atlantique, la tempête Miguel frappe la France, conduisant météo France à placer huit départements en vigilance orange en raison de vents violents. Au large des Sables-d'Olonne, la tempête a causé la mort de trois sauveteurs venus porter secours à un marin pêcheur porté disparu.

MARQUANTS 2019

juil.

5 juillet Les résultats du bac 2019 sont publiés ce jour, dans un climat extrêmement tendu. La mobilisation des professeurs contre la loi Blanquer s'est traduite, dans un nombre non négligeable de commissions, par la rétention des notes de la part des correcteurs (130 000 copies selon la plateforme *BloquonsBlanquer*, 80 000 selon l'Éducation nationale).

16 juillet Le musicien sud-africain Johnny Clegg s'est éteint ce jour à Johannesburg à l'âge de 66 ans. Chanteur engagé contre l'apartheid, il avait notamment été propulsé sur le devant de la scène internationale avec l'un de plus grand tube planétaire *Asimbonanga* (« Nous ne l'avons pas vu », en langue zouloue), dédié à Nelson Mandela.

19 juillet À Brasilia, le président brésilien Jair Bolsonaro critique ce qu'il considère comme des *fake news*, affirmant que « *personne ne meurt de faim au Brésil* » et revendiquant les pleins droits de son pays sur l'Amazonie.

août

21 août Sur les réseaux sociaux, le hashtag #PrayforAmazonia devient viral. La forêt amazonienne, dont 60 % de la superficie se trouve au Brésil, est en effet en proie à de graves incendies depuis plusieurs semaines. L'Institut national de recherche spatiale brésilien estime que les incendies de forêt ont augmenté de 83 % au Brésil depuis le début de l'année 2019 par rapport à la même période en 2018. Cette augmentation serait la cause de la déforestation accélérée impulsée par le président brésilien d'extrême droite, Bolsonaro. De son côté, ce dernier a insinué que les OGN environnementales pourraient être responsables de ces incendies criminels afin « *d'attirer l'attention* ».

sept.

1er septembre L'ouragan Dorian, le plus violent jamais enregistré dans la région, frappe les Bahamas, causant la mort de 5 personnes et plongeant, selon l'ONU, plus de 61 000 personnes dans une situation d'insécurité alimentaire.

nov.

3 novembre Au Brésil, une marée noire sans précédent menace plus de 2 000 km de côtes ainsi que les plages et les zones de pêche du pays. Les responsables restent inconnus pour le moment.

3 novembre La Californie est placée en état d'urgence par le gouverneur Gavin Newsom après un nouvel incendie. La région est régulièrement ravagée par des incendies mais la fréquence de ces derniers s'est accélérée depuis quelques années.

12 novembre Venise est touchée par la plus grave inondation qu'elle ait connue depuis 53 ans. Près de 80 % de la ville a été submergée. Les dégâts s'élèveraient à des centaines de millions d'euros.

QCM

Pour chaque question, une seule réponse est correcte.

1 Greta Thunberg décide le 21 août 2018 de :

- ❍ **a.** Ne pas reprendre les cours et de venir manifester devant le Parlement suédois jusqu'aux élections législatives du 9 septembre
- ❍ **b.** Devenir végétarienne et arrêter de prendre l'avion
- ❍ **c.** Entamer une grève de la faim pour le climat

2 Le vendredi 15 mars 2019 en France, les élèves et étudiants en « grève pour le climat » sont près de :

❍ **a.** 2 millions ❍ **b.** 200 000 ❍ **c.** 120 000

3 Pour le sociologue Michel Fize, la mobilisation des jeunes Français a commencé plus tardivement en France par rapport à ses voisins européens, car :

- ❍ **a.** Le niveau faible des Français en langues étrangères limite la coordination des organisations
- ❍ **b.** La continuité d'une gauche militante à l'héritage ouvrier ne considère pas les enjeux écologiques comme une priorité
- ❍ **c.** L'école française reste infantilisante, avec un environnement clos qui se protège volontairement de l'extérieur

4 Le club de Rome (groupe de réflexion réunissant des scientifiques, économistes, industriels et des fonctionnaires de 52 pays) publie son rapport « *Les limites de la croissance* » en :

❍ **a.** 1998 ❍ **b.** 1972 ❍ **c.** 1989

5 De quand date la directive européenne Seveso ?

❍ **a.** 1976 ❍ **b.** 1982 ❍ **c.** 1988

6 Combien de tonnes de produits chimiques ont brûlé lors de l'incendie de l'usine Lubrizol à Rouen ?

❍ **a.** Plus de 5 000 ❍ **b.** Plus de 7 000 ❍ **c.** Plus de 9 000

7 Comment s'appelle l'usine sous-traitante de Lubrizol dont les stocks ont aussi brûlé ?

- ❍ **a.** Normandie Logistique
- ❍ **b.** Seine Logistique
- ❍ **c.** Rouen Logistique

8 Qui est Éric Schnur ?

- ❍ **a.** Le directeur de la DREAL Normandie
- ❍ **b.** Le préfet de Seine-Maritime
- ❍ **c.** Le patron de Lubrizol

9 La construction de la cathédrale Notre-Dame de Paris, victime d'un incendie le 15 avril 2019, débuta :

❍ **a.** En 1163 ❍ **b.** En 1260 ❍ **c.** En 1360

10 Comment était surnommée la charpente totalement détruite par les flammes ?

- ❍ **a.** La « toile » au regard de la complexité de sa structure architecturale
- ❍ **b.** La « forêt » compte tenu du grand nombre de poutres en chêne nécessaires à l'ouvrage
- ❍ **c.** L'« araignée » de par son style gothique évoquant des pattes d'arachnide

11 Dans quel contexte social et politique s'est déroulé l'incendie de Notre-Dame ?

- ❍ **a.** Dans un contexte de revendications des Gilets jaunes
- ❍ **b.** Dans un contexte de soulèvement des étudiants contre le nouveau bac
- ❍ **c.** Dans un contexte d'identification catholique particulièrement marqué

12 Six mois après l'événement, les promesses de dons des lendemains d'incendie n'ont finalement été honorées qu'à hauteur de :

❍ **a.** 10 % environ ❍ **b.** 30 % environ ❍ **c.** 60 % environ

13 En quelle année le mur de Berlin a-t-il été construit ?

❍ **a.** 1949 ❍ **b.** 1956 ❍ **c.** 1961

14 Combien d'Allemands de l'Est sont passés à l'Ouest entre la création de la RDA et la mise en place du mur ?

❍ **a.** 2 millions ❍ **b.** 3 millions ❍ **c.** 4 millions

15 Que s'est-il passé à Sopron (Hongrie) le 19 août 1989 ?

- ❍ **a.** Une marche non violente
- ❍ **b.** Une ouverture de la frontière avec l'Autriche
- ❍ **c.** Un concert géant de soutien aux populations des pays de l'Est

16 Quelle est la date de la réunification de l'Allemagne ?

❍ **a.** 3 octobre 1990 ❍ **b.** 9 novembre 1990 ❍ **v.** 1er janvier 1991

17 Quelle situation exceptionnelle a été reconnue par le ministre de l'Agriculture suite aux orages dans la Drôme en juin 2019 ?

- ❍ **a.** État de catastrophe climatique
- ❍ **b.** État d'urgence
- ❍ **c.** État de catastrophe naturelle

18 **La chambre d'agriculture drômoise a estimé les pertes agricoles liées aux intempéries à :**

❍ **a.** 7 millions d'euros ❍ **b.** 70 millions d'euros ❍ **c.** 700 millions d'euros

19 **Quelle sera l'évolution des épisodes météorologiques intenses liés au réchauffement climatique ?**

❍ **a.** Une augmentation de la fréquence des épisodes pluvieux et orageux
❍ **b.** Une augmentation de l'intensité des épisodes pluvieux et orageux (et des sécheresses extrêmes)
❍ **c.** Une diminution des épisodes pluvieux et orageux en raison d'un réchauffement global

20 **La production agricole en France est tenue responsable pour :**

❍ **a.** 20 % des émissions de gaz à effet de serre
❍ **b.** 2 % des émissions de gaz à effet de serre
❍ **c.** 45 % des émissions de gaz à effet de serre

21 **La conquête de la Lune en 1969 est également :**

❍ **a.** Le symbole de la rivalité américano-russe
❍ **a.** Le début d'une collaboration scientifique américano-russe
❍ **a.** La fin de la guerre froide

22 **Comment s'appelle la première chienne envoyée dans l'espace par les Russes ?**

❍ **a.** Leila ❍ **b.** Laïka ❍ **c.** Nella

23 **Comment s'appellent les trois astronautes américains partis en mission sur la Lune en 1969 ?**

❍ **a.** Neil Armstrong, Buzz Aldrin et Michael Collins
❍ **b.** Louis Armstrong, Buzz Aldrin et Michael Collins
❍ **c.** Neil Armstrong, Buzz Aldrin et Phil Collins

24 **Selon le démographe, Alfred Sauvy, le premier voyage sur la Lune a initié :**

❍ **a.** Une collaboration scientifique mondiale
❍ **b.** Une recherche d'énergie nucléaire
❍ **c.** Une prise de conscience écologique

25 **En juin 2019, la France a accueilli la :**

❍ **a.** Huitième édition de la Coupe du monde féminine de football
❍ **b.** Dix-huitième édition de la Coupe du monde féminine de football
❍ **c.** Vingt-huitième édition de la Coupe du monde féminine de football

26 **Quelles sont les six entreprises qui ont obtenu le statut de « supporter national » ?**

❍ **a.** EDF, Société générale, Cofidis, SNCF, Crédit Lyonnais, Bouygues
❍ **b.** EDF, Orange, Cofidis, SNCF, Crédit Agricole, Bouygues
❍ **c.** EDF, Orange, Arkema, SNCF, Crédit Agricole, Proman

27 Le 8 mars 2019, 28 joueuses américaines ont porté plainte contre la fédération américaine. Que lui reprochaient-elles ?

❍ **a.** L'inaction suite à la discrimination d'une des joueuses
❍ **b.** Des inégalités en termes de primes et de conditions de travail
❍ **c.** Des inégalités en termes de traitement médiatique

28 Quel rapport insiste sur des explications sociales pour expliquer les inégalités entre joueurs et joueuses ?

❍ **a.** *Bleues, blanc, rouge*
❍ **b.** *Quand le football s'accorde au féminin*
❍ **c.** *La vie en bleu*

29 Quel président a décidé la construction de la pyramide du Louvre ?

❍ **a.** Georges Pompidou ❍ **b.** Jacques Chirac ❍ **c.** François Mitterrand

30 Quel a été le sentiment majoritaire des Parisiens lors de la décision de construction de la pyramide du Louvre ?

❍ **a.** L'enthousiasme ❍ **b.** La désapprobation ❍ **c.** La fierté

31 La pyramide du Louvre est une fidèle miniature de la pyramide de :

❍ **a.** Khéops ❍ **b.** Mykérinos ❍ **c.** Khéphren

32 Le ministère anciennement installé dans le Louvre et qui s'est installé à Bercy est :

❍ **a.** Le ministère de l'Armée
❍ **b.** Le ministère de l'Éducation nationale
❍ **c.** Le ministère de l'Économie et des Finances

33 En quelle année le vortex du Pacifique nord a-t-il été découvert ?

❍ **a.** 1992 ❍ **b.** 1995 ❍ **c.** 1997

34 Qu'est-ce qu'un gyre ?

❍ **a.** Un énorme tourbillon d'eau formé par les courants marins
❍ **b.** Une force centripète
❍ **c.** Un courant marin

35 Quel est le pourcentage de plastique retrouvé dans la pollution des océans ?

❍ **a.** 70 % ❍ **b.** 80 % ❍ **c.** 90 %

36 En quelle année l'Union européenne aura-t-elle banni les produits jetables en plastique les plus consommés ?

❍ **a.** 2020 ❍ **b.** 2021 ❍ **c.** 2022

37 **Quel musée organise une exposition pour les 100 ans de Pierre Soulages ?**

❍ **a.** Le musée d'Orsay
❍ **b.** Le Centre Pompidou
❍ **c.** Le musée du Louvre

38 **Dans quelle ville est situé le musée Pierre Soulages ?**

❍ **a.** Rodez ❍ **b.** Sète ❍ **c.** New York

39 **En quelle année Pierre Soulages a-t-il commencé à exposer ?**

❍ **a.** 1947 ❍ **b.** 1950 ❍ **c.** 1957

40 **Comment s'appelle la rupture artistique initiée par Pierre Soulages dans les années 1970 ?**

❍ **a.** Le *all over* ❍ **b.** L'outrenoir ❍ **c.** Le monochrome

Corrigé

1**a**, 2**b**, 3**c**, 4**b**, 5**b**, 6**c**, 7**a**, 8**c**, 9**a**, 10**b**, 11**a**, 12**c**, 13**c**, 14**b**, 15**b**, 16**a**, 17**c**, 18**b**, 19**b**, 20**a**, 21**a**, 22**b**, 23**a**, 24**c**, 25**a**, 26**c**, 27**b**, 28**b**, 29**c**, 30**b**, 31**a**, 32**c**, 33**c**, 34**a**, 35**c**, 36**b**, 37**c**, 38**a**, 39**a**, 40**b**.

PARTIE 6

CLASSEMENTS INCONTOURNABLES EN 2019

- Les 20 pays les plus peuplés 244
- Les 20 pays au plus fort produit intérieur brut 245
- Les 20 plus grandes villes du monde 246
- Les 20 plus grandes entreprises d'après leur chiffre d'affaires 247
- Les 20 personnalités les plus riches du monde 248
- Les 15 sites et applications « e-commerce » les plus visités en France 249
- Les 20 jeux et applications les plus téléchargés dans le monde 250
- Les 100 personnalités les plus influentes dans le monde 251
- Les 20 films ayant généré les plus grosses recettes dans le monde 253
- Les 20 pays au plus fort indice de protection environnementale 254

Les 20 pays les plus peuplés

Rang	Pays	Population mi-2019 (en millions)	Superficie (en milliers de km²)	Taux de natalité (pour 1 000 hab.)	Taux de mortalité (pour 1 000 hab.)	Projection de la population en 2050 (en millions)
1	Chine	1 433,8	9 561	12	7	1 402
2	Inde	1 366,4	3 287	18	7	1 639
3	États-Unis	329,1	9 629	12	9	379
4	Indonésie	270,6	1 905	18	7	331
5	Pakistan	216,6	796	28	7	338
6	Brésil	211,0	8 515	14	7	229
7	Nigeria	201,0	924	37	12	401
8	Bangladesh	163,0	144	18	6	193
9	Russie	145,9	17 098	12	13	136
10	Mexique	127,6	1 958	17	6	155
11	Japon	126,9	378	7	11	106
12	Éthiopie	112,1	1 104	32	6	205
13	Philippines	108,1	300	20	6	144
14	Égypte	100,4	1 001	26	6	160
15	Viêt Nam	96,5	332	16	6	110
16	République démocratique du Congo	86,8	2 345	41	9	194
17	Allemagne	83,5	357	9	11	80
18	Turquie	83,4	784	16	5	97
19	Iran	82,9	1 648	18	5	103
20	Thaïlande	69,6	513	10	8	66

Source : Institut national d'études démographiques (Ined), septembre 2019.

Les 20 pays au plus fort produit intérieur brut

Rang	Pays	PIB (en milliards de dollars)
1	États-Unis	20 494,05
2	Chine	13 407,40
3	Japon	4 971,93
4	Allemagne	4 000,39
5	Royaume-Uni	2 828,64
6	France	2 775,25
7	Inde	2 716,75
8	Italie	2 072,20
9	Brésil	1 868,18
10	Canada	1 711,39
11	Russie	1 630,66
12	Corée du Sud	1 619,42
13	Espagne	1 425,87
14	Australie	1 418,28
15	Mexique	1 223,36
16	Indonésie	1 022,45
17	Pays-Bas	912,90
18	Arabie saoudite	782,48
19	Turquie	766,43
20	Suisse	703,75

Source : Fonds monétaire international, avril 2019.

Les 20 plus grandes villes du monde

Rang	Ville	Pays	Population
1	Delta de la Rivière des Perles	Hong Kong	65 701 102
2	Tokyo	Japon	42 796 714
3	São Paulo	Brésil	36 315 721
4	Jakarta (Jabodetabek)	Indonésie	35 143 473
5	Delhi	Inde	26 454 086
6	Shanghai	Chine	26 317 104
7	Séoul	Corée du Sud	25 525 184
8	Le Caire	Égypte	24 439 785
9	Mumbai (Bombay)	Inde	24 337 933
10	Manille	Philippines	24 197 302
11	New York	États-Unis	23 522 861
12	Guangzhou (Canton)	Chine	23 426 128
13	Lagos	Nigéria	22 829 561
14	Beijing (Pékin)	Chine	21 542 000
15	México	Mexique	20 892 724
16	Moscou	Russie	20 215 638
17	Osaka-Kyoto-Kobé	Japon	19 777 590
18	Bangkok (Krung Thep)	Thaïlande	18 927 786
19	Los Angeles	États-Unis	18 764 814
20	Dacca	Bangladesh	18 615 648

Source : populationdata.net, 2019.

Les 20 plus grandes entreprises d'après leur chiffre d'affaires

Rang	Nom	Pays	Chiffre d'affaires (millions $)	Branche
1	Walmart	États-Unis	514,405	Commerce de détail
2	Sinopec	Chine	414,649	Pétrole et gaz
3	Royal Dutch Shell	Pays-Bas	396,556	Pétrole et gaz
4	China National Petroleum Corporation	Chine	392,976	Pétrole et gaz
5	State Grid	Chine	387,056	Énergie
6	Saudi Aramco	Arabie Saoudite	355,905	Énergie
7	BP	Royaume-Uni	303,738	Pétrole et gaz
8	ExxonMobil	États-Unis	290,212	Pétrole et gaz
9	Volkswagen	Allemagne	278,341	Automobile
10	Toyota Motor Corporation	Japon	272,612	Automobile
11	Apple	États-Unis	265,595	Technologie
12	Berkshire Hathaway	États-Unis	247,837	Finance
13	Amazon	États-Unis	232,887	Commerce électronique
14	UnitedHealth Group	États-Unis	226,247	Assurance et bien-être
15	Samsung Electronics	Corée du Sud	221,579	Technologie
16	Glencore	Suisse	219,754	Mines
17	McKesson	États-Unis	214,319	Bien-être
18	Daimler AG	Allemagne	197,515	Automobile
19	CVS Health	États-Unis	144,579	Assurance et pharmacie
20	Total	France	184,106	Pétrole et gaz

Source : *Fortune*, 2019.

Les 20 personnalités les plus riches du monde

Le classement recense les milliardaires de la planète, à l'exception des têtes couronnées (sauf si leur fortune est privée).

Rang	Personnalité	Fortune (en dollars)	Pays	Entreprise ou secteur
1	Jeff Bezos	131 milliards	États-Unis	Amazon
2	Bill Gates	96,5 milliards	États-Unis	Microsoft
3	Warren Buffett	82,5 milliards	États-Unis	Berkshire Hathaway
4	Bernard Arnault	76 milliards	France	LVMH
5	Carlos Slim Helú	64 milliards	Mexique	Telmex, Grupo Carso
6	Amancio Ortega	62,7 milliards	Espagne	Inditex
7	Larry Ellison	62,5 milliards	États-Unis	Oracle Corporation
8	Mark Zuckerberg	62,3 milliards	États-Unis	Facebook
9	Michael Bloomberg	55,5 milliards	États-Unis	Bloomberg LP
10	Larry Page	50,8 milliards	États-Unis	Google
11	Charles Koch	50,5 milliards	États-Unis	Koch Industries
11	David Koch	50,5 milliards	États-Unis	Koch Industries
13	Mukesh Ambani	50 milliards	Inde	Reliance Industries
14	Sergey Brin	49.8 milliards	États-Unis	Google
15	Françoise Bettencourt Meyers	49,3 milliards	France	L'Oréal
16	Jim Walton	44,6 milliards	États-Unis	Walmart
17	Alice Walton	44,4 milliards	États-Unis	Walmart
18	S. Robson Walton	44,3 milliards	États-Unis	Walmart
19	Steve Ballmer	41,2 milliards	États-Unis	Microsoft
20	Ma Huateng	38,8 milliards	Chine	Tencent Holdings

Source : *Forbes*, 2019.

Les 15 sites et applications « e-commerce » les plus visités en France

Rang	Marques	Visiteurs uniques moyens par mois	Couverture France mensuelle (en % de la population française)	Visiteurs uniques moyens par jour
1	Amazon	29 876 000	47,7 %	4 968 000
2	Cdiscount	19 622 000	31,3 %	2 001 000
3	Veepee	14 136 000	22,6 %	2 960 000
4	Booking.com	13 681 000	21,8 %	1 123 000
5	Fnac.com	13 368 000	21,3 %	921 000
6	Carrefour	12 633 000	20,2 %	1 172 000
7	Oui SNCF	12 402 000	19,8 %	1 186 000
8	E. Leclerc	11 677 000	18,6 %	1 132 000
9	eBay	11 343 000	18,1 %	1 231 000
10	Vinted	10 866 000	17,3 %	2 848 000
11	Wish	10 517 000	16,8 %	1 426 000
12	Leroy Merlin	10 512 000	16,8 %	757 000
13	Groupon	10 502 000	16,8 %	1 299 000
14	Airbnb	9 655 000	15,4 %	940 000
15	Darty	8 253 000	13,2 %	484 000

Source : Médiamétrie/NetRatings, Fevad, audience des quinze premiers sites d'e-commerce, tous secteurs confondus, sur ordinateur, mobile et tablette, 2e trimestre 2019.

Les 20 jeux et applications les plus téléchargés dans le monde

Les jeux les plus téléchargés au monde dans l'App Store d'iOS et sur Google Play en 2018

1. Helix Jumps
2. Subway Surfers
3. PUBG MOBILE
4. Free Fire
5. Love Balls
6. Rise Up
7. Candy Crush Saga
8. Happy Glass
9. Sniper 3D Assassin
10. Kick the Buddy

Les applications les plus téléchargées au monde sur l'App Store et Google Play en 2018

1. Facebook Messenger
2. Facebook
3. Whats App Messenger
4. Tik Tok
5. Instagram
6. UC Browser
7. SHAREit
8. Snapchat
9. Netflix
10. Vigo Video

Source : App Annie, *The State of Mobile 2019*, janvier 2019.

Les 100 personnalités les plus influentes dans le monde

D'après le *Times*.

Catégorie « Pionniers »

Sandra Oh
Indya Moore
Marlon James
Chrissy Teigen
Massimo Bottura
Hasan Minhaj
Samin Nosrat
Ninja
Arundhati Katju and Menaka Guruswamy
Naomi Osaka
Leah Greenberg and Ezra Levin
Fred Swaniker
Lynn Nottage
Tara Westover
Adam Bowen and James Monsees
Barbara Rae-Venter
He Jiankui
Aileen Lee
Jay O'Neal and Emily Comer
Shep Doeleman
Jane Walker

Catégorie « Artistes »

Dwayne Johnson
Regina King
Khalid
Emilia Clarke
BTS
Brie Larson
Joanna and Chip Gaines
Ariana Grande
Mahershala Ali
Glenn Close
Rami Malek
Luchita Hurtado
Ozuna
Dream Hampton
Richard Madden
Yalitza Aparicio
Clare Waight Keller

Catégorie « Leaders »

Nancy Pelosi
Donald Trump
Greta Thunberg
Andrés Manuel López Obrador
Alexandria Ocasio-Cortez
Jacinda Ardern
Juan Guaidó
Abiy Ahmed
Mitch McConnell
Brett Kavanaugh
Jane Goodall
Benjamin Netanyahu
Zhang Yiming
Hoesung Lee
William Barr
Pape François

Catégorie « Icônes »

Taylor Swift
Michelle Obama
Spike Lee
Christine Blasey Ford
David Hockney
Desmond Meade
Lady Gaga
Radhya Almutawakel
Pierpaolo Piccioli
Maria Ressa
Caster Semenya
Mirian G.
Grainne Griffin, Aibhe Smyth and Orla O'Connor
Loujain Al-Hathloul

Catégorie « Titans »

Mohamed Salah
Lebron James
Jennifer Hyman
Gayle King
Mark Zuckerberg
Tiger Woods
Jeanne Gang
Bob Iger
Pat McGrath
Alex Morgan
Vera Jourova
Ryan Murphy
Mukesh Ambani
Ren Zhengfei
Marillyn Hewson
Jerome Powell

Source : *Times*, 2019.

Les 20 films ayant généré les plus grosses recettes dans le monde

Rang	Film	Date de sortie	Cumul recettes (en $)
1	Avengers : Endgame	24 avril 2019	2 796 300 000
2	Le Roi Lion (2019)	17 juillet 2019	1 645 000 000
3	Spider-Man: Far From home	03 juillet 2019	1 129 000 000
4	Captain Marvel	06 mars 2019	1 128 000 000
5	Toy Story 4	26 juin 2019	1 062 000 000
6	Aladdin (2019)	22 mai 2019	1 046 000 000
7	Joker (2019)	09 octobre 2019	987 700 000
8	Fast & Furious: Hobbs & Shaw	07 août 2019	758 000 000
9	Ralph 2.0 : Ralph breaks the Internet	13 février 2019	526 500 000
10	Dragons 3 : Le monde caché	06 février 2019	519 500 000
11	Ça II	11 septembre 2019	450 600 000
12	Maléfique : Le Pouvoir du mal	16 octobre 2019	433 300 000
13	Pokemon Détective Pikachu	08 mai 2019	424 000 000
14	Comme des bêtes 2	31 juillet 2019	422 000 000
15	Alita : Battle Angel	13 février 2019	402 900 000
16	Godzilla II : Roi des monstres	29 mai 2019	382 500 000
17	Once Upon A Time... In Hollywood	14 août 2019	366 600 000
18	Shazam !	03 avril 2019	363 000 000
19	Dumbo (2019)	27 mars 2019	347 000 000
20	John Wick Parabellum	22 mai 2019	321 600 000

Source : cinemondial.com.

Les 20 pays au plus fort indice de protection environnementale

Rang	Pays	Score
1	Suisse	87,42
2	France	83,95
3	Danemark	81,60
4	Malte	80,90
5	Suède	80,51
6	Royaume-Uni	79,97
7	Luxembourg	79,12
8	Autriche	78,97
9	Irlande	78,77
10	Finlande	78,64
11	Islande	78,39
12	Espagne	78,37
13	Allemagne	78,37
14	Norvège	77,49
15	Belgique	77,38
16	Italie	76,96
17	Nouvelle-Zélande	75,46
18	Pays-Bas	75,96
19	Israël	75,01
20	Japon	74,69

Source : Rapport publié en 2018 par l'université de Yale aux États-Unis sur l'indice de performance environnementale (IPE), qui prend en compte plusieurs indicateurs comme la qualité de l'eau, la pollution de l'air, la biodiversité et les émissions de CO_2.

Achevé d'imprimer en décembre 2019
sur les presses de la SEPEC (France)
N° d'impression : 09463191206
N° d'éditeur : MAGSI-201909-51
Dépôt légal : décembre 2019

IMPRIM'VERT®

PEFC 10-31-1470 / Certifié PEFC / Ce produit est issu de forêts gérées durablement et de sources contrôlées. / pefc-france.org